LES JARDINS DU VENT

DU MÊME AUTEUR

ROMANS

La Kermesse du diable, Presses de la Cité 1994 (préface de Jacques Duquesne), prix Bernanos 1994, prix Gabrielle-d'Estrées 1994, prix de la Renaissance française 1994
Le Cœur en Flandre, Presses de la Cité 1996, prix Madame Europe 1996
L'Oubliée de Salperwick, Presses de la Cité 1998, Pocket 2001 (préface de Jeanne Bourin)
(Ces trois ouvrages ont obtenu le Grand Prix de la Société des arts, sciences et lettres de Lille 1998.)
Les Filles du Houtland, Presses de la Cité 2000, Pocket 2002
Le Moulin de la Dérobade, Presses de la Cité 2001, Pocket 2003
Les Silences du maître drapier, Presses de la Cité 2002, Pocket 2004
La Splendeur des Vaneyck, Presses de la Cité 2004, Pocket 2006, prix de la littérature du Lions' Club International 2005
Les Amants de la petite reine, Presses de la Cité 2005, Pocket 2007, prix Les Soleils de Nucéra 2006
L'Etrangère de Saint-Pétersbourg, Presses de la Cité 2007
Un palais dans les dunes, Presses de la Cité 2008, Pocket 2010
Renelde, fille des Flandres (réédition de *La Kermesse du Diable* et du *Cœur en Flandre*, en un volume), Presses de la Cité 2009

CONTES ET NOUVELLES

Le Colporteur d'étoiles, Presses de la Cité 2003

LIVRES AUDIO (aux éditions VDB)

Les Amants de la petite reine
L'Etrangère de Saint-Pétersbourg (lu par l'auteur)
Un palais dans les dunes (lu par l'auteur)

BEAUX LIVRES

La Flandre de France, éditions Snoeck, 2008

OUVRAGES COLLECTIFS

Balade dans le Nord, éditions Alexandrines 2005, collection « Sur le pas des écrivains »

http://www.anniedegroote.com

Annie Degroote

LES JARDINS DU VENT

Roman

Romans Terres de France

PRESSES DE LA CITÉ

Production Jeannine Balland

ISBN 978-2-258-07992-2

Aux amis du Nord, aux carnavaleux,
à toi, Charline, en particulier,
pour ton amitié et tes lumières

Et avec une très tendre pensée pour Caroline
et Sébastien…

J'ai un ange sur l'épaule et un diable dans la poche...

Michel de Ghelderode

Quoi d'autre ressemblerait au songe ? Qui, mieux que cet émoi, exprimerait la langue du silence ? Je suis sur un nuage et voilà le vertige à mes pieds. Je suis lourd et léger, opaque et translucide. J'attends cette chose qui me défie sans cesse, dans l'ignorance de qui sera vainqueur de l'autre. Le vent, promesse de violence, me mène par l'esprit...

Jean-Max Tixier, *Parabole des nuées*

1

20 juin 2004

David Biot-Aston ressentit un pincement au cœur à l'instant précis où la petite main potelée lâcha la sienne. La peur de la séparation s'exprime souvent lors de gestes banals. En apparence.

Je deviens une vraie mère poule en vieillissant, songea-t-il. De plus en plus émotif...

Il oublia ses appréhensions, et sourit au bonheur de son enfant de trois ans, qui s'élançait de ses petites jambes vers la voiture à pédales.

Prudent, il resta toutefois à sa hauteur, sur la digue.

A Bray-Dunes, la mer du Nord se respire dès l'« avenue de la plage », qui traverse la commune et mène droit à la digue. Les poumons se remplissent avec délice d'air salé et marin, signe avant-coureur de la proximité de la mer. La lumière elle-même semble s'apaiser.

Dans cet environnement, les angoisses de David s'évaporaient. Atténuées avec la rencontre d'Elise, disparues avec la naissance de leur petit garçon, elles avaient reflué avec ses « déceptions ». Le mot était lâché, la mort dans l'âme. Il ne reconnaissait plus le visage de l'amour, sous les frustrations et les déchirures.

La mer possédait ce pouvoir d'agir sur son être comme un antidépresseur naturel. Ses démons intérieurs se dissipaient au profit de forces créatrices.

Il déplorait la disparition, à maints endroits du littoral du Nord, des villas parsemant les digues. Des immeubles sans caractère les remplaçaient. Il se traitait d'égoïste. Ces appartements, décriés par les esthètes, les nostalgiques et les privilégiés comme lui, permettaient à de nouveaux vacanciers de jouir du spectacle inlassable des vagues. Ici et là, quelques villas avaient résisté aux assauts des bombes, puis des marteaux-piqueurs. Elles témoignaient du charme suranné d'un autre siècle, celui de monsieur Bray, l'armateur dunkerquois à l'origine du village.

La digue, elle, était toujours là.

Elle veillait à discipliner les marées. Elle était prisée des estivants, qui l'arpentaient de long en large et s'arrêtaient, les prunelles scintillantes de gourmandise, devant la baraque à frites aux effluves incontournables. Frites, glaces, gaufres, un vrai supplice de Tantale pour David. La digue faisait surtout la joie des enfants, qui la parcouraient à vélo ou en voiturette à pédales. Un manège tout en longueur, démesuré, à l'image de ces étendues sans fin qui s'étirent avec paresse à marée basse.

On dit que la Côte d'Opale commence ici, dans cette Flandre maritime, autour de Dunkerque. En cette belle journée d'été, elle méritait bien son appellation. Le paysage marin semblait esquissé au pastel. Le temps était très clair. A Calais, on devait distinguer les côtes britanniques et les falaises. Bientôt, le soleil s'éteindrait doucement dans une lumière crépusculaire...

Irréelle, ouverte aux songes, se disait David. Il aimait marcher ainsi au bord de l'eau ou sur la digue, surtout lorsqu'il était en recherche d'idées, entre deux ouvrages.

Comme aujourd'hui.

Après une longue période de ballottements entre France et Angleterre, dont quelques années de professorat d'histoire au Lycée français de Londres, David s'était posé entre Dunkerque et la Belgique. A Bray-Dunes, un village frontalier. Il aimait ça. Il aimait être proche de la frontière et à l'extrémité du Blootland, le pays nu, aux « moëres », ces terres basses conquises sur la mer. La famille anglaise de sa mère était très fortunée. David avait bénéficié d'une partie de l'héritage. Depuis son mariage avec Elise, quatre ans auparavant, sa maison blottie dans les dunes s'était agrandie et modernisée. De vastes baies et une terrasse s'ouvraient sur l'eau. Ensemble, ils l'avaient baptisée « Les Jardins du vent » Il était venu s'installer au bord de la mer du Nord, pour ces gouttes de soleil faisant pétiller la mer, pour ces chars à voile et cerfs-volants filant au gré de la brise, et dont le vol se confond avec celui des oiseaux de mer. Pour ce pays du vent et des lumières changeantes. Pour être un frontalier, comme ce père qu'il n'avait pas connu.

Enfant, il ne s'était pas posé la question de savoir pourquoi il portait le nom de sa famille maternelle, Aston, avant de changer pour celui de son beau-père, Biot, qui le lui avait offert à l'âge de sept ans. David était le fruit d'un premier amour. Le coup de foudre de sa mère, Jacqueline, franco-anglaise, pour Niels, un jeune pêcheur belge. En 1968, elle était jeune, elle s'ébattait joyeusement dans une vie insouciante et libre. Elle n'envisageait pas le mariage. Elle revendiquait son appartenance à la gentry britannique, et Niels vivait dans une petite maison basse.

La frontière de leurs conditions, et celle de la langue, avait séparé Jacqueline et Niels. David ne supportait plus les frontières. Ou plutôt, il allait prendre un malin plaisir à les franchir. A les narguer. A se poser dessus. D'ailleurs, ici, elle n'existait plus. Chacun gardait ses spécificités, mais on se partageait le même paysage et le même sable.

Biographe, comme son grand-père, George Walter Aston[1], David Biot était redevenu David Aston. Nom de plume, hommage à ce grand-père. Consonance étrangère, appréciée de son éditeur. Tournant le dos à l'enseignement, il s'était réfugié dans les livres. Dans les vies. Il s'y sentait bien, dans un cocon douillet.

Il risquait de devenir un ours, en vieillissant. Heureusement, il y avait son petit Sam, et les carnavaleux. Ses potes.

Et justement...

— Salut, Milord !

— L'Arsouille !

Apparut face à lui une espèce d'immense escogriffe aux vêtements bariolés.

Un personnage. On avait toujours l'impression qu'il était costumé. Sans peur du ridicule, ni des critiques. Il n'était pas ridicule. Il portait bien le cos-

1. Voir, du même auteur, chez le même éditeur, *Un palais dans les dunes*.

tume. Il aurait pu être comédien, clown, ou Monsieur Loyal. Il commençait à bedonner, tel un personnage de Bruegel. David sourit, attendri.

— Je pensais à toi !

— Menteur !

David et son ami se donnèrent l'accolade, ce qui équivalait pour l'Arsouille à une vigoureuse claque dans le dos.

— Que fais-tu ici, l'Arsouille ? En congé ?

— Nous sommes en juin, mon vieux, mais il est près de dix-neuf heures ! Reviens sur terre, tu es toujours dans ton XIXe siècle ? D'ailleurs, je te croyais chez ta mère…

— Elle est au Touquet, pour l'été. J'étais effectivement à Londres ; mais sais-tu qu'un tunnel existe ? Il permet d'y être en deux heures, et d'en revenir aussi vite. Ce matin, j'étais encore à la Wallace Collection. Je reste peu de temps en déplacement… Baby-sitting oblige !

Il avait promis de garder son fils durant l'absence de sa femme, mais il ne songeait qu'à son personnage. Son ami avait raison, il était plongé depuis des mois dans le XIXe siècle, et restait distrait quant au XXIe siècle.

Il se ressaisit, tourna la tête en quête de son fils, anxieux.

Sam pédalait avec une vitesse ahurissante pour ses petites jambes. Adroit, il se faufilait entre deux engins plus imposants.

— Sam, doucement !

David émit un discret soupir avant de revenir à son ami. Sa fausse décontraction n'avait pas échappé à Paul, dit l'Arsouille. Il le connaissait bien.

— Ma bio de Wallace est achevée.

Après s'être intéressé à la saga familiale au Touquet-Paris-Plage, dans les années 1930, l'historien-biographe s'était plongé dans un vaste sujet que n'avait pu achever son grand-père : *Vies des grands mécènes*, et notamment celle d'un Anglais, Richard Wallace ; peut-être parce que David adorait se rendre à Londres, ou parce qu'il était un fils naturel – comme cet amateur d'art, connu en France pour ses fontaines, au vert profond en harmonie avec la végétation, qui allient l'utile et le charme de leurs quatre cariatides.

— Tant mieux, Milord, on va te revoir plus souvent ! Et je vais enfin savoir pourquoi tu m'as affublé du surnom « l'Arsouille » !

— Je te l'ai dit, Paul : un brigand...

Il lui octroya un sourire ironique.

— Comme toi !

Wallace le mécène était le fils naturel d'un homme tout à fait surprenant : lord Seymour.

Durant son existence, ce dernier avait été victime d'une lourde méprise : on le confondait avec Milord Arsouille, fils naturel – encore ! – d'un Anglais beaucoup plus « ordinaire ».

Ce faux milord, personnage de la vie parisienne, excentrique débauché, évoluait entre élégants et crapules, dansait le cancan et le chahut, et animait les carnavals et la « presse de caniveau ». Il ne quittait pas le masque, si bien qu'il était devenu, aux yeux du monde, une espèce de double dévergondé de Seymour.

Dr Jekyll et Mr Hyde, en somme, ou Dorian Gray, le héros d'Oscar Wilde.

David raffolait de ce genre d'histoire.

— Ta façon de te costumer, poursuivit-il, ton chapeau de carnaval penché sur l'oreille... Même dans la vie courante, les couleurs vives de tes cravates, tes gilets… flamboyants… Tu as de l'Arsouille sans le savoir…

— Ils ne sont pas beaux, mes gilets ?

David éclata de rire.

— Magnifiques !

— Au fait, t'oublies pas le carnaval !

David était fasciné par le dynamisme des associations qui consacraient leurs loisirs à la préparation de ce qui en serait l'apothéose.

— Paul ! s'exclama David, en guise de protestation. Je bosse !

— Bosser en rêvant, je t'envie ! Tu me l'offres quand, ce livre ? Mon aîné est très fier, tu sais. Il montre tes bouquins à tous ses copains de classe, en disant que David Biot est son parrain !

— David Aston, rectifia ce dernier.

Le choix d'un pseudonyme dépassait l'Arsouille. Franc, simple, et surtout terre à terre, il n'en voyait pas l'utilité. Pourquoi David se compliquait-il la vie ? Son fils, Sam, ne portait pas le même patronyme. Un nom c'est un nom. Quel besoin de se cacher sous un pseudo, surtout que Biot, pour un biographe, c'était plutôt marrant. Mais bon, un ami c'est un ami. L'Arsouille était un fidèle. On accepte. Même si on ne partage pas tous ses goûts.

Et c'était bien du David, ça. *Milord*, entre deux noms, deux milieux ; sur la frontière. Comme sur un fil. Un funambule. Toujours un peu à côté. A fuir ses états d'âme ou à se noyer dans leur subtilité. Différent. Mais c'était aussi son irrésistible charme. Entre la lumière de son regard et ses zones d'ombre, indéfinissables. Un homme secret et pudique, qui ne se défoulait qu'au carnaval. Il avait dû souffrir, enfant, d'être ballotté entre la France et l'Angleterre. A peine le temps de s'habituer à un pays, de s'y faire des copains, qu'il devait repasser le Channel. L'Arsouille, lui, ignorait la timidité. Il était d'un bloc. Pour lui, les choses de la vie étaient blanches ou noires, ou plutôt tout en couleurs.

C'était un bon tempérament.

— Je t'offre même un scoop : tu seras dans mes dédicaces, mon cher !

— Quel honneur, Milord !... « Mes » dédicaces ? s'enquit-il, l'air faussement suspicieux. Avec qui dois-je partager cette distinction ?

— Avec notre Fanfan, « la Tulipe ». Il m'a bien aidé pour la partie « parisienne » de la documentation.

— C'est normal, toi tu l'aides bien financièrement. T'as pas besoin d'un second documentaliste, par hasard ? Je suis très doué !... Je plaisante ! J'ai hâte de lire « à l'Arsouille et la Tulipe » !

Il se dandina, ôta son chapeau, lui fit une révérence, le remit sur sa tête avec panache, et s'éloigna, tel un grand seigneur.

— La prochaine fois, je t'emmène à Londres ! entendit-il dans son dos.

— C'est ça, oui... murmura-t-il en levant son chapeau en signe d'acquiescement.

Il quitta la digue.

2

David hésita un instant. Son désir de le héler resta coincé au fond de sa gorge. Silencieux, immobile, les bras ballants, il le regarda s'éloigner.

Pourquoi cette seconde d'hésitation, pourquoi ne pas l'avoir rappelé ? Pourquoi... allait-il se demander, plus tard.

Pour l'heure, il le vit disparaître, avec honte et tristesse.

Il attendait que je lui offre une bonne bière à la villa. Je ne l'ai pas invité.

Il appréhendait toujours d'emmener ses potes chez lui. Elise ne les aimait pas. Ils le sentaient. Elle n'avait jamais accepté d'être des leurs, au carnaval. Elle jugeait leurs chahuts vulgaires, les traitait d'alcoolos.

Il avait beau soutenir que la bière n'était pas forte, qu'elle s'éliminait avec les farandoles et les danses, elle ne le croyait pas.

Elle ne comprenait pas que l'ivresse vient de la musique et de la foule. Elle ne cherchait pas à connaître ses motivations : ce monde à l'envers, il adorait. L'abolition des classes sociales et politiques durant la fête. N'était-ce pas l'histoire de Laurette et de George, ses grands-parents ? Et celle de son père biologique, Niels le pêcheur ? L'origine du carnaval de Dunkerque était le départ des pêcheurs pour l'Islande.

Les tentatives de David pour qu'Elise pénètre « l'âme flamande » furent aussi vaines. Il l'emmena dans tous les musées de la région, et de Belgique, pour lui faire admirer les peintures de Bruegel, Bosch, Ensor et ses masques. Il lui parla des kermesses, lui lut « ses » auteurs flamands d'expression française. Sa belle restait insensible. Il se demandait parfois ce que cette fille du soleil faisait avec lui. Leur union était physique. Passionnelle. Mais l'écart se creusait. Leurs promesses pâlissaient avec la brume de mer. Ils se déchiraient de plus en plus, et se réconciliaient sur l'oreiller, de plus en plus tard. Son mutisme avait le don d'exaspérer Elise. Il partait souvent. Pour masquer sa colère, il fuyait vers Londres ou Le Touquet.

Il ne lui venait pas à l'esprit qu'Elise, étrangère aux coutumes des Flandres et entravée dans les carcans d'une éducation trop stricte, enviait secrètement aux carnavaleux leur liberté, leur connivence, leur grande fraternité et leurs joies simples.

— Papa, papa, je peux faire un tour ?

Son fils le ramena à la réalité.

Sam était déjà monté sur le poney. Il se laissait mener, le regard très concentré, comme dans l'accomplissement d'un exploit. Il regardait droit devant lui, fier comme Artaban. Ravi de montrer à son père son habileté.

— Un seul tour ! lança David à l'adresse de la jeune étudiante en short qui conduisait les ânes.

Anes ou poneys ? Il était nul. Il ne savait même pas les reconnaître. Dieu merci, Internet était là pour remédier aux lacunes.

— Ce ne sera pas long, monsieur, nous allions rentrer les poneys, lui répondit la jeune fille. Qu'il revienne demain, vot' bout de chou. Je lui ferai faire un plus grand tour. La marée remonte, et le ciel s'assombrit drôlement !

« Poneys »... Pas besoin d'Internet, cette fois.

Il s'était mis au char à voile, mais il regrettait de ne pas être un vrai sportif. Au crépuscule, par marée basse, il préférait observer les chevaux qui galopaient au bord de l'eau, devant l'astre rougeoyant. Le spectacle était magnifique.

A quatre ans, pour imiter son grand-père, il avait réclamé de monter sur un cheval. Trop tôt. Lors d'une balade, le cheval s'était emballé avant que sa mère ait eu le temps de le rattraper. Une mauvaise chute. Une cheville cassée et, là-dessus, un staphylocoque qui avait failli lui coûter la jambe. Comme premiers souvenirs, on fait mieux. Mais il ne boitait pas. Il avait eu de la chance. Depuis son installation à Bray-Dunes, il s'était souvent senti prêt à s'inscrire aux cours d'équitation, et à chaque fois la crainte de tomber le retenait. Il se disait : Demain... Il imaginait son grand-père, dandy anglais, majestueux sur sa monture, à travers les oyats et les dunes blanches. Il était sportif, lui. Il avait le temps et l'argent. Allons, il n'en manquait pas non plus, et grâce à lui. Il était injuste. Quoi qu'il en soit, ces petits baudets lui auraient mieux convenu... Il envia son fils.

Il n'avait pas connu longtemps son grand-père. Plus jeune que son mari, sa grand-mère Laurette le lui décrivait avec des étoiles dans les yeux. Et elle lui confiait, à voix basse, en cachette des petits cousins :

« Tu lui ressembles, physiquement. Tu possèdes ses yeux clairs et son sourire charmeur. Je suis bien certaine que tu auras sa distinction. »

Son grand amour pour George revivait au travers de son petit-fils. Et lui le mythifiait. Aujourd'hui encore, il se le représentait comme l'un des derniers gentlemen.

Le golf, non plus, n'était pas son truc. La flemme ? Ou tout y était-il trop lisse, trop impeccable ? Il préférait la nature indomptée, pour autant que l'on puisse encore l'admirer en ce siècle. Il avait un tel appétit d'absolu, une quête sans cesse renouvelée de démesure, le besoin d'être envoûté. Et puis, lui n'était pas anglais comme son grand-père.

Sa mère, elle, disait qu'il possédait le caractère indépendant de sa grand-mère, et son amour pour la mer. Laurette se ressourçait dans le spectacle de l'eau. Elle éprouvait « le sentiment d'être au bord du monde ».

Il se souvenait d'elle. Enfant, il lui avait demandé :

« Mamie, tu peux me mettre des vagues dans mon seau ?

— Mon chéri, les vagues… Ce n'est que le vent qui se propage à travers l'eau.

— Elles n'existent pas, alors ?

— Elles existent mais tu ne peux les saisir. C'est le vent qui leur donne vie. »

Il n'avait pas compris, surtout lorsqu'elle avait ajouté :

« Elles sont comme la dentelle, qui n'existe pas sans la main de l'homme. »

C'est ainsi que, le matin ou lors des longues soirées estivales, pieds nus sur le sable tiède, il se remplissait du halètement des vagues, il assistait, comme en hypnose, à la progression de la marée, au spectacle fascinant d'une immensité mouvante. Un paysage propice à l'imaginaire. A la création. Son âme romanesque s'y complaisait, et en ce sens il était heureux.

L'air se rafraîchit. Des flottilles de nuages s'amoncelaient. Elles balayaient le ciel à une vitesse vertigineuse. Des ombres mouvantes commençaient à engloutir les couleurs, parcouraient le paysage comme autant de feux follets. Une nuit trop précoce chassait le jour, qui devait être pourtant l'un des plus longs de l'année. La mer n'était plus sereine. Elle s'était plissée de milliers de rides. Des nappes d'encre se répandaient, assombrissaient sa surface. Un premier coup de vent brossa la plage. Le sable s'envola, piqua les jambes. L'orage menaçait. En quelques secondes, les estivants se dispersèrent et disparurent. David fit descendre Sam.

— On doit se dépêcher, il va pleuvoir. Et maman doit être rentrée du travail, elle va nous gronder...

Ils remontèrent sur la digue, qui s'était vidée.

L'enfant le retint devant le magasin de jouets de plage.

— Regarde, papa !

Ses yeux s'écarquillaient devant un petit moulin en plastique dont les ailes tournoyaient avec le vent.

Ils quittèrent la digue. Sam courait, arborant son moulin comme un étendard.

Il est impossible, songea David, il a encore gagné.

Avec tendresse, il le regarda s'échapper. Il s'amusait bien avec lui.

« Deux gamins, disait sa femme, en les voyant dévaler les pentes des dunes sur le dos. »

Le petit brigand empruntait déjà le sentier en direction de leur villa.

— Sam, reviens !

Il connaissait le chemin.

— Doucement ! Dis à maman que j'arrive... J'arrive ! répéta-t-il.

Il se dirigea à pas vifs vers la boulangerie.

Le sable courait sur la digue, s'infiltrait dans le moindre interstice. Houleuses, les vagues s'amplifiaient, déferlaient sur la plage.

David arriva enfin à la villa, essoufflé, la baguette à la main. Trempé par la bourrasque.

Il déposa le pain dans la cuisine, s'engouffra dans son bureau, face à la plage.

Il aimait contempler le déchaînement des éléments, à l'abri dans son antre. Il allait fermer la porte, lorsqu'il entendit sa femme l'appeler. Le ton était péremptoire. L'orage menaçait aussi à l'intérieur.

Avec les longues soirées printanières, ils dînaient plus tard. Mais oui, il était en retard. Et c'était son tour de s'occuper de Sam. Leur différence de rythme s'amplifiait, ternissait leur amour. L'écart se creusait. Il était fatigué de ces disputes pour des broutilles. Il appréhendait toujours que Sam en soit le témoin, ou pire : l'otage. En dépit de l'absence d'un père, David avait grandi dans l'amour des siens. Pourquoi n'avait-il pas réussi à reproduire ce schéma magnifique ?

Il la revoyait, la première fois, émergeant des vagues telle une sirène. Troublé par sa silhouette de déesse grecque, son port de tête de danseuse, son allure sensuelle. La grâce. Elle ne sortait pas de l'eau, elle flottait au gré du vent. Il s'était avancé vers elle, ces mots en bouche, lancés sans réfléchir :

« Vous êtes belle ! J'aimerais être Vermeer pour vous peindre. Je vous ai vue, là, et… Je rêve… »

Elle l'avait regardé, interloquée par son lyrisme désuet et incongru sous le soleil d'août et les relents de crèmes solaires, avant d'éclater d'un rire cristallin. Il l'avait conquise avec ces mots, peut-être… Sauf qu'elle n'était pas flamande. Ce n'était pas grave. Elise et lui s'étaient aimés dans l'ombre d'une cabine de bain. Comme ses parents… Mais la caresse des vagues se transforme vite en écume. Les eaux mêlées peuvent être nocives, sans tolérance. Il lui faisait trop souvent endosser les responsabilités, celle de leur enfant, celle de leurs disputes. Il en prenait conscience, après coup. Elise devenait de plus en plus directive. Et lui de plus en plus maladroit en sa présence.

Pourquoi, du reste, chaque appel de sa part lui semblait-il une remontrance, les prémices de nouvelles égratignures ? Devenait-il parano ? Avec son tempérament méditerranéen, ses griefs refoulés sortaient bruyamment. Chez lui, les frustrations conjugales se traduisaient par la fuite. Il était sans doute impossible, avec ses besoins d'isolement. Son métier l'exigeait. Elle l'avait su dès le début de leur relation.

Il compensait ses moments de solitude par ses virées avec ses potes carnavaleux, entre bières et chansons. Parfois, il disparaissait. Elise était patiente. Selon son inspiration, selon ses envies d'être seul ou sa peur d'être rejeté du monde vivant, son humeur changeait, comme ces vents, ce ciel. Comme cette mer du Nord, capricieuse et fraîche.

— Bonsoir, David.

Il détecta aussitôt de l'hostilité dans sa voix. Elle déposa pourtant un léger baiser sur ses lèvres. Et compensa son geste affectueux par un reproche :

— J'ai bossé comme une malade et, bien sûr, tu n'as rien préparé…

Elle avait abandonné son poste de directrice adjointe dans une agence de mannequins parisienne, pour diriger une enseigne de mode à Dunkerque. Aujourd'hui, elle le regrettait et lui reprochait ce choix.

— Je me suis occupé de Sam, Elise, lui répondit-il avec froideur.

— Où est-il ? Tu as vu l'heure ? Il est temps qu'il vienne dîner.

— Il n'est pas avec toi ?

— Non… Je croyais qu'il était avec toi…

L'air devint glacé. David frissonna.

— Il est monté dans sa chambre, sûrement…

Il n'était pas dans sa chambre.

Affolés, ils dégringolèrent l'escalier quatre à quatre, firent le tour de la maison, crièrent son prénom, la peur au ventre.

En vain.

Ils se séparèrent. Elise à l'arrière, vers les dunes. David devant la terrasse.

La mer rugissait, avec la force d'un animal qui se cabre et bave sa mousse d'écume, comme un venin. Une bête immonde qui engloutit tout sur son passage, digère, rejette, selon son humeur.

Il lui sembla distinguer de minuscules traces de pas, mais celles-ci disparaissaient déjà, recouvertes par la marée…

Et un petit moulin à vent aux ailes colorées, ballotté par les vagues.

Trois ans plus tard

3

Avril 2007

Pauline éprouvait un certain vague à l'âme à l'idée de quitter Berck et son établissement hospitalier. Elle s'était fait de nombreux amis parmi le personnel. L'accueil chaleureux dont elle avait été l'objet à son arrivée resterait gravé dans son cœur. Et son travail s'était révélé passionnant. Quant à Berck, nul besoin d'être souffrant pour ressentir les effets bénéfiques engendrés par le site. Elle avait l'impression de respirer mieux. La brise dissipait ses angoisses concernant l'avenir. Lors de ses heures de repos, elle parcourait le front de mer de long en large, les pieds nus dans le sable. Le souffle du vent transportait son corps, le maintenait presque en apesanteur.

Elle s'enivrait des effluves vivifiants de l'iode. Elle riait toute seule, comme une gamine. Mais ce séjour en traumatologie, le premier depuis l'obtention de son diplôme d'études spécialisées, était achevé et sa fille, surtout, l'attendait à Lille.

Elle reviendrait.

Sa valise à roulettes à la main, elle resta un moment en contemplation devant la plage qui s'étirait à perte de vue. L'une des plus vastes de la Côte d'Opale. Les centaines de cerfs-volants multicolores qui peuplaient les douze kilomètres de sable blond pour les rencontres internationales d'avril la fascinaient. Une symphonie de couleurs. Magnifique.

Les rencontres duraient depuis le début de la semaine.

Des vols libres et des démonstrations des délégations s'étaient déroulés depuis le lundi, pour le plus grand bonheur des estivants et des patients. Elle allait quitter Berck avant l'ouverture officielle, les animations et la grande parade musicale qui devaient s'échelonner jusqu'au dimanche soir.

Lui vint un soupir de culpabilité en songeant à sa fille. Sa petite Marie-Lilas aurait aimé ce spectacle. Sa petite... Elle allait sur ses quinze ans. Mais ce n'était pas le moment de la distraire dans ses révisions du brevet. Avec un peu de chance, elle serait à Lille pour la sortie de classe du vendredi soir. Un sentiment d'exaltation succéda à sa nostalgie.

Pauline fréquentait davantage « Paris-Plage ». Elle ignorait Berck, jusqu'à ce séjour à l'institut Calot, pôle de la chirurgie osseuse, des affections orthopédiques et de la rééducation post-opératoire. Le domaine de Pauline, rhumatologue.

Berck doit sa notoriété à ses établissements hospitaliers, tous spécialisés dans des affections différentes. Certains d'entre eux, inaugurés par l'impératrice Eugénie, avaient gardé comme un air des belles demeures du Second Empire. On oublie volontiers que Berck est aussi une très jolie station familiale de la Côte d'Opale, au centre du Marquenterre de la baie de Somme. A proximité du Touquet, elle fut longtemps l'aire d'atterrissage des Anglais traversant la Manche pour goûter à l'art de vivre à la française. La petite station balnéaire traînait encore derrière elle cette sinistre appellation caricaturale de « plage des allongés ». Le confort, le service, les soins accordés aux malades et aux convalescents s'étaient améliorés, en même temps que la médecine.

Quand elle voyait ses patients de l'Institut, enveloppés de leurs peignoirs, se reposer face à la Manche, Pauline se disait qu'ils avaient aujourd'hui un faux air – toute proportion gardée – de ces clients profitant de pauses bienfaisantes dans un établissement de thalasso à la mode.

Les intemporelles cabines présentes sur tout le littoral du Nord, un peu de guingois depuis la terrible tempête de 1999, ce qui leur conférait un côté design, étaient égayées, ici, de tons pastel de rose, bleu, jaune, vert, saumon.

« Amusantes, un peu guimauve, non ? avait jugé sa fille, implacable.

— Je préfère "sorbet", avait-elle répliqué en riant.

— OK, mam', tu m'en offres un ? »

Loin d'être triste, Berck était sans doute l'une des plages les plus chatoyantes qui soient.

Bien, se dit Pauline. Ce fut génial.

Elle mit la clé de contact, démarra. Lille l'attendait. Sa Lilou aussi.

Les retrouvailles furent délicieuses. Les culpabilités envolées.

Ne l'ayant pas vue depuis près d'un mois, Pauline eut droit aux embrassades devant le collège. C'était la première longue absence depuis la naissance de sa fille. Hébergée par ses grands-parents, Marie-Lilas – qui plébiscitait le diminutif de Lilou – avait passé en réalité le plus clair de ses loisirs chez sa cousine et amie du même âge.

— Allons, ce n'était pas la mer à boire ! s'exclama la jeune fille après les bisous de circonstance.

— Grâce à toi, ma chérie.

— Tu vois que je te préfère à mon ordi, tu ne veux pas me croire !

Accompagnée par sa grand-mère, Lilou avait passé la majorité de ses week-ends auprès d'elle. Pauline savait qu'abandonner Internet et ses réseaux était un immense sacrifice. Trop âgée pour faire des châteaux de sable, trop jeune pour apprécier les longues promenades au bord de l'eau, elle préférait « chatter » et « surfer » avec ses copines.

Elles s'arrêtèrent chez ses parents, et tandis que sa fille préparait sa valise, Pauline se vit offrir une bière, et une part de tarte à la cassonade, spécialité de sa mère qu'elle ne put refuser. D'habitude, toute visite s'éternisait. Mais il était plus de dix-huit heures et elle n'était pas encore passée chez elle.

La phrase redoutée ne tarda pas :

— Tu ne bouges plus avant un moment, j'espère ? Ce n'est pas très bon pour ta fille, déjà qu'elle n'a pas de père...

Celui de Pauline s'interposa :

— Allons, elle va très bien, notre Lilou.

Il se tourna vers Pauline.

— Ta mère raconte n'importe quoi, elle adore bouger. Ces week-ends lui ont fait le plus grand bien... Et à moi aussi, ajouta-t-il plus bas, l'œil malicieux.

Toujours pareils, tous les deux, à se chamailler et à s'aimer tendrement. Mais à trente-cinq ans, Pauline n'entendait plus se laisser dicter sa conduite. Elle les rassura pourtant :

— Il n'est pas dans mes intentions de bouger de sitôt.

La bouille réjouie de sa fille parut en haut de l'escalier.

— Je suis prête !

— Attendez !

La grand-mère de Lilou enveloppa le reste de tarte dans du papier aluminium et le mit d'autorité entre ses mains.

— Ta mère n'a pas eu le temps de te préparer le dîner. C'est toujours ça…

Pauline fit une grimace intérieure.

On ne lui reconnaissait aucun talent de cuisinière, contrairement à sa belle-sœur. Qui n'avait rien d'autre à faire que concocter de petits plats à son mari, lequel s'enveloppait généreusement d'une bouée graisseuse. Ses traits s'étaient empâtés. Pauline regrettait de voir son frère enfler au cours des années. A vingt ans, il faisait sa fierté. Toutes ses copines étaient amoureuses de lui. Il était si beau, si svelte.

Quel gâchis ! Elle ne le nourrit pas, elle le gave comme une oie, et on dit que c'est bien…

Elle s'était permis de suggérer :

« Fais attention à ton cholestérol, frangin. C'est juste un conseil du toubib », avait-elle ajouté dans un sourire.

Et la belle-sœur de répliquer aussitôt :

« Ne t'inquiète pas, je m'occupe bien de mon mari… moi. »

Avait-elle réellement entendu le « moi » ou l'avait-elle rêvé ? Peu importait, sa belle-sœur n'était jamais très agréable avec elle. Elle faisait facilement des histoires, ne s'entendait plus avec sa propre famille.

A l'approche de leurs soixante-dix ans, ses parents avaient vendu leur trop vaste maison bourgeoise, parfaitement incommode. Désireux de se rapprocher de leurs enfants et petits-enfants, ils s'étaient installés dans un confortable appartement du centre de Lille. Le déménagement leur permit de profiter pleinement de Marie-Lilas. Pauline et son frère, eux, bénéficièrent de cette transaction financière grâce à une donation des parents. La jeune femme put enfin acquérir un appartement. Son salaire était insuffisant. C'était l'une des raisons de sa spécialisation.

Depuis deux ans, Pauline et sa fille habitaient la place aux Oignons, au cœur du Vieux Lille restauré. Un trois-pièces. Un petit bijou. Son havre, dans un enchevêtrement de rues anciennes, fourmillant de trésors baroques, de façades au style flamboyant et fantasque issu du Moyen Age. A proximité de ces antiques boutiques à la devanture de bois et de brique, tenues par de jeunes et talentueux stylistes qui faisaient honneur à la grande tradition du textile du Nord.

Le petit immeuble rénové était intégré à une rangée de maisons anciennes à deux étages, le second composé de greniers réaménagés. Sous les combles, leur appartement et ses pièces mansardées ne manquaient pas de charme.

Elles se réinstallèrent.

Lilou décréta qu'elle ne dînerait pas, après la montagne de gâteaux ingurgités chez mamie.

— J'ouvre mon ordi, et je reviens ! promit-elle avant de disparaître.

C'est ça, songea Pauline, dubitative.

Elle entreprit d'ouvrir son courrier. Elle postulait pour des emplois, mais jusqu'à présent rien ne lui convenait. Devenait-elle trop exigeante ? Son chef de clinique à Lille lui promettait un poste qui devait se libérer, mais la vacance venait d'être repoussée d'un an, voire deux.

Une lettre à en-tête d'un hôpital parisien attira son regard. On lui proposait pour septembre un remplacement de plusieurs mois au sein du « pôle os et articulations », service de traumatologie et orthopédie de cet hôpital renommé. Une offre alléchante, en attendant son fameux poste. Et sans nul doute une initiative de son professeur. Très tentant, mais impossible à accepter.

Absorbée dans ses pensées, elle ne vit pas sa fille revenir. Elle se tenait immobile devant elle, les bras croisés, les sourcils froncés.

— Que se passe-t-il, maman ?

Pauline sursauta.

— Une proposition d'un remplacement, pour quelques mois, à Saint-Antoine.

— C'est où ?

— A Paris.

Lilou la lui arracha des mains.

— Doucement ! C'est gentil de la part du professeur Blanchet de m'avoir mise sur ce poste, mais ne crains rien, je refuse.

Sa fille parcourut la lettre, toisa sa mère un instant, silencieuse, se mordant intérieurement la joue selon son habitude.

— Ne t'en fais pas, répéta Pauline, je t'ai dit que je refusais...

— Mais non ! s'écria Lilou. Tu vas accepter, maman. C'est une trop belle occasion, tu dois la saisir !

— Je ne veux plus te quitter. Il s'agit au moins d'une année entière. Il n'en est pas question. Je viens juste de revenir...

— Je suis d'accord avec toi. Il n'en est pas question ! répéta la jeune fille. Je t'accompagne.

— Marie-Lilas... dit-elle, employant son prénom entier, signe de gravité. Tu vas entrer au lycée en septembre...

— Une seconde à Paris sera pour moi un véritable enrichissement, prononça Lilou d'une voix posée. Je ne connais pas Paris. C'est une sacrée veine.

Elle resta silencieuse un instant, avant d'ajouter, mine de rien :

— Mes copines ont vu du pays, elles...

La pointe d'amertume ne passa pas inaperçue. Pauline préféra le sourire à l'altercation.

— Il est bien trop tard pour les inscriptions, et tu n'as pas encore passé ton brevet...

— Je l'aurai et... Ma petite maman ne me connaît pas encore...

— Oh, je me doute qu'avec toi tout est possible, mon amour. Mais non, ce n'est pas envisageable.

4

A chacune de ses visites, Paul, dit l'Arsouille, entendait un air d'opéra venant du bureau et retrouvait David installé au même endroit. Sur le rocking-chair de la terrasse, immobile, le regard scrutant la mer, arborant une barbe de quelques jours. Il semblait hypnotisé par l'ondoiement des vagues qui déferlaient sur le rivage.

— A-t-elle englouti mon enfant ? lui demanda-t-il sans quitter des yeux la masse impressionnante et opaline qui s'étendait devant eux.

L'Arsouille prit place à ses côtés, comme il le faisait régulièrement depuis le drame.

Il arrivait à chaque fois gonflé de courage, avec sa vitalité revigorante, son regard débordant de bonté, repartait désarmé, les yeux embués, sans avoir, selon lui, trouvé les mots qui apaisent. Il n'était ni écrivain, ni médecin, encore moins psychologue. Il était loin d'être inculte, mais ses compétences se cantonnaient au domaine de la technologie. Des études d'ingénieur avaient suivi le bac. Il était dans l'électronique. Rien à voir. Il pressentait toutefois que sa présence silencieuse réconfortait David. Si celui-ci l'appelait, il se précipitait vers la villa, avec un zèle sans restriction, magnifique. Il se contentait de l'écouter. Parfois, il ponctuait ses paroles d'une remarque positive, d'une question le ramenant à la réalité. Il était devenu psychologue, sans le savoir.

Mais, ces temps-ci, il se lassait. A tant écouter, il en perdait sa faconde. L'édifice de ce bon vivant se fissurait. Même le carnaval, sans son ami, perdait de ses couleurs. Il sentait David déteindre sur lui. Sa femme lui en avait fait la remarque.

« Je ne te reconnais plus, Paul't'ch. Où est ta bonne humeur ? T'es triste, mon bonhomme. Tu ne mets plus tes gilets et cravates bariolés. Tu t'habilles en deuil. J't'aime mieux en couleur, moi ! C'est pas bon pour toi, de traîner si souvent du côté des Jardins du vent, moi j'te le dis ! »

Elle n'osait accuser David, il souffrait. Ça, elle le comprenait. Il ne fallait pas de cœur pour prétendre le contraire. Aussi fut-elle d'abord patiente. Elle encouragea même les absences de son mari. Elle le savait auprès de son ami, fière de son homme. Aujourd'hui, elle en avait assez.

D'accord, songeait-elle en râlant contre son propre manque de charité chrétienne, on l'aime bien, David, on ne lui veut que du bonheur, mais ce n'est pas une raison pour que la terre entière devienne dépressive !

En guise de rituel, l'Arsouille demanda à son ami :

— C'est quoi, aujourd'hui ?

— *La Somnambule*, Bellini, la Callas.

— Ah...

Il admirait les connaissances livresques et musicales de son ami. David était tombé très tôt dans la musique, en bon enfant du Nord. Il jouait de plusieurs instruments, mais surtout du violoncelle. Un jour, David avait abandonné son entraînement et décrété qu'il s'abstenait dorénavant de la musique par respect pour l'art, et pour Rostropovitch en particulier.

L'Arsouille se rappelait l'élève brillant et cultivé dont il avait fait la connaissance au collège à Lille. Il l'avait aussitôt admiré. Pourquoi David s'était-il intéressé à lui ? Sa bonne humeur, sans doute. Il le faisait rire. Ils s'étaient perdus de vue lorsque David était parti vers Londres, ou Paris. Il ne se souvenait plus dans quel ordre. Lui, ses diplômes en poche, avait regagné Dunkerque, sa ville natale. Ils s'étaient retrouvés par hasard. Au Touquet.

C'était la première fois de son existence que Paul y mettait les pieds. Avec une copine qu'il voulait éblouir. Cette histoire d'amour avait été de courte durée. Mais une belle amitié était née entre les deux garçons, plus forte que durant leur scolarité. Lorsque David avait décidé de s'installer à Bray-Dunes, Paul avait été le plus heureux des hommes. Il l'avait initié au carnaval. David était aussitôt « tombé dedans ». Et Paul était devenu « l'Arsouille ».

Il n'était pas un littéraire. En musique, ses goûts étaient hétéroclites. Le rythme du jazz l'emportait. Le lyrique était une découverte plus récente. Grâce à David.

« Il faut du temps pour l'apprécier…

— Plus tu écoutes, plus tu aimes. Un jour viendra où ce sera comme un besoin, une drogue. Douce. »

Il avait fait naître en lui ce besoin.

— Sam est comme le ressac sur la plage, murmura David. Il déferle sur moi. Il me regarde de ses grands yeux noirs, puis se retire discrètement, comme un mirage. L'eau m'effraie, aujourd'hui. Pourtant je ne peux cesser de la contempler. Comme si elle allait cracher tous ses fantômes. Je revois aussi le visage d'Elise, ses traits décomposés, après la disparition de Sam. Son agacement mué en angoisse, son teint blême. Je l'ai perdue en cet instant précis. Mais je m'en fiche. Seul compte Sam. Le retrouver. La mer me l'aurait rendu. Hein, Paul ? Ce n'est pas la mer !

Paul ne sut qu'acquiescer.

Sans autre piste sérieuse, après des fouilles effectuées les deux jours suivants sur les plages des alentours et dans les dunes, la police avait conclu à la noyade. Les recherches s'étaient arrêtées avec la météo désastreuse. Pour les autorités, il était évident que l'enfant avait été emporté par les flots déchaînés. David n'y croyait pas. Aucune rançon n'avait été réclamée, mais il était convaincu qu'il s'agissait d'un enlèvement.

Happé par une vague ? C'était impossible.

« Les vagues n'existent pas », avait répondu David aux policiers, en répétant les mots de sa grand-mère.

Ils l'avaient pris pour un fou. C'est peut-être en cet instant qu'ils avaient décidé de ne pas donner suite à l'éventualité d'un rapt.

L'interrogatoire auquel le couple, déjà branlant, avait été confronté, les insinuations sur leur intimité et les regards suspicieux s'étaient joints à la perte de leur enfant, précipitant la fin de leur mariage.

— Quand je pense qu'on nous mitraillait de questions et d'allusions absurdes, on nous traitait comme des criminels…

— Tu n'exagères pas un peu, là ?…

— Plus je leur disais que l'on perdait un temps précieux, plus ils s'acharnaient sur moi…

David avait vite perdu son calme, et sans l'intervention de sa femme, il se serait retrouvé menotté.

— La noyade est impossible, Paul.

— Sam courait plus vite que toi...

— Il ne se serait jamais risqué seul dans l'eau. Des individus sans scrupules l'ont entraîné dans les dunes. On me l'a pris, tu entends, Paul ?

Il lui prit convulsivement le bras, le serra, le regarda dans les yeux.

— On me l'a pris !

Paul entendait ce refrain à chacune de ses visites. David n'en démordait pas. Il y croyait dur comme fer. Lui avait bien tenté de l'en dissuader. Puis il avait compris que cette conviction l'aidait à supporter sa peine. Le cœur broyé, il se raccrochait à cet espoir. Avec d'autres copains, tous deux avaient placardé des affichettes et sillonné toute la région. En vain. David avait finalement accepté d'arrêter les recherches, mais il se refusait à l'implacable réalité de la mort de Sam. Il attendait le retour de son fils. Aujourd'hui, l'Arsouille éprouvait de la compassion pour son ami, ses égarements, ses hantises qui s'agrippaient à lui comme des sangsues.

Si Paul était malheureux, c'était aussi pour lui-même. Il ressentait une peine égoïste. Il avait mis du temps à s'en apercevoir. Non, il n'était pas un fin psychologue. Son pote Milord, ce mélange de dandy et de bon vivant, s'était envolé avec le petit Sam, et l'Arsouille se sentait dépossédé. Il n'osait même plus l'appeler Milord. Comme si c'était inconvenant. Un sacrilège.

Le carnaval, sans lui, n'était plus ce qu'il était. Il y manquait un élément du puzzle. Un composant au trio qu'ils formaient depuis tant d'années avec la Tulipe. David était le moteur de leur amitié. Le duo avec la Tulipe ne fonctionnait pas.

Il fit une tentative :

— On t'attend pour le prochain carnaval.

— Inutile.

— Tu es un masquelour, tu faisais la bande avec nous !

— Je faisais, oui. C'est du passé.

— C'est le meilleur remède à la déprime, tu étais le premier à le dire !

— Oui, la déprime de l'hiver. Le carnaval redonne l'énergie. Il est lié au cycle de la nature, de la renaissance. Mais je crois que tu ne saisis pas très bien...

Il éleva la voix :

— Je ne suis pas en déprime. J'ai perdu mon enfant, Paul !

Paul saisissait. Des larmes affluaient aux paupières de son ami. Il se sentit encore plus maladroit que d'habitude. On avait raison de dire qu'il n'existe pas de mot lorsqu'on perd son enfant. Pas de mot pour qualifier ce drame, pas de mot non plus pour apaiser la douleur. Trois ans... Il avait espéré qu'avec le temps elle se serait faite moins aiguë. Une fois de plus, il partirait plus triste qu'en arrivant. Et déprimé. Et impuissant à endiguer le chagrin de David. A quoi bon les amis, s'ils ne servaient à rien ?

Le littoral était à la fois apaisant et bruyant. Peu à peu, au bruissement incessant des estivants, succédaient, à leur départ, le chuchotement de la mer et la rumeur du vent.

— Combien de fois a-t-il joué dans les bâches laissées par la marée ? Il ne lui est jamais rien arrivé.

Puis vint une autre phase, celle du silence.

Parfois, un engourdissement s'emparait de lui pendant quelques minutes... Comme séquestré par la douleur. Cela faisait si mal. Il avait été tenté de tirer sa révérence. Mais n'avait pu aller jusqu'au bout. Paul en savait quelque chose. L'espoir de récupérer son grand absent le retenait.

— Mon père me manque, avoua David.

— Tu ne l'as pas connu !

— Justement. Je n'ai pas eu ce modèle masculin. Le seul fut mon grand-père maternel, un dandy, qui fut un père tardif, comme moi. Mais moi, je fus le pire des pères. Je n'ai pas protégé mon enfant.

Le soleil embrasa le ciel d'une symphonie orangée. La plage s'était vidée de ses promeneurs et des premiers vacanciers de juin. Ne restait qu'une masse de sable blanc et nu. L'astre miroitait sur l'eau.

— Cela fait juste trois ans, Paul. Un soir, comme aujourd'hui, mais le ciel n'était pas si clément. L'orage...

Il allait lui redonner la description du temps du soir du drame. Paul connaissait tout ça par cœur.

— Allez, on sort, Milord, allez !... On va se payer quelques bonnes pintes sur la digue, d'accord ?

— La silhouette d'Elise m'apparaît par intermittence...

Ça y est, le parasite qui revient, songea-t-il en soupirant.

Il s'en voulut aussitôt de cette pensée peu chrétienne.

Il se risqua :

— Des nouvelles ?

— Elle vit en Nouvelle-Zélande, selon ma belle-sœur.

Paul tenta une plaisanterie :

— Elle ne risque plus de recevoir des harengs sur la tête !

Mais David garda son air sombre.

— Elise y a rencontré « quelqu'un », m'a dit sa sœur, avec des sous-entendus. Elle ne m'a jamais encadré, et elle me tient pour responsable de la disparition de Sam.

— Pourquoi tu la vois, alors ?

— Elle m'a appelé.

Pour t'enfoncer, songea Paul.

— Et je désire garder des nouvelles de ma... d'Elise. Elle a perdu son enfant, notre enfant. Par ma faute.

— Ce n'est pas ta faute !

— Je crains pour sa santé...

— Soit, mais ne la regrette pas. Tu as aimé une icône, pas une femme. Elle était trop belle, trop bien élevée, trop maniérée... trop prétentieuse... Oui, j'arrête !

David se tourna vers lui, le fixa de son regard bleuté. Le sourire qu'il lui offrit lui fit chaud au cœur.

— Te rappelles-tu votre première rencontre ?

La vision de ses deux amis venus le chercher avait choqué Elise. David pensait qu'elle ne s'en était jamais remise. Ils lui étaient apparus dans leur accoutrement de carnaval, en bas résille, porte-jarretelles et minijupe. Elle s'était exclamée, la mine dégoûtée :

« Qu'est-ce que c'est que ça ? »

L'Arsouille et la Tulipe s'étaient arrêtés. Net. Confus, la mine sidérée, comme pris en flagrant délit de dévergondage et d'exhibitionnisme. Face à cette femme magnifique, à la silhouette sculpturale, élégante et hautaine, ils s'étaient sentis absurdes, empruntés, gauches. Nus. Et nuls.

« C'est ça, ton carnaval ? Des travelos ? »

Pour détendre l'atmosphère, et cette femme intimidante, l'Arsouille avait lancé, avec spontanéité :

« Le bas résille fait la matante ! »

Il avait traduit, avec un sourire désarmé, dans l'espoir de la voir se dérider :

« Les matantes, ce sont les hommes déguisés en femmes. »

Devant l'acuité des grands yeux noirs qui le fixaient et les lèvres serrées de l'épouse de leur ami, il s'était empêtré dans ses justifications, avant de s'arrêter, vaincu, incapable d'articuler le moindre mot sensé.

« Ne comptez pas sur moi », avait-elle déclaré, laconique, en tournant les talons.

Gêné, David avait alors émis un léger haussement d'épaules et un vague signe de la main.

« Elle s'y fera. »

Elle ne s'y était pas faite. L'année suivante, il avait réussi à l'emmener au carnaval, mais elle avait refusé de se costumer.

« Ou juste un masque.

— La seule chose que l'on ne met pas, à Dunkerque…

— Vous parlez de masques lourds, je ne suis pas folle !

— Ce sont nos déguisements. On se grime, on se maquille, mais nous ne sommes pas à Venise, tu ne te cacheras pas sous un masque.

— Alors, je ne me déguiserai pas. »

Venue en spectatrice, sans connaître les chansons, accrochée au mât d'un lampadaire public pour ne pas se faire emporter par la foule, elle était restée extérieure et sévère vis-à-vis d'un défoulement qu'elle ne comprenait pas. Le carnaval, on l'adore ou on le déteste. Elle le détesta. Surtout lorsqu'elle reçut malencontreusement un hareng gluant sur le visage.

« Des bandes d'ivrognes, c'est bien ce que je disais ! »

Ils rirent tous deux.

— Ce fut épique !... Et ça fait du bien de te voir rire, c'est la première fois...

David émit un profond soupir.

— Ta présence m'est précieuse, en cette heure d'entre chien et loup. Surtout aujourd'hui. Son ombre parvient jusque dans mon sommeil...

— Oui... murmura Paul.

— Tu es le frère que j'aurais aimé avoir, tu sais.

Un silence s'ensuivit.

Il ajouta :

— Et je ne sais ce que je serais devenu sans ton amitié, mon vieux l'Arsouille.

Enfin ! songea ce dernier. Il ne savait ce dont il était le plus content : son aveu, ou le fait qu'il ait réutilisé son surnom. Ses efforts n'étaient peut-être pas vains. Emu par la confiance de son ami, il se contenta de lui rendre son sourire, et lui tapa affectueusement l'épaule.

Ils contemplèrent le ballet aérien des oiseaux de mer. Ils écoutèrent le cri discordant des mouettes blanches et rieuses qui planaient dans le ciel, et se posaient un instant sur les flots, troublant le calme apparent de l'onde.

— Mon petit Sam les appelait tous les matins. Elles surgissaient de nulle part, réclamaient leur pitance avec de piaillements rauques. Il leur lançait du pain. Elles piquaient du bec, saisissaient avec agilité le morceau, s'élevaient aussitôt en un battement d'ailes faisant écho au battement des mains du petit, ravi... Elles n'approchent plus de la terrasse, le matin.

Rasséréné par les confidences affectueuses de son ami à son égard, Paul lui parla avec fermeté :

— Tu ne peux te complaire dans le passé, David. Tu dois aller de l'avant. Tourner la page...

L'Arsouille regretta aussitôt ses paroles et se mordit la lèvre. Quel idiot il faisait ! Il s'empêtrait de plus en plus dans ses maladresses.

David détourna le visage, perdu dans ses souvenirs. Un lourd silence pesa entre eux.

— Ce matin...

Sa voix était à peine audible.

Paul encouragea son ami, dans l'espoir de lui faire oublier sa gaffe :

— Oui, David... ?

— Non, rien...

Inutile de lui raconter, pensa David.

Ce matin, il était entré dans la chambre de son fils, comme chaque jour. Il s'était assis près de son petit lit, et s'était mis à toucher ses jouets, à embrasser son ours sur le nez comme le faisait Sam, à sentir son pyjama qui conservait encore son odeur, mouillant le vêtement de son enfant avec ses larmes. Mais là, mû par un sentiment de colère, ou de survie, il s'était emparé d'un grand sac poubelle noir. Avec des gestes nerveux, il y avait jeté les jouets. Si Sam revenait, il ne jouerait plus avec eux. Et dans le cas contraire... Il devait réagir.

Tourner la page... Mais la culpabilité était trop forte. Il avait eu l'impression de le trahir, de lui ôter définitivement la vie. Il avait rejeté le sac, s'était assis à même le sol, en sanglotant, incapable de poursuivre. Le temps s'était écoulé sans qu'il en eût conscience.

Le carillon de l'horloge de sa grand-mère l'avait ramené sur terre. Il avait alors pris le chemin de son bureau.

— La vie n'est-elle qu'un enchaînement de souffrances, de séparations, déceptions, de rencontres insatisfaisantes et de hasards malheureux ?

Ce fut la phrase de trop.

Paul en eut assez. Il se leva, excédé.

— Merci pour nous, David ! Et que fais-tu de l'amitié, de... de... ?

Il ne trouvait pas les mots.

David ne répondit rien.

Paul n'était pas d'humeur à supporter plus longtemps sa déprime, à écouter son malheur. A subir son ingratitude. Les mots de sa femme lui trottaient dans la tête.

Lui aussi avait ses problèmes, mais à côté du drame que vivait son ami, jusqu'à présent, il avait relativisé et les avait sagement relégués au casier des « sans intérêt ». Il ressentait au plus profond de son être que rien de pire ne peut arriver à des parents.

En un sens, David lui avait offert d'évaluer ses problèmes à leur vraie mesure. Sur l'échelle des soucis, il n'était assis que sur la première marche.

Mais une amitié, c'est un peu comme l'amour. S'il n'y a plus d'échange, au bout d'un moment on se lasse. Etait-il lassé de ses efforts improductifs ? Lassé des obsessions de David, de ses phobies ? Trois ans, cela lui paraissait assez pour réagir. Si David n'essayait pas de surmonter son chagrin, il le laisserait parasité par ses idées sombres et passerait à autre chose.

Il était prêt à s'en aller comme il était venu, lorsque David le retint par la manche.

— Je recommence à écrire.

— Et tu ne me le disais pas ?

— Je te le dis, l'Arsouille.

Il reprit sa place à ses côtés. Souffla de façon sonore pour évacuer son exaspération. Lui offrit un sourire affectueux.

— C'est bien, c'est bien, murmura-t-il.

Il attendit de plus amples informations.

— Cela ne date que de ce matin...

— C'est déjà ça !... Et ça parle de quoi ?

— Je ne peux encore le dévoiler.

Il était à nouveau vexé. Si David se remettait à écrire, il était certain d'y être pour quelque chose.

— C'est trop tôt, tu comprends... Ce matin, j'ai ressorti mon ordi, je n'ai pas fait grand-chose d'autre. J'ai juste mon sujet, le titre...

— Et ta première phrase ? Si tu as ta première phrase, comme dit ta mère, c'est dans la boîte !... Ah, enfin un sourire ! s'exclama-t-il d'un air réjoui.

— Lorsque j'aurai bien avancé, j'irai à Paris, rencontrer mon éditeur.

— C'est la bio de qui ? Allez !

— Tu ne le connais pas...

— Très aimable... fit-il avec une grimace édifiante.

Il comprit qu'il devrait s'en contenter pour l'instant.

Pourtant, il était irrité. A Paris, David raconterait sa nouvelle œuvre à leur copain la Tulipe, alors que lui, il venait de passer trois années à l'écouter, le remonter, le distraire. Il se sentait un peu floué, mis de côté.

Il détestait ce sentiment.

Sous les derniers scintillements d'un soleil rougeoyant, demeuraient, seules, les ondulations de sable sculptées par la marée.

— J'en profiterai pour voir la Tulipe.

— Tu le verras au carnaval.

— Je ne suis pas encore prêt pour le carnaval. A Paris, je dormirai chez lui.

— Chez toi, tu veux dire ? répliqua Paul avec froideur.

L'appartement était à la famille Aston depuis des lustres. David en avait hérité, mais, n'y habitant plus, il l'avait prêté à leur copain.

Il croisa le regard de Paul, devina une arrière-pensée.

— Tu ne trouves pas qu'il abuse de ton hospitalité ? fit son ami.

— Tu es jaloux, ma parole !

— Non... Mais tu le paies grassement pour ta doc...

— Comment le sais-tu ?...

— Il s'en est vanté, oui !

Et quand il se met à fanfaronner, je ne le supporte pas, songea-t-il. A l'entendre, il était le conseiller particulier de la Maison-Blanche. Son narcissisme s'intensifiait. Il était allé jusqu'à se targuer d'être le nègre de David. Après s'être fait expliquer ce terme, Paul avait démenti, haut et fort. Il n'en avait rien dit à son ami, mais ses relations avec la Tulipe s'étaient tendues.

Il poursuivit :

— Tu l'héberges, aussi. Il dépend de toi. Ce n'est pas lui rendre service, même si je sais que tu le fais par générosité. Il ne cherche plus rien d'autre...

— Justement, tu veux qu'il soit SDF ?

— Enfin... Tu seras d'accord avec moi, si je dis qu'on aurait pu aussi le surnommer la Cigale, non ?

— Tu es injuste. Il n'a pas eu notre chance.

— Parle pour toi, David...

Son exaspération augmentait.

— J'ai dû bosser dur pour décrocher mes diplômes. Je viens d'un milieu plus modeste que vous deux. Merde !

— OK, OK, calme-toi. Mais ce n'est pas aujourd'hui que je vais le mettre dehors. Seul, cette maison me suffit amplement. Mais rassure-toi. Je vais lui annoncer que je n'ai pas besoin de lui pour ma prochaine doc. Il va être déçu.

— Il manquerait plus que cela qu'il te le reproche !

— Tu as un mauvais fond, l'Arsouille, lâcha David avec un rictus qui se voulait de plaisanterie.

— Je fais juste honneur au surnom dont tu m'as affublé, Milord, c'est tout.

Il partit sans autre politesse, visiblement de très mauvaise humeur.

5

Pauline avait compris : sa fille ne lâcherait pas prise.

Marie-Lilas, l'unique enfant d'une union pathétique, avait du plomb dans la tête. A quinze ans, elle stupéfiait sa mère par sa vivacité d'esprit et son côté débrouillard. Pauline se demandait d'où elle tenait sa maturité précoce. Pas d'elle, en tout cas. De son père ? Ce triste sire n'était pas un exemple. Hormis sa chevelure brune, Lilou ne tenait rien de lui. Elle ne le connaissait pas et, Dieu merci, elle était plus franche.

Ces nouvelles générations étaient si différentes des précédentes. Nées avec Internet, et une technologie qui dépassait à présent le commun des mortels, leur faculté d'adaptation était phénoménale. Peut-être pas leur concentration, mais ça, c'était une autre histoire.

Les jours suivants, par un accord tacite, elles ne reparlèrent pas de l'opportunité parisienne. L'idée trottait pourtant dans la tête de Pauline.

Elle se demandait comment elle pourrait se complaire dans la vie parisienne, plus trépidante que celle de Lille, plus stressante surtout. Elle connaissait la capitale pour l'avoir visitée, enfant, avec ses parents.

Elle se rappelait surtout la tour Eiffel et les lumières des Grands Magasins. C'était à l'approche de Noël. Aujourd'hui, on condamnait sa pollution, ses braquages et ses embouteillages. Ceux de Lille n'étaient pas tristes non plus. Et Paris était une ville superbe. Comme Lille, elle alliait tous les siècles. Mais était-elle aussi fascinante au quotidien ? Elle en doutait. « Métro-boulot-dodo », encore une expression peu flatteuse. Non, il lui était impossible d'accepter la proposition.

Lille et ses fêtes lui manquaient déjà...

Ses fêtes... L'illustre braderie du début septembre. Impensable.

Chaque été, elle attendait ce moment avec impatience. Elle le vivait, avec l'enthousiasme d'une enfant, sous l'atmosphère magique de la grande nuit des étals. Elle se sentait la détentrice d'un héritage. Complice de ses ancêtres lillois, heureuse de renouer avec ces immuables rituels d'antan, d'y retrouver ses amis. Près de mille ans d'une colossale friperie, perdurant depuis le Moyen Age, synonyme d'une fraternité unissant les hommes d'une façon non virtuelle. Ce qui devenait de plus en plus rare. Dernier vestige des foires médiévales, de ces époques où nos ancêtres rôtissaient, « bradaient », en plein air, tandis que les bateleurs prenaient racine sur la Grand-Place.

Sa mère lui avait raconté qu'à l'aube du XXe siècle, durant cet immense marché aux puces, les domestiques de ses grands-parents, bourgeois aisés de l'industrie textile, liquidaient avec leur autorisation, et à vil prix, divers objets jugés obsolètes et récupérés dans les combles. Sa grand-mère leur donnait également de vieilles fripes dont elle se délestait. Ils vendaient le tout à leur profit, satisfaits de l'aubaine.

Chaque année, Pauline se préparait minutieusement à la randonnée dans la foule des bradeurs ou « bradeux », toujours plus nombreux et déversés par des trains entiers durant le fameux week-end. Vêtue d'un jean, les clés de l'appartement suspendues à la poitrine, les euros dans une poche intérieure, elle s'équipait de confortables chaussures de marche. Elle arpentait les kilomètres d'étals improvisés, au milieu des cris, des boniments facétieux débités pour retenir le client, des charlatans aussi présents qu'aux siècles passés, et de quelques travestis ayant endossé robes de femme ou larges chapeaux de paille.

Depuis deux ans, Lilou et sa cousine Anaïs l'accompagnaient. Elles se fixaient des heures et des points de ralliement. On se perdait facilement, les petites coquines s'en faisaient un point d'honneur, tout en incriminant la cohue. Cette dernière était bon enfant.

Les petites se lançaient dans une véritable chasse au trésor, à la recherche de l'article extraordinaire et inimitable que l'on ne dénichait plus que chez des antiquaires hors de prix. Lorsqu'elles en trouvaient un, elles ne l'achetaient pas. Elles appelaient le frère et la belle-sœur de Pauline, restés sagement chez eux devant la télé. Elles envoyaient la photo de la petite merveille depuis leur téléphone portable. Si l'objet en valait la peine, alors, elles avaient carte blanche pour marchander. Elles possédaient un culot qui fascinait Pauline. Je suis trop sage, se reprochait-elle. Les précoces responsabilités vis-à-vis de sa fille, sans doute. La femme de son frère était friande d'antiquités, vraies ou fausses, dont elle encombrait leur jolie maison. Elle disposait ses acquisitions avec ostentation, sans le moindre goût. Il n'existait plus le moindre espace vide sur les commodes, cheminées, rebords de fenêtres et tables. Elle n'était pas amatrice de belles choses, ni collectionneuse d'objets anciens. Pour elle, c'était une vitrine, celle de son aisance.

Pauline aimait flâner sans but précis, portée par le flot humain des bradeux.

Parfois elle se laissait conter l'histoire vraie ou inventée, toujours romanesque, de quelque objet insolite ou suranné, rescapé d'une époque révolue. Elle affectionnait cette atmosphère festive. Elle rejoignait l'une de ses copines, qui tenait un stand, point de regroupement de tous leurs amis. Dans les lueurs blafardes du petit matin, avant que la braderie ne ferme ses portes, ils parcouraient une ultime fois les rues moins saturées. La foule commençait à refluer et certains bradeux pliaient bagage. C'était le temps des vrais chineurs. Ils achevaient la grande fête annuelle avec ces incontournables moules-frites qui depuis tant de décennies contribuaient au folklore de la ville.

A six ou sept heures du matin, les uns et les autres se dispersaient pour rentrer. Lille reprenait son air coutumier et respectable, les rues revenaient aux voitures. Seuls témoins de la fête, les fameuses « piscines à moules », qui allaient bientôt disparaître à leur tour, comme par enchantement.

Fatigués par leur nuit de veille, alourdis par les bières ingurgitées, deux ou trois de ses vieux copains de médecine, qui avaient parcouru la France entière pour être présents, s'effondraient alors sur le canapé et la moquette de son salon. La braderie était le rendez-vous à ne pas manquer. Même son professeur s'y montrait.

« Pour toi, lui glissait malicieusement son amie. Blanchet a le béguin pour toi, ça crève les yeux. »

C'était idiot...

Idiot surtout de faire une fixation sur la braderie, pour se trouver une excuse. L'enjeu professionnel était dix fois plus important. A quoi tient parfois une décision ?

Très vite, elle admit qu'elle se raccrochait à la braderie parce qu'elle appréhendait l'inconnu, et craignait les séparations. Elle se traita une fois encore de « vieille », appela l'hôpital parisien.

Le poste était toujours vacant, mais s'ils lui donnaient la préférence – grâce à l'intervention du professeur Blanchet –, ils ne pouvaient guère attendre plus d'une semaine.

Pauline en parla à son amie Mathilde.

6

Dans un café de la Grand-Place, Pauline attendait le verdict de sa plus fidèle amie, assise face à elle. Toutes deux étaient très différentes. Pauline était blonde, le visage constellé de taches de rousseur, Mathilde était brune, la chevelure frisée et indisciplinée.

— Tu as eu beaucoup de courage de te remettre aux études avec une petite fille, déclara cette dernière. Malgré les semestres fatigants, tes stages, ta formation, et tes consultations pour gagner ta vie et celle de Lilou, tu as obtenu ton DES de rhumatologie. A trente-cinq ans, célibataire, diplômée dans la branche qui te passionne, tu reculerais devant un an dans la capitale ? D'abord ma chérie, ce n'est pas le Pérou. Paris n'est qu'à une heure de Lille, et tu me donneras enfin l'occasion d'y aller de temps à autre faire un tour. Je vais dès demain acheter mon matelas pour ton salon. C'est merveilleux ! Tu m'offres un délicieux prétexte.

Mathilde était mariée à un garçon adorable, dont l'unique défaut était de l'aimer trop ou mal. Sa jalousie enflait avec les années. A tort. Mais elle étouffait sa femme.

Quel dommage ! Le monde est mal fait, songeait Pauline. Je serais si heureuse d'avoir un homme aimant. Même jaloux.

— Mais tu imagines, Mathilde, si je tombe sur Pascal ?

— On ne t'a jamais dit que Paris est grand ?

Elle la considéra un instant en silence. Mathilde et elle se connaissaient depuis leur première année de médecine. Mais Mathilde avait très vite dévié vers des études de psychologie. Elles ne s'étaient jamais perdues de vue. Dans leur entourage, son amie était la seule à qui Pauline avait tout confié, la seule à connaître vraiment les affres par lesquelles elle était passée.

— En fait, poursuivit Mathilde, tant mieux, au moins tu sauras où tu en es vis-à-vis de lui. Et sans doute te rendras-tu compte que tu l'as mythifié, ce sale con. Tu as perdu suffisamment d'années, ma belle, à te morfondre pour un pervers narcissique.

— Mais je m'en fiche, aujourd'hui !

— Ah oui ? Pourquoi tu parles de lui, alors ? Tu ne t'es jamais remise de cette relation… File à Paris. Tu pourras enfin tourner la page. Et peut-être rencontrer un magnifique chirurgien en trauma-orthopédie, que tu pourras accompagner dans les congrès à Los Angeles ou Singapour… Je t'envie déjà !

Pauline n'avait pas revu son ex, le père biologique de Marie-Lilas, et ne s'en portait que mieux. Le jeune interne, mondain et spécieux, très beau et qui le savait, était sans doute devenu spécialiste de la médecine ou de la chirurgie esthétique. Son ambition, à l'époque de leur relation. Elle n'avait aucune nouvelle de lui.

Il l'avait séduite. Ainsi que la plupart des nouvelles et jeunes étudiantes en médecine. Elle ignorait ou ne voulait pas voir ses frasques. Il avait distillé son venin au travers d'un regard qui la détaillait, la dévêtait, la mettait à nu. Ce premier instant fut peut-être le plus érotique de son existence. Elle fut aussitôt à sa merci. Ils sortirent ensemble pendant un an. Une performance, pour lui. Elle en était folle, quêtant ses caresses, supportant son humeur imprévisible, ses escapades nocturnes, sa violence, ses mots blessants, ses mensonges.

Elle l'attendait avec une impatience fébrile. Il suffisait qu'il l'observe, entre raillerie et désir, avec son sourire charmeur ou son minuscule rictus frondeur au coin des lèvres, pour qu'elle fonde. Ce qui s'appelle une passion destructrice. Et au moment précis où il se lassait, elle lui avait annoncé qu'elle était enceinte. Ce qui n'avait fait qu'accélérer sa fuite, en lui donnant une formidable occasion de faire endosser à Pauline la responsabilité de son départ. Il avait joué la colère. L'homme trahi : elle l'avait fait exprès pour l'enchaîner. Mais il n'entrerait pas dans son jeu. Il se voulait libre. Il n'était pas prêt, disait-il, à assumer des enfants. Il avait sa carrière à construire.

Et surtout beaucoup de belles à séduire. Et elle ? Elle non plus n'était pas prête. L'avortement ne fut pas évoqué. Il s'en fichait. Il partit en claquant la porte. Elle crut qu'elle ne le reverrait jamais et pleura toutes les larmes de son corps, entre nausées et vomissements. Mais il revint, une semaine plus tard, sous prétexte de prendre ses affaires. Tranquille, indulgent, grand seigneur. Il déploya toute sa séduction. Il voulait être certain que son charme jouait toujours sur celle qu'il quittait pour une autre. Il lui fit l'amour une dernière fois, pour marquer son territoire. Il s'appliqua. Soumise, elle pensa bêtement le retenir. L'espoir fut de courte durée. Avant de partir, définitivement cette fois, il lui souleva le menton, la regarda de ses yeux enjôleurs, et lui jeta une ultime petite phrase assassine, sur le ton d'un père envers une enfant naïve :

« Ce sera dur pour toi. »

Pourquoi ne l'avait-elle pas giflé, griffé, défiguré, envoyé au tapis, maudit et tué ? Elle ne le fit qu'en rêves éveillés durant des semaines, finissant par sangloter comme une idiote et aller respirer son odeur dans le flacon d'eau de toilette qu'il avait oublié.

Pendant très longtemps, elle eut peur de le croiser, l'imaginant dans les transports en commun, dès qu'elle prenait le métro ou le tram, se surprenant à réviser sa tenue, son maquillage, au cas où…

Sois honnête avec toi-même, Pauline. Aujourd'hui encore…

C'était ridicule. Il avait quitté la métropole lilloise pour Paris.

« C'est mieux pour les spécialisations », avait-il déclaré, très sûr de lui.

Il avait emporté sa vanité dans la capitale, contribuant à la mauvaise réputation des Parisiens. Elle craignait de craquer en le revoyant, et pourtant elle n'était pas très fière de la Pauline de cette époque. Sa jeunesse, sa timidité, ce besoin d'amour que nous avons tous, et surtout sa passion pour lui en avaient fait sa chose. Acceptant tout. Honteuse et incapable de réagir. L'ombre d'elle-même, toute de désir sensuel, quêtant la moindre caresse. En totale dépendance affective, ou plutôt sexuelle. Une addict. Une droguée.

La seule chose qui lui était arrivée de bien était sa Lilou, mais elle n'en fut pas consciente tout de suite. Elle songea à avorter. Les convictions catholiques de ses parents l'emportèrent. Elle les écouta.

Le fait de se retrouver seule durant sa grossesse et la naissance lui gâcha l'une et l'autre. Elle vécut ensuite bien des moments de découragement, jusqu'à remettre en question la poursuite de ses études.

A la maternité, elle vit accourir son ami Rémi, absent depuis des mois « pour affaire sentimentale » et qui venait de reparaître sur terre. Il se pointa au moment de l'accouchement, refusa de la laisser seule, lui tint la main, l'encourageant, faillit tomber dans les pommes lorsqu'il vit cette petite créature sanguinolente sortir de son corps, pleura d'attendrissement avec elle, et la remercia de lui avoir offert d'assister à ce prodigieux phénomène qui n'appartient qu'aux femmes.

Après l'accouchement, au sentiment de soulagement se mêlèrent une indescriptible panique et un refus de prendre son bébé dans les bras. Dorénavant, et tout au long de son existence, elle serait obligée de tenir compte de ce petit être. De s'en occuper. D'accoler sa vie à la sienne. La tâche lui sembla au-dessus de ses forces.

L'apprentissage de la première semaine lui parut insurmontable, surtout du fait de l'absence de sa mère, qui était à l'étranger et qui, au téléphone, lui avait quasiment reproché d'avoir accouché avec quinze jours d'avance. Juste pendant ses vacances. A croire qu'elle l'avait fait exprès.

Pauline s'était confiée à Mathilde :

« La nuit, c'est dur d'être seule et de devoir se lever. J'accours au moindre pleur.

— Si cela peut te rassurer, ma belle, mon homme n'a jamais dormi aussi profondément que lorsque la petite ne faisait pas encore ses nuits. »

Elever seule un enfant... Mais elle était loin d'être unique. Et le bonheur d'avoir sa fille, ses sourires, ses gazouillis, l'odeur de sa peau contre la sienne, compensait largement les difficultés et la libérait de ses soucis.

Quelle idiote !... Si je pouvais revivre ces instants...

Aujourd'hui, elle culpabilisait d'avoir eu ces pensées. Elle ignorait alors que la vie prend un sens avec ces bouts de chou. Que la plus belle chose qui puisse arriver sur terre est ce miracle de la naissance. Elle avait eu l'impression que sa jeunesse s'achevait brutalement. Elle était trop jeune, elle ne se sentait pas prête. Pourquoi l'avait-elle conservé ? Pour faire plaisir, comme d'habitude. Ou plutôt pour ne pas faire de peine à ses parents. La peur de ne plus être aimée... Le sentiment d'abandon qu'elle éprouvait vis-à-vis de Pascal, peut-être, qui s'était réveillé. Le personnel n'insista pas. Il faut parfois laisser un peu de temps aux jeunes mamans.

Elle accepta enfin de garder son enfant près d'elle. Elle devait faire connaissance. Elle ne pouvait plus reculer, ni surseoir à ses responsabilités. Et lorsqu'elle fut seule avec ce petit corps, cette nuit-là, elle le prit dans les bras. Elle toucha son visage délicat, s'émerveilla de ses minuscules oreilles, de son si petit nez, aujourd'hui en trompette et qui lui conférait un air coquin. Doucement, elle chantonna une berceuse avant d'embrasser cet être fragile, et de lui demander pardon au travers de ses larmes, sans savoir exactement si ses pleurs étaient encore dus à la peur, ou à un sentiment d'émerveillement. Une espèce de griserie.

Un bonheur.

Malgré tout, dans la journée, à chaque fois que la porte de sa chambre s'ouvrait, son cœur battait précipitamment. Ce n'était pas Pascal.

Il fallut le retour de Rémi, les bras chargés d'une pleine gerbe de lilas, ses fleurs préférées, pour trouver, avec lui, le prénom de son nouveau-né. Elle se risqua à lui demander s'il ne voulait pas se déclarer comme étant le père de l'enfant. Il adorait les enfants et n'en aurait pas. Il aurait fait un papa délicieux. Mais il éluda la question, désorienté par sa requête. Elle n'insista pas. Elle comprit plus tard qu'il n'avait osé accepter par délicatesse vis-à-vis de son propre compagnon. Ce tendre ami l'aida toutefois à combattre la menace d'une dépression. Il ne put refuser d'être le parrain de Marie-Lilas, ce qui provoqua un léger froid avec la belle-sœur de Pauline, et une remarque déplaisante de sa mère :

« Ce devrait être ton frère, et non ce...

— Ce ?...

— Cela ne se fait pas. Tu as fait un mauvais choix. »

Sa mère restait corsetée dans des préjugés et principes bourgeois, issus de sa « grande famille ».

Le mauvais choix. Elle était coutumière. Le seul bon choix avait été cet ami. Pourquoi n'était-il pas le père de sa fille ? Il était le meilleur des hommes, drôle, attentionné, partageant ses goûts. Pourquoi ne s'étaient-ils aimés que dans une complicité affectueuse ? Elle n'arrivait pas à considérer ce bouffon de Pascal, qu'elle n'avait pas revu depuis quinze ans, comme le père de Lilou. Elle passerait tout de même un coup de fil à Saint-Antoine pour se rassurer. Elle ne tenait pas à le croiser dans les couloirs, encore moins à le côtoyer tous les jours.

Lilou obtint son brevet avec mention très bien. Elle stupéfia sa mère, qui ne s'y attendait pas. Elle était un peu paresseuse, sauf lorsqu'elle était très motivée. En l'occurrence, elle l'était. Et prête à passer à l'attaque.

De son côté, Pauline se renseignait, mine de rien.

Elle décida de ne pas en parler à ses parents tant que sa décision n'était pas prise. Inutile de leur créer des inquiétudes, peut-être superflues. Elle entendait déjà sa mère :

« Tu vas encore nous quitter. Et tout ça, à cause de... l'accident à bicyclette.

— C'est de l'histoire ancienne, maman.

— Ta spécialisation vient de là. »

Sans doute. Pauline transportait sa fille sur son vélo au retour de l'école maternelle. Il pleuvait. Elle avait dérapé. La petite Marie-Lilas était tombée. Mauvaise fracture, longue rééducation. Lilou ne semblait nullement traumatisée par ce désagréable épisode de sa petite enfance. Elle, Pauline, en avait gardé un sentiment flou de culpabilité. C'était bien là qu'était né son désir de se spécialiser dans cette branche.

Elle appréhendait Berck avant d'y aller, et cette expérience avait été magnifique. Oui, sa fille était plus adaptable. Elle avait raison.

Qu'avaient-elles à y perdre ?

— Bon, j'ai réfléchi à la proposition d'emploi à Paris. Je vais sans doute accepter.

— Chic, chic, chic ! répondit Lilou en battant des mains comme une petite fille devant son premier arbre de Noël. Avant la fin du week-end, maman, tu sauras tout sur les lycées, les locations et tout et tout...

— Oh là, ce n'est pas encore gagné ! répondit Pauline en riant malgré elle.

C'était compter sans la ténacité et le toupet de sa fille, qui se fit passer pour sa mère et inventa une histoire pour se faire admettre dans un lycée parisien.

En moins de dix jours, Marie-Lilas obtint la confirmation de l'établissement et récupéra par Internet son dossier, à remplir de toute urgence.

— Voilà, maman. Tu peux m'inscrire au lycée Voltaire. Il y a peut-être mieux, mais j'ai cerné les arrondissements autour de l'hôpital, et...

Elle faillit ajouter que pour la plupart les inscriptions étaient closes depuis longtemps, que certaines assistantes lui avaient ri au nez et que c'était l'un des seuls à l'avoir acceptée. Elle se retint.

— Bref ! s'exclama-t-elle. On ne cogite plus. On n'a pas le temps, Mamounette. Il ne te reste plus qu'à confirmer ta venue à Saint-Antoine.

— Mais ce n'est pas si simple...

— Si !

— Et on va loger où ?

— J'ai déniché sur Internet des adresses à visiter dans les arrondissements attenants à l'hôpital. Il ne reste plus qu'à téléphoner, et filer là-bas pour les visiter. Je t'accompagne. C'est mon cadeau pour le brevet. Je t'ai époustouflée, non ?

J'appréhende Paris, mais qui sait... Qui trouverai-je ? songea Pauline, sans s'apercevoir qu'elle venait d'employer un pronom interrogatif désignant une personne.

L'année suivante...

7

– *Journal de Romain Meusla* –

20 avril 2008

L'incident que je vais relater s'est déroulé en ce mois d'avril.

Photographe, je suis à l'aise avec l'image, mais cette aventure ne se raconte pas en photos. Quelque chose me pousse à la mettre sur papier, à en imprégner un support, comme lorsqu'on immortalise un instant sur pellicule. Il y a un début à tout et il n'y a pas d'âge pour commencer un journal.

En quinze ans de métier, j'ai déjà parcouru la plupart des plages françaises. A mes débuts, j'avais trouvé un moyen sympathique de me payer des vacances en bord de mer : je consacrais la période estivale à photographier les familles, et surtout les enfants, pour arrondir mes fins de mois.

Je connais donc assez bien Berck, mais c'est la première fois que je m'y rendais pour les Rencontres internationales des cerfs-volants. J'étais heureux de tester ma dernière dépense : un reflex numérique, doté d'un éventail de nouvelles fonctionnalités. Pour les couleurs, je joue essentiellement de deux instruments :

appareil numérique et ordinateur portable. Il est loin le temps où je n'utilisais que des pellicules et les faisais développer, avant de m'installer un petit laboratoire personnel. Je garde mon vieux Canon pour les noir et blanc, et lorsque je me réfugie dans la chambre noire, je vois l'image se composer peu à peu sous mes yeux avec un plaisir gourmand et sensuel. Magie de la lumière émergeant de l'obscurité. Jeux de l'image et du néant. Gestes des premiers temps de la photographie. Je me sens alors l'héritier de Niépce, Daguerre et autres pionniers. Mais, pour cette fête haute en couleur, aucune hésitation possible.

Le spectacle des cerfs-volants évoluant dans les airs grisait les spectateurs autant que les délégations. Des doigts d'enfants et d'adultes pointaient cette étrange chorégraphie aérienne composée de papiers et d'étoffes légères, tirés face au vent. Il y en avait de tous pays, de toutes tailles, formes, couleurs. Certains évoquaient des personnages, d'autres des oiseaux aux queues bigarrées, des papillons et des méduses géantes, des anémones de mer et des poissons-clowns, et l'on ne savait plus très bien si le ballet était aérien ou abyssal. Tous flottaient dans la même direction avec le vent, et accentuaient cette impression d'un vol migratoire ou d'un banc de poissons se mouvant vers sa nourriture.

Sans avoir la renommée des grands, j'avoue qu'en free-lance je gagne très honnêtement ma vie. Des galeries lilloises et parisiennes prennent quelques-uns de mes clichés, que je vends bien. Mon livre sur les oiseaux migrateurs s'est taillé une jolie réputation en France et un franc succès à l'international. Tout citadin que je suis, observer les oiseaux est l'un de mes loisirs préférés. Je crois que je les envie. A l'automne, au printemps, j'assiste volontiers au passage de ces infatigables voyageurs. Un ravissement. Ils ne craignent pas le long périple à effectuer. Les espèces migratrices forment un immense V, bouclier de plumes, flèche vivante filant dans le vent à la recherche de cieux plus cléments.

Enivré, les prunelles scintillantes, comme un enfant, je mitraillais de tous côtés. Je remontai sur l'esplanade pour prendre un couple de « géants du Sud », aux bras manipulés à l'aide de longs bâtons, comme les marionnettes. Ils faisaient les pitres pour le grand bonheur des promeneurs.

Je m'arrêtai en ressentant un petit creux à l'estomac. J'avais pris la route le matin sans déjeuner. Je m'aperçus qu'une odeur alléchante me faisait saliver depuis un moment. Je n'hésitai pas. Je me sentais prêt à dévorer un énorme cornet de frites. Un indispensable plaisir nordiste. Un rite immuable. Mieux, un sacerdoce. Pas de fête sans baraque à frites. Rien de plus grisant que de prendre sa frite, bien craquante, de la tremper dans la mayonnaise, de la déguster et de se lécher ensuite voluptueusement les doigts.

Plus sportif et coquet que gourmand, je surveille ma ligne et mon cholestérol, stoïque. Difficile de résister, pourtant, lorsque ces arômes vous envahissent les narines. Je suis toujours écartelé entre le désir de me planter devant l'une des innombrables baraques aux effluves incontournables et l'envie raisonnable de passer mon chemin. Un vrai supplice de Tantale.

Ce n'est pas ma faute, il y a du péché dans les frites !...

Ayant satisfait mes sens avec gourmandise, je revins vers la plage. Un « jardin du vent » y était installé : des instruments éoliens, jouets et machines extravagantes, faisaient sonner leurs musiques. Autour, s'extasiaient des dizaines d'enfants, les yeux écarquillés. L'ensemble était féerique, digne des petits spectacles enchanteurs à la beauté poétique de Méliès. Je suis passé devant sa tombe, à Paris, au Père-Lachaise, un lieu mystérieux au sein de la capitale, où j'aime flâner pour capter des instants de vie ou d'éternité. J'ai d'ailleurs en tête de proposer à mon éditeur un nouvel ouvrage de photographies sur les sculptures et sépultures hétéroclites, souvent insolites, qui peuplent cet étrange jardin.

Je me remis à mon poste, le ventre et l'esprit heureux de cette balade joignant l'utile à l'agréable.

C'est alors que je vis le drame arriver au travers de mon objectif.

Je suivais un cerf-volant dont le vol se confondait avec celui des oiseaux de mer. Brusquement, il échappa à la petite main qui tenait le fil. Un coup de vent trop fort sans doute pour l'enfant apparu dans mon champ de vision. Mon objectif suivit un instant le jouet de papier, qui lutta contre les éléments, avant d'échouer plus loin sur la mer. Puis, je le braquai sur le jeune garçon qui courait dans l'eau, dans l'espoir vain de le récupérer.

J'eus à peine le temps de penser : Mon Dieu, il va trop loin !

Tout se passa très vite.

Les spectateurs levaient le visage vers le ciel. L'enfant, lui, se débattait contre les flots. Il ne savait pas nager. Personne ne se risquait dans l'eau. En avril, la température de la Manche n'est guère élevée.

Je ne réfléchis pas, lâchai mon appareil, me précipitai dans l'eau, le sortis à temps. Le soulagement succéda à la panique parmi deux ou trois vacanciers qui venaient de s'apercevoir de la proximité d'un drame. L'enfant, lui, grelottait.

— Attends, on va enlever ça, tu es frigorifié…

Il me toisait de ses grands yeux noirs. Soudain, un flux de larmes sortit de ses paupières.

— Pauvre bouchon, murmurai-je en relevant son tee-shirt. Tu as eu peur, mais c'est fini, maintenant.

Je fus arrêté dans mon geste par une main vigoureuse, une voix péremptoire.

— Laissez mon fils. Je m'en occupe.

— Il serait temps ! m'exclamai-je, agacé.

J'avais agi spontanément, sans souci de congratulations, mais restai interloqué. Sans un remerciement, ni même un regard vers celui qui venait de sauver son fils de la noyade, le père de l'enfant me bousculait pour prendre le petit dans ses bras.

— Je t'avais dit, Thomas, de ne pas courir avec le cerf-volant. Tu vois, à présent, tu l'as perdu…

— C'est votre fils que vous auriez pu perdre !

Le père bougonna.

Je haussai les épaules et me précipitai vers mon appareil. Il était toujours là.

Pourvu que le sable ne l'ait pas encrassé…

J'avais de la chance, personne n'avait volé, ni écrasé ma petite merveille de technologie.

Le père s'en allait déjà, lorsqu'il se retourna et me vit nettoyer l'objectif de mon appareil.

— Vous avez pris des photos de mon fils ? Donnez-moi la pellicule ! ordonna-t-il, l'air furieux.

Je ne pus m'empêcher d'éclater de rire devant le ridicule de la situation.

— Vous ne croyez pas que vous abusez ? De toute façon, c'est un numérique.

— Montrez, alors !

Il voulut me l'arracher. Je retins sa main.

— Je ne vous permets pas. Je suis photographe. C'est mon gagne-pain !

— Vous l'avez pris sans ma permission.

— Je ne suis pas seul à photographier, et je n'ai pas besoin de votre accord.

Pourquoi perdais-je mon temps à discuter avec cet abruti ?

— Mais vous êtes photographe. Vous pouvez les exploiter et moi, vous poursuivre.

Il avait raison, même si je doutais qu'il se lance dans une longue et fastidieuse procédure.

Je lui montrai les deux photos concernant le petit Thomas et son cerf-volant.

— Vous les effacez immédiatement.

— Vous ne voulez pas que je vous les envoie par mail, cela vous fera un beau souvenir… fis-je, avant d'ajouter, bon prince : Je vous les offre…

— Vous les effacez, répéta-t-il, buté.

J'appuyai deux fois sur un bouton, les photos disparurent.

— Vous êtes satisfait ?

Je relevai le visage. Ils s'évaporaient déjà tous les deux parmi la foule des cerfs-volants et des spectateurs.

Je me mordis la lèvre.

« Je vous ai bien eu. Elles sont transférées sur ma carte mémoire ! »

Mais l'incident m'avait contrarié.

Trempé jusqu'à la taille, je frissonnai. Il ne me restait plus qu'à changer de pantalon.

Pourtant, je ne pris pas le chemin de mon hôtel.

Je les suivis.

Je ne m'étais jamais comporté de cette manière. Je ne suis pas un paparazzi. Mais j'étais mû par une force incompréhensible. Une espèce d'instinct me soufflait que le comportement du père était anormal. Je lis trop de romans policiers, sans doute.

Je les vis entrer dans un immeuble à l'arrière de l'esplanade. Je restai en arrêt devant les noms marqués à l'entrée. Fis une grimace, indécis. J'ignorais leur nom. Et à quoi cela me servirait-il de le savoir ?

Dépité, je rentrai à l'hôtel.

Célibataire à l'approche de la quarantaine, je me dis que je devrais me fixer, surtout si je veux avoir un enfant. Et je le désire de toutes les fibres de mon corps. Peut-être parce que je ne supporte pas les comportements violents avec un enfant ; peut-être pour lui apporter tout l'amour que je n'ai pas eu.

Je me couchai ce soir-là, hanté par cette pensée : Pauvre petit bonhomme…

Cet homme était un malotru, c'est tout. Je devais l'oublier.

Il est tard.

Mes yeux se ferment. Je n'ai pas fini, je reprendrai demain.

8

– Journal de Romain Meusla –

21 avril 2008, 5 heures du matin

Je me suis réveillé il y a une heure, et n'ai pas refermé l'œil. Est-ce la solitude, ou l'âge ? Peut-être cette histoire...

Le lendemain se déroulait le défilé dans les rues de la ville. Je n'avais oublié ni ce petit ange ni son butor de père. Les géants de Berck, Flipp le matelot et sa femme Zabeth au bonnet en dentelles, accompagnés d'autres géants venus d'ailleurs, se mêlaient aux cerfs-volants dans la grande parade musicale à travers la ville.

Le petit Thomas ne pouvait manquer le défilé.

Tout en le recherchant, je pris de nouveaux clichés. Je me mis à couper les rangées de spectateurs massés le long du parcours, entraînant quelques reparties offusquées. Comment le retrouver dans cette foule ?

Je courus à contre-courant, jusqu'au départ de la parade. Je me postai à l'arrière, aux côtés de petits Berckois qui suivent habituellement les défilés. Je m'attirai cette fois des regards ébahis des gamins. Peu importe, je parcourrais tout le chemin, et observerais à droite et à gauche…

Sur les épaules du père ou en première ligne, Thomas devait être posté au bord du trottoir. Bien, mais une fois que je l'aurai repéré, que ferai-je ? A quoi cela me servait-il ? Décidé à m'expliquer avec cet homme revêche, je sentais ma résolution faiblir au fur et à mesure du chemin. L'enfant n'était peut-être plus avec son père, mais avec sa mère. Je me sentis ridicule.

« Un vrai gosse, aurait déploré ma dernière copine, tu ne changes pas. »

J'avais changé… de copine, et ici, à Berck, je ne connaissais personne. Du moins l'espérais-je. Si des copains lillois me découvraient, défilant auprès des enfants qui sautillaient à l'arrière du cortège… Ridicule. Oui. Gamin, oui. Mais pudique. Je saisis mon appareil, me cachai derrière l'objectif. Masqué.

Arrivé à destination, bredouille, je m'échappai du cortège démantelé. Quelque chose me tracassait. Et je n'arrivais pas à identifier mon malaise.

Je me dirigeai, déçu, vers l'immeuble dans lequel je les avais vus disparaître la veille.

Je patientai de longues minutes. Que leur dirais-je ? Aucune idée. J'improviserais.

J'allais faire demi-tour lorsque j'avisai une jeune femme qui approchait de l'entrée avec une poussette. Je me précipitai pour lui tenir la porte, toujours galant, et profitai du sourire échangé avec la jolie maman.

— Excusez-moi…

— Oui ?

— Connaissez-vous une famille avec un petit garçon âgé d'environ… six ans ?

A une année près, ce devait être ça. Je me trompais rarement pour l'âge. N'avais-je pas photographié des centaines de bambins ?

— Non, mais adressez-vous à la gardienne.

J'insistai :

— Un père assez autoritaire...

La jeune femme sourit à nouveau.

Elle est ravissante, songeai-je. Une maman, dommage...

— Ah, je vois de qui vous parlez, j'ignore leur nom. Oh, mais c'est dimanche, la gardienne doit être de sortie... Non, on entend la télé. Mais elle n'ouvrira peut-être pas. Tentez votre chance...

Je ne pus m'empêcher de la suivre du regard – incorrigible – et sonnai à la loge. J'attendis un instant. Recommençai. Une femme brune d'une cinquantaine d'années, assez ronde, entrebâilla la porte.

— C'est dimanche, monsieur ! déclara-t-elle, l'air mécontente.

— Pardonnez-moi, mais je dois retrouver un enfant, six ans environ. Il habite ici...

— Vous êtes ?

— Euh... Je suis photographe. Le père m'a demandé de le prendre en photo, et je voulais lui transmettre mes clichés. Il a oublié de me donner son nom... Regardez. Je ne mens pas.

Elle ouvrit la porte. Je lui montrai l'une des photos. On y voyait assez distinctement le petit garçon tenant son cerf-volant.

— Il s'appelle Thomas.

Les traits de son visage se relâchèrent, elle arbora un sourire beaucoup plus avenant.

— Oui, un mignon petit trésor. Mais j'ignore leur nom. Des parigots, je l'ai vu à la voiture. C'est bizarre. Ils sont partis au matin, comme des malfaiteurs. A cette saison, pas besoin de partir à la fraîche, pas vrai ? Aux autres saisons non plus, d'ailleurs. Moi, vous comprenez, j'ai beau prendre un somnifère et un Temesta, à partir de cinq heures je ne dors plus. Vous devez bien dormir, vous, à votre âge, vous avez bien de la chance…

Comme je ne répondais pas, planté devant elle, elle se souvint et revint au sujet qui m'intéressait :

— C'était une location. Le propriétaire est à l'étranger. Impossible de le joindre, la plupart du temps. C'est commode ! Je ne peux même pas vous donner leur nom. Vous vous rendez compte, je suis responsable, moi, s'il arrive quelque chose dans mon immeuble ! Ils n'ont pas attendu la fin du week-end. C'est pourtant aujourd'hui que c'était le plus beau, non ? J'y étais tout à l'heure, vous aussi je suppose. Eux, ils étaient là depuis le début de la semaine. Tout ce que je sais, avoua la curieuse, je le tiens du petit. Son père était remonté à l'appartement, il avait oublié quelque chose. Je l'ai gardé deux minutes, lui ai donné une sucette. J'en ai toujours pour mes petits-enfants, et…

— Que vous a-t-il dit ? insistai-je, impatient.

— Qu'ils habitent près d'un cimetière, « avec plein de grands arbres et de la fumée », voilà ce qu'il m'a dit.

— De la fumée ?

— Oui, de la fumée…

Elle haussa les épaules. Et poursuivit :

— Vous trouvez que c'est un environnement pour un enfant, ça ?…

Sur ce dernier échange insatisfaisant, elle me tourna le dos et rentra dans sa loge.

Je regardai l'heure.

Il était temps de rentrer à Lille, si je ne voulais pas subir les embouteillages des dimanches soir. Quelque chose me troublait. Mais quoi ?...

J'allumai la radio. Je cherchai une fréquence de musique de variétés, lâchai un profond soupir pour me détendre. Le week-end avait si bien commencé... Je ne devais pas me laisser envahir par des impressions néfastes. Je me plongeai avec délectation dans une chanson de Gainsbourg, « 69, année érotique », souris – c'était l'année de ma naissance –, la fredonnai, évacuai ma contrariété, me sentis l'âme amoureuse. C'était le printemps.

J'oubliai l'incident...

... pour un temps, puisqu'une force irrésistible m'a poussé à écrire ces lignes, et je m'aperçois que le visage de cet enfant me poursuit.

9

Avec le printemps, la vie a repris au Père-Lachaise.

Lilou sourit. Elle n'était pas mécontente de sa formule.

Elle cliqua, l'envoya sur son blog. Et reprit sa conversation avec sa cousine :

— Anaïs, tu viens quand à Paris ?

— Pour l'Ascension ! C'était dur de convaincre les parents, mais ça y est !

— C'est trop top ! Tu sais que mamie arrive ces jours-ci ? Cette fois, elle y aura droit, à la visite.

— J'ai hâte que tu me racontes...

Marie-Lilas achevait sa seconde à Paris, ravie à la perspective de rester pour la nouvelle année scolaire. Le remplacement de sa mère était prolongé de quelques mois.

Elle ne regrettait pas son petit monde lillois. Ce qui ne l'empêchait pas de « chatter » tous les soirs sur Internet avec ses amies du Nord. Elles se voyaient grâce à la webcam.

Pauline et sa fille remontaient vers le Nord en TGV, un week-end sur deux les premiers temps, puis une fois par mois. Le parrain de Lilou, Rémi, débarquait parfois à l'improviste, avec des cadeaux et des gourmandises, et c'était la fête. A Lille, Lilou dormait souvent chez sa cousine. C'était encore la fête. Pauline réintégrait leur appartement.

Elle aussi se plaisait à Paris. Ce changement l'avait décrassée de ses anciens fantômes. Toutes deux se réservaient le samedi pour le shopping et un spectacle – ciné, théâtre ou concert – et le dimanche matin pour les balades ou les musées, suivant le temps.

Pauline louait un petit appartement du XXe arrondissement qui donnait directement sur le Père-Lachaise.

Elle rejoignait son hôpital en transports en commun, ou à vélo. Au retour, la montée, le long du cimetière, était un peu ardue, mais elle n'avait pas le loisir de se consacrer à d'autres sports. Et quand on est du Nord, le vélo, on le pratique jeune.

Le Père-Lachaise accaparait à lui seul l'une des sept collines de Paris : « le Champ-l'Evêque », situé sur la commune de Charonne au Moyen Age. Il était devenu « le mont aux Vignes » puis « la Folie-Regnault ». Les jésuites en avaient fait leur maison de campagne, avant qu'il ne devienne, au tout début du XIXe siècle, cet illustre cimetière. Elle n'était pas férue d'histoire, c'était sa fille qui lui apprenait tout, et lui servait de professeur.

Le monde à l'envers.

« Vous donnez sur un cimetière ? s'était affolée la mère de Pauline.

— Maman, tu as entendu parler du Père-Lachaise ? C'est différent...

— Ce n'est pas triste, mamie, bien au contraire, avait assuré Marie-Lilas, en prenant le téléphone des mains de Pauline, et puis tu n'as qu'à venir nous voir, tu te rendras compte par toi-même ! »

La grand-mère ne demandait que cela.

Les parents de Pauline étaient venus leur rendre visite une première fois à l'automne. La maman avait été rassurée par l'appartement : des fenêtres, on n'apercevait que des arbres. Mais extrêmement déçue par l'environnement, qui n'était ni haussmannien, ni assez « classe » à son goût.

Son mari s'était efforcé de lui expliquer que l'on était dans un Paris authentique, celui de Piaf et de Maurice Chevalier. Pauline avait soupiré. « On ne guérit pas de son enfance », a dit un poète. Lorsque sa mère, qu'elle adorait par ailleurs, s'enfonçait dans son éducation bourgeoise et vieille France, elle l'horripilait.

Sa mère avait enfin admis que leur quartier « excentré » ne manquait pas de charme, avec sa vieille église du XIIe siècle, Saint-Germain de Charonne, ses maisons dissimulées dans d'étroites venelles, et son pavillon de l'Ermitage, unique vestige de l'ancien domaine du château de Bagnolet.

« Nous avons le métro comme à Lille, tu sais, maman… »

Il fallut encore préciser qu'en dehors des week-ends elles n'avaient pas le temps, ni l'une ni l'autre, d'arpenter les lieux touristiques ou culturels de la capitale. Mais elles en profitaient bien, les samedis et dimanches.

« Je comprends pourquoi vous venez moins à Lille…

— Maman !

— Nous aurions quand même pu t'aider, pour aller dans les beaux quartiers…

— Merci, maman, mais ce n'est pas une question de prix. »

Elle ne s'attarda pas à lui expliquer qu'elle s'était attachée à cet arrondissement. Il était celui des opprimés de l'histoire. Et aujourd'hui, il était vivant, et cosmopolite. L'antre des artistes. Elle avait ajouté, simplement :

« Nous sommes bien placées par rapport au lycée, et pas très loin de l'hôpital. Il suffit à Lilou de traverser à pied le Père-Lachaise pour rejoindre la maison...

— Elle ne le fait pas, j'espère !

— Mais si, maman. C'est un sacré raccourci pour elle. Il y a tout un escadron discret d'employés, de fossoyeurs, jardiniers, bûcherons, et une armada de gardiens, d'agents de surveillance. La promenade est très agréable. Lilou te présentera son grand ami Victor. Il est féru d'histoire. Extrêmement cultivé. Il l'a initiée aux beautés et mystères de cet espace prestigieux. Avec lui, d'une certaine façon, elle apprend l'histoire de France et celle de l'Europe. Elle note tout ce que lui conte son gardien sur les sépultures et la vie des gens célèbres qui y reposent.

— Curieuse façon d'apprendre l'histoire !

— Peut-être, avait riposté Pauline, mais ça marche !... Et puis, c'est une réserve ornithologique, avait-elle ajouté, pas mécontente de rabattre un peu le caquet de sa mère. La végétation y est dense, et il existe des spécimens d'arbres remarquables. C'est le plus grand parc de la capitale. Et c'est l'air le plus pur de Paris. La prochaine fois, on t'y emmène...

— Pas question ! »

Dans l'attente de la grand-mère, Pauline interdit le maquillage à sa fille. Elle ne réussit pas à lui faire enlever le collier de chien qu'elle arborait fièrement.

— As-tu besoin de te déguiser ? déplora-t-elle. Tu es une jolie brune au teint pâle et au regard clair. C'est rare. Et franchement, c'est suffisant à ton âge !

— Mais enfin, tu sais l'âge que j'ai, ce mois-ci ? Seize ans, maman !

Ce que sa mère ne comprenait pas, bien évidemment, c'était qu'avec son collier, son crayon charbonneux et ses couettes hautes elle ressemblait à l'héroïne d'une série américaine.

Comme elle l'avait souhaité – c'est le privilège des petits-enfants –, Marie-Lilas entraîna sa grand-mère au Père-Lachaise.

— Ce n'est pas un endroit... murmura celle-ci quand elles croisèrent une femme avec sa voiture d'enfant, qui en sortait.

Sa petite-fille fit celle qui n'avait pas entendu. Peut-être se rendrait-elle compte par elle-même que ce lieu faisait office de jardin public. Que dirait-elle en voyant les amoureux s'embrasser sur les bancs ou flânant dans les allées tortueuses ?

La grand-mère était stupéfaite. Sa Lilou la guidait dans les allées avec une aisance inouïe.

— Mais tu le connais comme ta poche !

— Impossible !... protesta Marie-Lilas avec une fausse modestie. Celui qui le connaît le mieux, c'est Victor. Il est extraordinaire. Un ancien légionnaire...

Sa grand-mère étouffa un cri d'indignation.

— Oui, comme la plupart des gardiens.

Elle lui présenta, avec fierté, cet homme grand, fort et barbu, occupé à faire comprendre à un homme accompagné d'un grand chien que l'entrée du Père-Lachaise était interdite aux animaux. Sous ses sourcils broussailleux, son regard s'illumina en apercevant Marie-Lilas. Il prit le temps de serrer – un peu trop fortement – la main de la grand-mère, qui ne put s'empêcher de lui dire :

— Alors, comme ça, vous êtes légionnaire ?

— C'est normal... près de Marie Dubas et de la môme Piaf, expliqua-t-il avec un clin d'œil à Lilou. Ce sont nos deux grandes interprètes... « Mon légionnaire », précisa-t-il devant l'air perplexe de la grand-mère.

— Alors, qu'en penses-tu, mamie ?

— Il est... impressionnant.

— Ici, c'est sa maison. Victor est très cultivé, historien et philosophe aussi. Avec lui, le Père-Lachaise est bien gardé, non ?

— Il n'est pas un peu... effrayant ?

— Tu plaisantes, je l'adore ! C'est le meilleur des hommes. Tu as vu Harry Potter – Hagrid –, il me fait penser à Hagrid, c'est trop !...

Elle comprit qu'il lui faudrait peut-être commencer par lui apprendre qui était Harry Potter.

— Rassure-toi, si je tiens une chose de toi, mamie, c'est ta méfiance.

— J'espère que tu as plus de jugeote que ta chère maman, répondit-elle, déroutée par les goûts de sa fille et de sa petite-fille.

Marie-Lilas s'amusa beaucoup de la visite. Elle lui montra notamment le caveau le plus imposant du cimetière, celui de la baronne Strogonoff, et lui parla de la légende de la princesse russe.

— Le bruit court que le candidat volontaire à une captivité d'un an dans le caveau recevra deux millions de roubles ou de dollars, c'est selon.

— Enfermé dans un trou ?

— Non, dans un caveau. C'est plus vaste que chez nous. Un F4, à ce qu'il paraît.

Marie-Lilas en profita pour effrayer, voire choquer, sa grand-mère, avec quelques sépultures ésotériques. Elle l'adorait mais il fallait la bousculer un peu, si elle ne voulait pas la voir vieillir trop vite. C'était presque la raison de sa période gothique. Sa passion pour les histoires de spiritisme et de surnaturel, alimentée par les fictions et les séries, ne s'était pas éteinte. Mais elle devrait penser à changer de style.

Le plus haut monument, en dehors des cheminées du crématorium, avait été édifié par un illustre inconnu, Félix de Beaujour, dont la seule particularité fut d'avoir été un moine défroqué. Il s'élevait tel un membre turgescent dont la forme parlait d'elle-même. Sauf pour la grand-mère. Il fallut que Lilou l'entretienne de la vie sexuelle très intense de ce monsieur et des cérémonies nocturnes qui s'étaient longtemps déroulées dans la crypte pour que la grand-mère comprenne ce qu'elle évoquait. Elle n'eut pas le temps d'être scandalisée par les propos de sa petite-fille. Au même instant, un chat jaillit du caveau en miaulant, toutes griffes dehors. Elle hurla, porta la main à sa poitrine.

— Qu'est-ce que c'était que ce monstre ?

— Un chat, mamie.

— Je croyais l'entrée interdite aux…

— Aux animaux, oui, mais nous sommes dans le plus grand espace félin de Paris. C'est vrai, celui-là n'était pas très mignon. Ils vivent en liberté mais sont nourris par des dizaines de vieilles, qui se répartissent les secteurs. J'en connais...

La grand-mère en avait aperçu, de ces femmes. Elles n'étaient pas si vieilles, songea-t-elle, certaines devaient même être plus jeunes qu'elle. Elle s'était demandé si elles allaient rendre visite à des disparus, bien qu'avec leurs cabas de toile cirée elles fassent tache dans cet environnement de gens illustres. Elles ne se souciaient pas de leur apparence. C'était aussi ça, Paris. Dans la journée, hormis dans des coins très touristiques, ou aux sorties de bureau, les gens s'habillaient sans peur du qu'en-dira-t-on. Comme ils le désiraient. Pauline aurait ajouté : « Ou comme ils peuvent, maman. »

Remise de ses émotions, elle se rappela les propos osés de Lilou.

— C'est ce Victor qui t'apprend toutes ces choses ?

— Lui ou mon pote Ficelle.

— Ficelle, ce n'est pas un nom, ça...

Lilou renonça à lui montrer le tombeau du journaliste Victor Noir, très prisé des femmes en quête de fécondité. Le réalisme du gisant et surtout quelques parties anatomiques particulièrement patinées par les caresses et les baisers avaient le don de faire exploser de rire son ami Ficelle, mais sa grand-mère risquait l'apoplexie. Elle se contenta de l'emmener près des sépultures de gens célèbres pour leur culture ou leur art. Et pour ajouter une note plus gaie, devant la tombe de Parmentier, elle lui dit :

— Des pommes de terre sont cultivées autour, tu vois ? Certains s'amusent à les déterrer en cachette. C'est comme un jeu. Eh bien, figure-toi que ce sont les touristes belges qui sont soupçonnés en premier !

— On ne sait donc pas que dans le nord de la France on en consomme autant !... Ce ne serait pas toi, par hasard, pour faire des frites à ta maman ?

— On n'en est pas là, mamie !

— Je plaisantais ! dit-elle, en riant.

Tout n'est pas perdu... songea Lilou.

Ce même jour, Pauline reçut une lettre du professeur Blanchet.

Il espérait que son remplacement se déroulait au mieux, et il était très heureux de lui annoncer que le poste promis se libérerait enfin le 1er janvier 2009. Son service l'attendait avec impatience, etc.

Son service... C'est plutôt lui, oui...

Elle se rappelait les paroles de son amie Mathilde.

« Et c'est bien un vieux célibataire, il ignore que je ne peux disposer à ma guise de Lilou. »

Il était impensable de la changer d'établissement en pleine année scolaire, surtout en première, avec le bac de français.

Les paroles de Pascal résonnèrent dans sa tête : « Ce sera dur pour toi. »

Quelques mots qui auraient pu la détruire.

Mais en fin de compte, n'était-ce pas cette petite phrase anodine qui l'avait stimulée ? Pour lui prouver qu'elle saurait s'en tirer sans lui, sans doute, mais le résultat était là.

Merci, Pascal, tu m'as rendu service. Non, elle ne refuserait pas ce poste. Sa fille allait devoir repartir à Lille plus tôt que prévu.

Elle n'osa l'annoncer immédiatement à Lilou.

Il lui fallait encore réfléchir. Vite et bien.

10

– Journal de Romain Meusla –

25 mai 2008

Un mois est passé, sans écrire une ligne. Une seule chose motivait mon journal. Ou plutôt un seul être : ce gamin. Qu'a-t-il de spécial pour que je m'en souvienne ainsi ? Je ne l'ai pas oublié. Le reste, je m'en fiche. Ecrire n'est pas ma tasse de thé. Quelle expression ! Les gens du Nord préfèrent le café. Donc, je reprends : ce n'est pas ma tasse de café.

Je me sens un peu trop solitaire, ces jours-ci. Je viens de rompre avec ma copine, et il me manque une présence sous la couette. Je l'ai larguée. Non, sois au moins honnête avec ton journal. Elle m'a largué. Pourtant, tout avait commencé d'une façon romantique. Je parcourais une galerie qui expose plusieurs de mes photos. Une très jolie brune était en arrêt devant l'un de mes « vols migrateurs ». Avant que j'aie eu le temps de sortir un médiocre « Vous aimez ? », elle s'était tournée vers moi.

« Magnifique, n'est-ce pas ? »

Magnifique entrée en matière, surtout lorsque vous êtes l'auteur.

Mais voilà, j'ai tout gâché, et je l'ai bien mérité. Mon étudiante, âgée de vingt-cinq ans, adore finir ses soirées en boîte. J'aime danser. Mais se trémousser... Je sens un décalage. Je l'ai traitée de superficielle. Elle n'est que jeune. Elle m'a répondu que je confondais le plaisir et le superficiel. Et que j'étais un vieux. Fin de l'histoire. Je ne veux plus de ces relations éphémères et stériles. Ou je meurs en ermite ou je trouve la femme de ma vie. Non, le journal ne va pas remplacer les femmes. Comme objet de désir, on fait mieux.

Ah oui, aujourd'hui, c'est la fête des Mères. Et j'en veux à la mienne de ne plus être là. Est-ce pour cela que je suis en colère ?

Une mère nerveuse, toujours sur le qui-vive, brutale, incapable de montrer de l'amour à mon égard. Etait-elle seulement fragile ? Elle est décédée. Et j'ai gardé une profonde frustration, un manque de ces démonstrations de tendresse et de ces petits câlins qui font une enfance heureuse.

Quelle vie fabuleuse !

Bref, j'arrête mon journal, il me fiche le cafard.

11

– *Journal de Romain Meusla* –

20 juin 2008, 23 heures

Je ne suis plus certain de croire au HASARD...

Bon, je sais à présent pourquoi cet enfant ne me lâche pas. De nouveaux éléments sont advenus, qui justifient la reprise de ce journal.

La journée, ensoleillée, fut magnifique. Prometteuse pour l'été. Cela va-t-il durer ? On est dans « le Nord » !

Ce soir, j'avais donné rendez-vous à Dany – mon ami Daniel – devant le Théâtre du Nord, l'ancienne Grand-Garde. C'est en découvrant une représentation de cet édifice dans un tableau de Watteau que je me suis intéressé à l'architecture de la ville. A son histoire aussi, grâce aux connaissances de Daniel. Au début du XVIIIe siècle, ce bâtiment abritait le corps de garde chargé de surveiller la ville. Un soleil de pierre fut sculpté sur le pignon de la façade, hommage à Louis XIV.

Le carillon du beffroi de la Chambre de commerce entonna le « P'tit Quinquin », notre hymne à nous, gens du Nord, puis, comme à chaque heure, l'« Hymne à la joie » de Beethoven, notre hymne européen.

J'aime ma ville natale. Ce sentiment fut d'abord inexistant. Il m'est apparu assez tardivement, lors de mes études aux Beaux-Arts. Il s'est réellement développé durant l'apprentissage de mon métier, puis au fur et à mesure de mes voyages. Aucun des monuments, aucune enseigne ni pignon ancien de Lille, n'échappe à mon œil exercé. J'aime ma ville pour son audace. Celle de ses juxtapositions singulières, de son mélange sans complexe d'art moderne et d'art baroque.

Je suis bien un citadin. Amoureux des atmosphères magiques qui règnent la nuit dans les grandes villes. Je pourrais vivre à Paris, Londres ou Berlin. J'aime les capitales et les villes où l'on peut abandonner sa voiture, circuler à vélo, adopter le tramway ou le métro du lieu, ou, mieux, déambuler à pied, capter des bribes de vie ou des témoignages d'un passé enfoui. Avec le TGV, Lille se situe à la croisée de ces chemins. Au cœur de l'Europe. J'aime ma ville, aussi, pour sa diversité, sa population estudiantine et cosmopolite, comme celle de Paris.

Bien, j'arrête avec mon chauvinisme.

Et je passe à l'essentiel.

Dany et moi sommes heureux à chacune de nos retrouvailles.

Les soirs de printemps, l'animation de la ville me rappelle Londres, où dès la fermeture des bureaux, essentiellement le vendredi, on se retrouve entre collègues pour boire un verre à l'extérieur des pubs lorsque le temps s'y prête. Ce qui confère au centre de la capitale anglaise un petit air de fête perpétuelle.

Installés sur les terrasses de la Grand-Place et à l'extérieur des vieux bistrots des rues adjacentes, les étudiants lillois s'abreuvent de bière ou de vin. Certains célèbrent la fin de leurs cours, une réussite à un examen, ou tout simplement le plaisir de se réunir entre copains. Ces rassemblements de jeunes ont fait des émules parmi une population plus « installée », mais tout aussi joyeuse à l'idée de profiter des soirées festives de fin d'année scolaire.

Les restaurants de la Grand-Place et des alentours étaient submergés. Nous marchâmes – curieux, ce passé simple – dans le Vieux Lille et nous dénichâmes – décidément, ce temps ne convient pas à certains verbes –, bref, nous avons déniché une table en terrasse pour deux personnes qui nous tendait les bras. Un bar à vins offrant des assiettes gourmandes, des salades variées. L'intérieur était déserté par les clients.

Je lui offris un verre de vin, en guise d'apéritif, pour trinquer à l'amitié, au beau temps, à la vie.

— Alors, Dany, tes projets pour les vacances ? En famille ?

— Léo part en Angleterre. Pendant ce temps, nous emmenons les petites à La Baule. Puis nous passons le relais aux parents de ma femme, qui habitent Nantes. Nous en profiterons pour passer une semaine à deux.

— A l'île d'Arz ?

Un couple de nos amis y possède une maison.

— Non, à Belle-Ile, on a besoin de se retrouver un peu… Ensuite, on verra. Mes parents nous laissent leur appart' dans le Midi pour l'été. On n'a pas encore décidé, j'hésite… Contrairement à toi, le soleil et moi, on ne fait pas bon ménage.

Daniel arborait une magnifique chevelure tirant sur le roux, un teint laiteux et un visage constellé de taches de rousseur.

— Et toi ?

— Oh moi, ne bénéficiant pas des vacances scolaires comme vous, je ne prendrai que quinze jours, j'ai des commandes en cours, et mon projet d'album est presque achevé. Et puis, tu me connais, pour le lieu, je me déciderai la veille, et encore !

Je vis seul, sans gros besoins. Je tiens à rester indépendant, et à me payer des vacances au bout du monde, si je le désire. Un avantage du célibat. Je me contente la plupart du temps de répondre aux invitations d'amis plus fortunés, qui possèdent des maisons en bord de mer ou en montagne. C'est toujours l'occasion de fêtes entre copains, de sports nautiques, de rencontres féminines. Je déteste la monotonie. Il est donc normal que je varie les plaisirs et les destinations. Je sens que Dany m'envie.

Dès le deuxième verre, nous passons au stade des confidences.

— Il y a quelques années, lorsque je photographiais les enfants sur les plages, je ne faisais attention qu'à leur attitude, leurs mimiques. Je tâchais de les rendre les plus mignons possible afin que les parents craquent devant les photos...

— Et ça marchait !

— Oui, mais je me suis rendu compte qu'insensiblement je devenais envieux de ces petits bonheurs en famille. Les mères enduisant leurs enfants de crème solaire avec douceur, d'autres les serrant dans leurs bras, dévoilant leur beauté au travers de ces gestes apparemment banals, les petits se frottant au corps de leur mère, avides de la toucher, de la sentir, la bouche accrochée au menton de leur maman comme s'ils voulaient le croquer... Je sentais une véritable osmose entre ces corps, une sensualité étonnante. Ce que je captais devenait inconvenant. Je me demande si ce n'est pas la véritable raison pour laquelle, en dehors de tes ravissants gamins, j'ai arrêté de photographier des enfants.

— Les enfants, peut-être, mais tu me sembles mûr pour photographier les femmes enceintes.

— C'est une idée... Dan, je flippe, avouai-je, mes quarante ans approchent à grands pas...

— Tu ne vas pas me dire que tu veux te marier, toi qui as toujours clamé haut et fort ton plaisir d'être libre !...

— Vous vous êtes mariés en ayant déjà un garçon. Je voudrais faire comme toi, faire un enfant, et me marier – éventuellement – ensuite.

— Oui, mais pour avoir un enfant, on n'a rien trouvé de mieux qu'une femme, mon cher !... Un petit conseil, trouve la femme. Aimez-vous, l'enfant viendra... Avec ou sans mariage. Mais deux conseils : ne ramène pas un mannequin de rêve comme ton ex, c'était l'enfer pour toi, et ne saute pas sur la première femme rencontrée en lui disant : « Vous me faites un enfant ? » Ce serait maladroit.

Nous trinquâmes en riant.

— On ne se voit plus assez... Dan.

— Je sais, mea culpa... c'est ma faute. Ma très grande faute. Et celle de la vie de famille. Lorsque les enfants sont petits, ils réclament une attention féroce. Ils nous bouffent, ces trésors.

— Je suis prêt à être bouffé...

— Et moi, je suis ridicule, avec mes recommandations. Tu es tout sauf maladroit avec ces dames. Au lycée, tu plaisais à toutes les filles. Ta gaieté juvénile et ton air en même temps... Comment dirais-je ?...

vulnérable. Elles craquaient toutes. Et en plus, en soirée, tu dansais comme un dieu. Nous, nous passions après… fit-il avec une moue résolument jalouse.

On nous apporta deux énormes salades d'été, très appétissantes. Puis un plat de frites croustillantes.

— Ça, c'est spécifique au Nord. Ailleurs, avec une salade, tu n'as pas ta ration de frites !

Je piquai une olive de ma salade italienne.

— L'Italie, pourquoi pas ?

Mon geste fit bouger la table, branlante sur les pavés de la terrasse improvisée sur le trottoir. Nous rattrapâmes nos verres de justesse.

— Oh là !

— Attends, je vais arranger ça…

Je me penchai, pliai ma serviette en papier, la glissai sous le pied de table pour la stabiliser. En me redressant, je cognai mon verre de vin rouge, qui s'épancha sur la nappe.

— Tu vois que je suis maladroit !

Je commençai à éponger.

Dan se leva et revint avec un nouveau verre, rempli.

— Celui-là, je te l'offre… Hé, Romain, tu es où, là ? me demanda-t-il en accompagnant ses paroles d'un geste de la main pour me rappeler à la réalité.

Je contemplais, fasciné, la tache rouge sur la nappe.

— Tu veux photographier les tables à présent ? ironisa Dany.

Je n'étais plus à Lille, mais au bord de la mer. La plage était envahie de cerfs-volants. Je portais l'enfant, le posais à terre. Le petit garçon aux grands yeux noirs grelottait. Il était frigorifié. Et lorsque je tentai de lui ôter son maillot…

Oui, c'était ça…

Je levai le visage. Je crois qu'une expression grave et troublée remplaçait mon air badin. Mon ami sembla impressionné :

— Je viens de faire une gaffe, là ? Que se passe-t-il ? Tu es blême, ma parole ! Tu ne te sens pas bien ?

— Non, non, ça va... Mais je viens de me rappeler... Une histoire qui m'est arrivée en avril.

— Et tu ne me l'as pas racontée ?

— Je l'avais occultée... sans doute.

Ce qui était faux. Quelques jours après la fête des cerfs-volants, j'avais éprouvé le besoin de la relater par écrit. Mais avouer que l'on tient un journal à quarante ans ou presque... Il y a des choses que l'on ne dit pas, même à son meilleur ami. Mon journal fait dorénavant partie de mon jardin secret, avec mes fantasmes, mes mensonges, mes lâchetés, mes fantaisies inavouables.

— Une histoire de fille ? Raconte, mon vieux !

— Rien à voir. Je t'ai dit que j'étais à Berck pour la fête internationale des cerfs-volants ? Magnifique, entre parenthèses. Tu devrais y aller un jour. Bref...

Je lui contai l'enfant au cerf-volant, ma course pour le sortir de l'eau et ma mésaventure avec ce père agressif. Je n'avais pas oublié le visage de cet enfant. Il était resté bien sagement au fond de ma mémoire, attendant son heure. Ou m'attendant...

A la fin de mon récit, Dany siffla, admiratif.

— Tu méritais une médaille, oui !

— Je suis bon en course à pied, et j'observe beaucoup au travers de mon objectif, dis-je avec humilité. Mais la malveillance du père m'a laissé un goût plutôt amer. Si bien que j'ai balayé cette histoire de mon esprit.

— Et pourquoi, aujourd'hui... ?

— La tache de vin sur la nappe. Quelque chose m'avait troublé. Impossible de me rappeler ce que c'était. C'était ça ! Cet enfant portait une tache de naissance sur la poitrine. Je l'ai aperçue lorsque j'ai voulu lui ôter son maillot trempé. Le père m'en a empêché.

— Et cette tache de naissance a de l'importance ?

— Cela ne te rappelle rien ? Un fait divers datant de trois ou quatre ans. Oui, c'est ça. « L'enfant à la tache de vin »... Une disparition. Les détails m'échappent...

— Tu es physionomiste, Romain, moi, je n'ai ni tes dons d'observation, ni ta mémoire...

— Mémoire, tu te trompes ! Je suis absolument incapable de reconstituer mon emploi du temps, de fournir le moindre alibi... J'admire ces gens qui se souviennent avec une telle précision.

Dan éclata de rire.

— Comme au cinéma !

— Oui, on en voit qui déclarent heure par heure ce qu'ils faisaient des mois auparavant. C'est ridicule. J'attends encore le film où l'on verra un personnage en train de rechercher laborieusement dans ses vieux calepins... Mais en ce qui te concerne, Dany, si on te demandait ton alibi, tu commencerais par rougir...

— Comme une pivoine !

— Oui, et on te coffrerait sur-le-champ ! Ne t'inquiète pas, je serais là... Pour les oranges !

Le repas s'acheva gaiement, sur la promesse de se revoir à la fin de l'été pour se raconter nos vacances et déguster les moules-frites de la braderie.

— J'ai hâte de connaître tes nouvelles conquêtes !

Je sentis une légère pointe d'envie dans le ton de Dany. N'était-il pas comblé chez lui ? Quelle idée saugrenue de ma part ! Moi qui suis incapable de m'engager sur la durée et qui trouve que se « lier » est un terme tristement réaliste. Mon ami doit poursuivre notre adolescence au travers de mes aventures. C'est son jardin secret, je suppose.

Nous fîmes une partie du chemin ensemble.

L'intérieur du cloître de l'opulente Vieille Bourse, qui avait vu s'activer des générations de marchands, puis de bouquinistes, de joueurs d'échecs et le marché aux fleurs, avait ouvert ses portes aux musiciens. Dans cet écrin sorti tout droit d'un tableau flamand, un jeune trio à cordes jouait Schubert.

— Ils répètent pour demain.

— Sans doute. Mais Lille n'a pas attendu la fête de la Musique pour être mélomane, murmura Dan avec fierté.

— « Orphéonville », c'est ainsi qu'on l'appelait, n'est-ce pas ?

— Oui. Elle est toujours « la Mélomane ». Et moi, je dois être de plus en plus chauvin.

— Comme moi, Dan, mais je regrette de ne pas être musicien comme toi.

— Il est encore temps, mon vieux ! Et puis, tu ne peux tout avoir, tu as déjà l'œil, laisse-moi l'oreille !

— Tu joues toujours du saxo ?

— J'en joue à nouveau, tu veux dire. L'avantage d'habiter dans une maison. En appartement, à Lille, je cassais les oreilles des voisins. Aujourd'hui, je casse celles de mes petites femmes... Bon, je file, je prends le métro... l'inconvénient d'habiter dans une maison... en dehors du centre !

La Grand-Place se vidait.

La déesse de bronze à la mine altière allait veiller sur le sommeil des Lillois.

On dit que la Déesse voit et entend tout...

J'admirai une dernière fois la Vieille Bourse. Daniel m'avait appris que son créateur, Destrée, était un fabricant d'écrins. C'était son plus bel écrin. Mieux, son chef-d'œuvre.

Derrière l'harmonieuse bâtisse, on distinguait l'Opéra, illuminé. Une symphonie de lumières exaltait les façades.

Je marchai, tranquille, pour rejoindre mon appartement. Au-delà des rues piétonnes, les lumières s'atténuèrent. Je traversai l'immense place de la République, longeai le musée des Beaux-Arts. J'aime flâner au milieu des collections magnifiques dont le musée regorge. Je vis dans ce quartier.

Suis-je cet éternel adolescent et incorrigible jouisseur, l'hédoniste qu'imagine mon ami ?

Ce soir, en écrivant ces lignes, je suis anxieux. Depuis que j'ai aperçu la tache de vin sur la nappe, et que ce souvenir m'est revenu en mémoire, je ne cesse de penser au jeune Thomas.

Je dois en avoir le cœur net.

Ai-je mis le doigt sur une affaire troublante ?

12

– Journal de Romain Meusla –

21 juin 2008

La recherche est lancée…

Ce matin, j'ai ouvert mon ordinateur à la recherche d'articles concernant la disparition éventuelle d'un petit Thomas.

Après mon week-end à Berck, à peine rentré chez moi, j'avais transféré mes photos sur mon ordinateur portable, puis sur un disque dur regroupant mes clichés. J'avais placé mes cerfs-volants auprès de photos de chars à voile, dans le dossier intitulé « Le vent ». Mon éditeur d'albums m'a commandé des séries de photos consacrées aux quatre éléments : terre, feu, eau, vent. Un vaste sujet, qui me prendra sûrement plus d'une année.

Puis je m'étais attelé aux commandes qui, elles, ne pouvaient attendre : mes priorités financières.

Je cliquai sur les photographies de l'enfant et de son cerf-volant, les mis de côté sur le bureau de mon ordinateur, et tapai sur Google les quatre mots suivants :

enfant tache de vin

Cela ne donna rien, sinon une foule de sites médicaux et chirurgicaux, et de recettes médicales contre les taches de naissance.

J'ajoutai : *rapt.*

Cette fois, je tombai sur des articles concernant les rapts de mineurs, et sur un pacte d'alerte avec les médias, que je lus attentivement. Il s'agissait d'une alerte enlèvement, un protocole avec les principales chaînes de télévision et stations de radio qui diffuseraient à intervalles réguliers le signalement de l'enfant enlevé, celui, éventuel, de son ravisseur présumé et tout renseignement pouvant aider à retrouver leur trace. Les sociétés d'autoroute, la SNCF et la RATP, également signataires, s'engageaient à relayer le message sur leurs panneaux d'affichage. L'expérience montrant que les vingt-quatre premières heures étaient cruciales pour la survie de l'enfant, l'opération, qui durait trois heures, était lancée le plus rapidement possible après le rapt.

Ce pacte n'existait pas encore, voici trois ou quatre ans. Pourtant, si moi, Romain, je me rappelais cette disparition, c'est qu'elle avait été médiatisée.

Je surfai une bonne heure. Il existait des sites sur les faits divers, mais la plupart étaient créés depuis seulement un ou deux ans et ne concernaient que les faits divers récents. Il y avait déjà fort à faire, apparemment.

J'étais bredouille.

Et si cet enlèvement n'avait pas eu de retentissement national ? Oui, mais pourquoi m'en souviendrais-je ? Parce que je suis lillois. Parce que ce drame était advenu dans notre région. C'est ça. Pourquoi n'y avais-je pas pensé plus tôt ?

Je cliquai sur les archives du grand quotidien régional. Et tapai : *rapt enfant.*

Non !…

Il y en avait beaucoup plus que je ne l'avais imaginé. Je soufflai pour évacuer le malaise que cette découverte me procurait.

Je précisai *tache de vin* et cernai ma recherche en tapant l'année envisagée.

Deux articles apparurent :

« Un enfant kidnappé. On imagine l'émotion des… »

On ne pouvait en lire davantage. Et :

« Aucune nouvelle du petit Sam disparu à Bray-Dunes et la police… »

Et la police quoi ?

Même problème : pour la suite, il fallait taper le code utilisateur et le mot de passe, être abonné. Je cherchai une photo susceptible de me conforter dans mon opinion. Je connais les archives photographiques… Mais n'ai jamais traqué les faits divers.

Au final, je décidai de me rendre sur place.

C'est la musique qui m'a rappelé à la réalité. La fête de la Musique.

De petites formations se montent ici et là, des airs résonnent un peu partout, et l'on achève de monter un podium sur la Grand-Place. J'irai demain aux archives.

Des cloches se mêlèrent à la musique profane, et brusquement, je réalisai que demain, dimanche, toutes les administrations, tous les bureaux seraient fermés.

Il me faudra patienter.

En attendant, je sors. Il n'est pas question que je manque les orchestres rock, ni la soirée tango dans le jardin Vauban.

13

– *Journal de Romain Meusla* –

24 juin, minuit

Aujourd'hui, mardi, j'ai eu la confirmation que je ne m'étais pas trompé. Et je connais l'identité de l'enfant au cerf-volant, l'enfant à la tache de vin.

Des archives ayant peut-être été déplacées, hier, je me suis renseigné par téléphone. Ma quête concernant une période récente, j'eus de la chance. L'accès était devenu très réglementé, mais j'obtins facilement l'autorisation du chef du service documentation.

Ce matin, abandonnant mes travaux en cours, je me suis donc dirigé vers *La Voix du Nord*. Au milieu de toutes ces devantures de mode, on oublie parfois de lever les yeux. A côté du Théâtre du Nord, l'édifice du journal, de style Art déco, a de l'allure. A la Libération, tandis que *Le Grand Echo du Nord* disparaissait, une poignée de résistants, qui avaient créé *La Voix du Nord* dans la clandestinité, en 41, s'installèrent à sa place.

La luminosité était magnifique.

J'en profitai pour prendre quelques nouveaux clichés de la façade, qui comporte les blasons des principales villes de la région. Mon zoom fit des merveilles avec les Trois Grâces dorées qui représentent l'Artois, la Flandre et le Hainaut. Elles semblent défier le vent du nord, et ornent le sommet du pignon flamand en escalier ou à pas de moineau.

Dans la salle, je pris garde de ne pas importuner un journaliste qui effectuait des recherches devant un ordinateur.

Je m'attablai devant un autre, disponible, entrai les codes d'accès. Je n'allais pas faire défiler les microfiches. Il m'aurait fallu la journée. C'est un quotidien, et je n'avais aucune idée du jour de ce fait divers. Trois ou quatre ans. J'hésitai pour l'année, choisis 2004, et procédai par mots-clés, comme je l'avais fait chez moi.

La photographie du petit Thomas m'explosa au visage.

Je ne pus réprimer une exclamation. Déconcentré, mon voisin tourna le visage vers moi, en fronçant les sourcils.

— Excusez-moi... marmonnai-je, en esquissant un sourire contrit.

Oui, c'était bien lui, plus jeune, sur la photo. Son prénom n'était pas Thomas, mais Samuel, ou Sam pour ses parents. Je dois être physionomiste, Dan a raison. Mon métier, sans doute. J'avais eu la bonne idée d'emporter mon portable. Je cliquai sur les photos de Berck. Du temps s'était écoulé entre sa disparition et la fête des cerfs-volants. Mais son expression, sa petite bouille... L'âge correspondait, aussi. Aucun doute n'était possible.

Aujourd'hui, il a quatre ans de plus. Et on lui a changé son prénom.

Je me souvins : quelque chose d'étrange dans le visage de Thomas, non, Sam, m'avait frappé. Ses grands yeux noirs étaient suspendus à mon propre regard. Comme s'il ne comprenait pas... Avec un voile de tristesse, ou de peur... Ou plus exactement, comme s'il revivait un événement tragique.

Si cet incident à Berck avait éveillé des souvenirs pour le gamin, plus rien n'avait dû être évident pour ses ravisseurs. Ils risquaient de l'avoir emmené au loin et, en cas de résistance de sa part, de l'avoir maltraité.

Je frissonnai à cette idée, me concentrai sur les papiers, en quête de l'élément m'apportant la preuve que je ne me fourvoyais pas : la tache de vin.

« A Bray-Dunes, le petit Samuel Biot, âgé de trois ans, a disparu... »

Les articles ne sombraient pas dans le people. Ils ne s'accrochaient pas à des détails sordides, ne se déchaînaient pas sur la famille. Ils restaient discrets sur l'identité des parents, à leur demande, peut-être, ou à celle de la police. Divulguer des informations personnelles était susceptible d'avantager les ravisseurs éventuels. De leur donner de l'emprise sur la famille, des moyens de chantage.

Avec Internet, aujourd'hui, la vie privée perd en confidentialité. C'est fou comme tout a évolué, en quatre ans.

Oui, un article mentionnait cette particularité, susceptible d'aider à reconnaître l'enfant : une tache de naissance, sur la poitrine.

Franchement, je ne voyais pas les ravisseurs en train de l'exhiber torse nu. Et à Berck, Sam portait un tee-shirt. Il avait fallu cet incident et mon intervention pour que j'aperçoive la tache de vin. Aucun appel n'avait été lancé à la population, comme on l'eût fait aujourd'hui. On avait à l'époque soupçonné un kidnapping, mais nulle rançon n'avait été réclamée, et par la suite, aucune preuve n'était venue étayer cette possibilité. On n'avait jamais retrouvé sa trace. Au moment de la disparition, le temps était désastreux, la mer déchaînée. Tout naturellement, la police avait conclu à une noyade, refermé le dossier. Le père avait continué, en vain, à plaider le rapt.

Un enfant qui se perd, c'est vite fait, et c'est fréquent.

Tout petit, je me suis perdu, au milieu de la foule des baigneurs et des parasols. Je ne reconnaissais plus rien. Le paysage n'avait pas changé, et pourtant, je me souviens, non, je ressens – le terme est plus exact –, je ressens encore l'angoisse qui me serra la poitrine et me monta à la gorge avant de se muer en sanglots. Tout me paraissait différent. J'avais perdu ma mère.

Sam a disparu, mais il ne s'est pas noyé. Son père avait raison.

Soudain, quelque chose me sauta aux yeux. La date. La disparition du petit Sam datait d'un 20 juin, et j'avais dîné avec Dany le 20 juin.

Ma poitrine se serra.

Le 20 juin, il y avait juste quatre ans. La tache de vin sur la nappe.

Je ne suis pas superstitieux, je me fiche des échelles et du vendredi 13, mais la coïncidence était insensée. Etait-ce un signe ? Je ne crois pas à toutes ces foutaises. Mais peut-être me faudrait-il revoir mes convictions ?

On écrivait également que les parents du petit Sam ne se remettaient pas de la perte de leur enfant. Qui avait écrit ce papier ? Quelles inepties ! Une phrase sciemment écrite pour fendre le cœur des lecteurs.

Comme si on pouvait se remettre de la perte d'un enfant !

J'en sais quelque chose. Ce petit garçon que maman a perdu, juste avant moi. Je crois avoir toujours agi pour mériter son amour. Je n'ai jamais réussi à remplacer la perte de son fils aîné. J'ai toujours éprouvé le sentiment d'être de trop, ou pas à ma place. J'énervais maman, à tout instant. Il ne faut pas être grand pour ressentir ce genre de chose. Aujourd'hui, tellement de questions restent sans réponse. M'aimait-elle ? Suis-je injuste ? Ne suis-je pas tout simplement resté jaloux de ce frère ?

Face aux divers comptes-rendus de l'événement, je revoyais l'enfant au cerf-volant, Sam, me scrutant de ses grands yeux noirs ; la brutalité du soi-disant père. Il n'a pas agi avec amour. Pas de fibre paternelle. Sa malveillance était l'effet d'une peur rétrospective, celle que Sam soit reconnu. J'entendis enfin les paroles de la gardienne :

« Près d'un cimetière, avec plein de grands arbres et de la fumée »...

Il existe des dizaines de cimetières à Paris et en banlieue. Mais avec de la fumée... J'en connais un : le Père-Lachaise.

En revenant chez moi, je me sentais désorienté. Un choix difficile s'offrait à moi : avertir les parents, avertir la police... Je me ravisai. Cette famille devait être anéantie. Inutile de créer de faux espoirs.

Que faire ? Etais-je seulement certain de ce que j'avais vu ? Et comment le prouver ? Au premier interrogatoire de police, ne risquais-je pas de me contredire ?

Une troisième option était envisageable : agir seul. Retrouver Sam.

J'appelai Dany. Ses vacances ne débutaient que dans huit jours. Il devait être rentré chez lui.

Il décrocha aussitôt.

— Tu ne peux plus te passer de moi ? plaisanta-t-il. En tout cas, je te remercie ! Ce que tu m'as raconté durant le dîner à propos de cet enfant a dû me trotter dans le subconscient. Il est revenu me hanter la nuit suivante. Mon fils avait disparu. C'était horrible…

— C'est à ce propos que je t'appelle. J'ai retrouvé la trace de l'enfant de Berck.

Je lui fis part de mes découvertes aux archives, et de la disparition d'un enfant à la tache de vin.

— Et tu ne vas pas me croire, mais… vendredi, lorsque j'ai renversé le vin rouge sur la nappe, cela faisait quatre ans jour pour jour qu'il avait disparu…

Un silence se fit au bout du fil.

— Dan, tu es toujours là ?

— Oui…

— Tu ne me crois pas ?

— Pourquoi mentirais-tu ?… J'avoue que c'est étrange, c'est une curieuse coïncidence, en tout cas.

— Exact, Dan, mais est-ce vraiment une coïncidence ?

— Que veux-tu dire ?

— Un signe…

— Oh là, on s'engage dans des chemins biscornus. Je ne suis pas sûr de vouloir te suivre.

— Bon, qu'en penses-tu ?

— Le père était persuadé qu'il s'agissait d'un rapt… Ils ont fait des recherches ?

J'entrai dans les détails, lui fis part de mes déductions. A savoir que, s'il s'agissait d'un enlèvement sans demande de rançon, les ravisseurs avaient dû se tirer le plus loin possible de Bray-Dunes. J'avais d'abord pensé à un trafic d'enfants ; puis à des gens en mal d'enfant. C'était le plus plausible, vu qu'ils étaient apparus sur la Côte d'Opale, bien plus bas, certes, mais dans notre région malgré tout. Des ravisseurs en mal d'enfant ne sont pas tous assez fortunés pour quitter leur travail et s'installer à l'étranger.

— Où chercherais-tu, toi, en tant que parent ?

— Partout. Chez les pédiatres, pour les vaccins. Quoique certains parents les évitent, aujourd'hui, et les pédiatres ne demandent pas leur carte d'identité aux parents...

— Ils lui ont changé le prénom, donc à plus forte raison le nom. Il s'appellerait Martin, que cela ne m'étonnerait pas. J'extrapole, là. En tout cas, Samuel est devenu Thomas, un prénom courant...

Ils étaient tranquilles. Monsieur et madame Tout-le-Monde et leur petit garçon. Ils pouvaient le séquestrer, mais je ne le pensais pas. Le « père » l'avait laissé s'amuser avec un cerf-volant...

— Oh là ! Tu n'as pas l'impression de jouer les profileurs ?... «Le mal d'enfant », on se croirait au Moyen Age, non ?... Je reste perplexe, Romain, excuse-moi. L'adoption existe, bon Dieu, pourquoi n'ont-ils pas...

Je le coupai :

— Ecoute, quand je les aurai retrouvés, je te promets de leur poser toutes tes questions. Ils habitent sûrement Paris, d'après ce que m'a raconté la gardienne, à Berck. C'est le meilleur endroit pour passer inaperçu. Personne ne vient te demander d'où tu viens, ce que tu fais, ce que tu es, encore moins d'où viennent tes gosses...

— Autant chercher une aiguille...

Daniel tremblait encore en songeant à sa nuit et à son propre fils.

— ... dans une botte de foin, oui, mais j'ai tout mon temps, Dany. Je pense aussi qu'il faut que je me concentre sur le père. Un enfant, c'est difficile à retrouver, mais le père...

— Comment était-il ?

Je me souviens de son ton de voix, de son regard... Dans les films ou les polars, le policier donne toujours sa carte au témoin, au cas où il se rappellerait autre chose... Il faut que je cherche si quelque chose ne m'a pas frappé dans son physique...

— A ta place, je me concentrerais sur les Parisiennes !... Je plaisante. Le petit a dû oublier sa première identité. Les souvenirs avant trois ans...

— Tu commences à me croire.

— Ou je me prends au jeu, Romain. Je ne sais pas, mais ce que je sens, c'est que tu dois aller au bout de ta quête, sinon tu ne travailleras plus, tu resteras obnubilé par cette histoire, et tu seras impossible à vivre... !

C'était ce que je désirais entendre.

14

David songeait à l'Arsouille et à la Tulipe. Ils étaient heureux qu'il sorte enfin de son isolement. Il avait pourtant repoussé de quelques semaines son petit séjour dans la capitale. Son nouveau sujet avait pris du retard. Ses premières lignes avaient été suivies de longues périodes d'instabilité, de doutes, de retours en arrière, comme lors d'un vol en parachute : au baptême, on est entraîné, aidé, poussé. Ensuite, on est seul, on hésite, on se rétracte, puis on se lance en fermant les yeux.

En cette belle journée automnale, ses amis le croyaient sûrement sur une terrasse de café, ou dans un musée, dans l'un de ces lieux conviviaux où touristes et autochtones se réunissent pour le plaisir ou la culture. Il se trouvait dans cette immense nécropole française qu'est le Père-Lachaise. Ils n'apprécieraient pas.

C'était le dernier endroit où ses amis l'imaginaient, mais il désirait voir la sépulture de Richard Wallace, ainsi que celle d'Oscar Wilde. Et surtout, il se testait. Il aspirait à mettre de l'ordre dans le tumulte et les brûlures de son enfer personnel. Le Père-Lachaise l'aiderait-il à sortir de l'apathie dans laquelle la disparition de Sam l'avait plongé depuis plus de quatre ans ?

Il s'était toujours senti serein et fourmillant d'idées dans ce havre posthume des plus illustres noms, mais aussi des opprimés anonymes. Haut lieu de mémoire, cosmopolite, ouvert à tous les milieux, toutes les nationalités et toutes les religions. Cela force au respect. Le passé y rejoint le présent, et l'Histoire, pour le biographe, s'écrit dans chaque allée.

Un jardin émouvant et poétique, arguait-il autrefois, dans lequel la nature se joue de la mort. A fréquenter ces pierres hantées et ces âmes errantes, ces destins à demi effacés, on en devenait philosophe. Quel enchevêtrement de noms oubliés ou célébrés, d'origines et de siècles divers ! Et tous ces sentiments, amours profonds, impossibles ou illusoires, jalousies dérisoires, chagrins et grandes joies, qu'ils avaient drainés... Toute une palette d'émotions et de secrets enfouie à tout jamais. Chacun dévoilait pourtant une page de sa vie sur sa stèle. Une vie, un roman...

A force de m'y égarer, se demandait-il, ne vais-je pas finir par entrer de l'autre côté du miroir ?

Cet espace onirique, ouvert à la méditation et à la promenade, était propice à l'imaginaire. Aujourd'hui, dans ce clair-obscur, la petite silhouette de Sam émergeait d'entre les arbres.

A l'orée de la partie ancienne se dévoilait un village romantique, aux allées sinueuses, peuplé d'esprits qui se manifestaient dans une feuille virevoltante, un oiseau s'échappant d'un bosquet. Ondes, fluides, on les sentait passer avec le souffle du vent.

Au hasard de son errance, il découvrait des bouquets de violettes ou de fleurs blanches, surprenait des gestes de dévotion, caresses ou baisers, entendait le murmure de prières, tous ces petits rites bien connus des gardiens. Réseaux de rencontres, rituels ésotériques, jeux de piste avec messages codés ou lettres énigmatiques cachées sous des bustes ou dans des caveaux. David s'y rendait volontiers une heure ou deux à chacun de ses retours à Paris, lorsque son emploi du temps le lui permettait. A l'abri de l'agitation humaine, hors du temps. Il n'était pas revenu depuis cinq ans.

Il l'avait découvert à l'époque où, jeune célibataire, il vivait à Paris. Sa curiosité et ses études d'histoire avaient porté ses pas vers le Père-Lachaise, pour relier le présent à ce qu'il venait d'apprendre sur la période de Louis XIV. Pour se représenter, s'imaginer l'Histoire.

Résidence de campagne des jésuites, « Mont-Louis » devint la demeure du révérend père François de La Chaise, confesseur de Louis XIV. Lieu de repos, et lieu recherché – déjà – par les grands du royaume en quête des faveurs du confesseur, dont l'influence sur le roi était, disait-on, considérable. La propriété était magnifique. Elle comportait un jardin à la française – c'était l'époque –, une orangerie, des pièces d'eau, un verger et un potager aux essences rares. Les jésuites avaient aménagé la partie escarpée en parc boisé.

Au XIXe siècle, le vaste terrain fut acquis par la ville de Paris, pour en faire le cimetière de l'Est. Aux jardins à la française du père de La Chaise succéda un décor romantique créé par Brongniart, l'architecte qui fit édifier la Bourse de Paris. Haussmann, qui y repose également, eût sans doute préféré des chemins moins à l'anglaise. David songea que son fantôme circulait peut-être aux côtés des visiteurs qui restaient prudemment dans les somptueuses allées pavées bordées de marronniers.

Parcourir le Père-Lachaise était aussi comme ouvrir l'encyclopédie des grands auteurs. Et c'est précisément en ces lieux improbables qu'il avait songé à écrire...

Il remonta jusqu'aux sections modernes, situées sur l'ancien plateau de Charonne, terrain plat découpé en parcelles rectilignes. S'y trouvaient son cher Oscar Wilde et sa sépulture, si particulière. David regrettait qu'il ne soit lové dans le « coin irlandais », un peu plus bas, au début de la partie accidentée et vallonnée. Non qu'il y ait là des O'Connor, O'Brian, ou autres O'Neill, mais David avait qualifié ainsi un ensemble fait de tombes à demi enterrées, de menhirs, de ruines moussues traversées de racines, encadrées par des acacias et des tilleuls, et d'une petite chapelle de pierre, romantique à souhait, lui rappelant l'Irlande.

Il repartait le lendemain matin. La mer et sa tranquillité lui manquaient.

Sam le retenait... là-bas. Il devait être sur le seuil, pour l'accueillir dans ses bras. Combien de fois avait-il imaginé cette scène !

Mais s'il était ici, à Paris, retenu prisonnier ?...

La Tulipe aimait bien son nouveau sujet. David le lui avait raconté la veille au soir, entre quelques verres de bon vin. Il n'avait pu s'en empêcher. Conter une nouvelle histoire la rendait vivante. Ensuite, impossible de reculer. Elle existait dans un autre esprit que le sien.

La Tulipe avait pris beaucoup mieux que ne le prétendait l'Arsouille le fait qu'il n'ait pas de travail de documentation pour lui. L'amitié de Paul ne revêtait-elle pas une légère jalousie ?

Son éditeur, lui, fut surpris. Il attendait le nouveau tome de sa saga des grands mécènes. Elle se vendait bien. « Je crains que votre public ne vous suive pas », argua-t-il. Qu'en savait-il ? Son important retard était, certes, justifié. L'éditeur était sincèrement désolé du drame qu'il vivait. Mais il avait signé pour trois tomes... David s'était vite emporté. Il avait besoin de ce break, et si l'éditeur ne le comprenait pas, il le présenterait chez un concurrent. L'un et l'autre se calmèrent. David remporta la bataille.

Un écrivain reste maître de ce qu'il écrit, songeait-il en déambulant dans les allées pittoresques. Le prix de notre liberté est notre solitude. C'est bien assez. Sinon, c'est le bagne.

Pourquoi avoir promis ces trois tomes, aussi ? Il était fou. Ecrire sur commande n'était pas pour lui. Il n'aurait pu être nègre littéraire, celui qui élabore une œuvre sur laquelle un autre met son nom. Pour lui, être nègre équivalait à être un esclave. Ce n'était pas pour rien qu'on avait choisi ce nom, au XIXe siècle. C'était aussi un travail au noir... Il préférait le mot anglais, *ghostwriter* : « écrivain fantôme », ou encore celui employé du temps de Madame de Sévigné : « teinturier », comme le teinturier-dégraisseur, la personne qui se charge de faire disparaître les taches des étoffes, qui assure la coloration des textiles, cuirs et peaux. Le papier fut d'abord parchemin. La marquise, laquelle côtoyait le père de La Chaise, avait son « tapissier ». Ce dernier était-il un simple documentaliste comme l'était la Tulipe, ou avait-il réellement écrit ? Aujourd'hui, nombre d'écrivains fantômes œuvraient pour les artistes, les sportifs ou les politiciens. Soit. Mais il trépignait de colère lorsque de soi-disant écrivains étaient présentés au public comme étant de vrais hommes de plume. Que les hommes de l'ombre se lèvent, affichent leur talent et ne se laissent plus déposséder de leur personnalité au profit d'une plus tapageuse ! Il comprenait toutefois leur besoin. Vivre, il fallait vivre. Les autres, les bénéficiaires en droits d'auteur et notoriété, détenaient déjà l'argent et rencontraient le succès dans leur spécialité. Il leur fallait encore empiéter chez le voisin, s'emparer d'un talent qu'ils ne possédaient pas. Il était si facile d'écrire « avec la collaboration de », ou « sous la plume de ». Certains le faisaient. C'était loyal. Mais mettre son nom sur le travail d'un autre... Trahison ! Manque d'honnêteté !

Il se surprit à parler à voix haute, en agitant les mains. Il se calma, confus. Les alentours étaient vides. Il venait de s'énerver tout seul, comme il le faisait parfois, en écrivant face à la mer, pour des injustices ne le concernant pas directement. Il avait ses colères, ses frustrations, ses excès... Il les exorcisait dans l'écriture. Il se dit qu'il allait peut-être mieux. La douleur était présente. Lancinante. Sans doute resterait-elle, à moins de retrouver son fils. Mais elle ne l'anesthésiait plus. Son copain l'Arsouille serait content.

Il songea à la Tulipe. Il n'avait réellement pas besoin d'un documentaliste. Il ne tenait pas toujours compte des notes et photocopies envoyées. Il le laissait faire pour la doc la plus générale, pour lui rendre service, mais il taisait ses propres recherches, comme ce matin, à la Bibliothèque nationale. Lui non plus n'était pas toujours très honnête, mais c'était pour la bonne cause. Une pensée lui traversa l'esprit : si la Tulipe venait à le découvrir, il se sentirait mortellement humilié. Ce matin, désœuvré, son ami lui avait proposé de sortir avec lui. David s'était embrouillé dans une fausse excuse. Et s'il l'avait suivi et découvert... Allons, il devenait totalement parano.

Il passa devant la tombe d'Allan Kardec, le père du spiritisme. En période de vulnérabilité, de nombreux pèlerins venaient s'y recueillir, et touchaient son buste pour ressentir ses ondes bénéfiques. Il réprima l'envie de les imiter, troublé lui aussi par le regard hypnotique de la statue. Nombre de ses adeptes et d'autres médiums étaient enterrés, comme lui, au Père-Lachaise.

Sam... Il songea que l'enlèvement par une secte était plausible. Jusque-là, il n'avait supposé que des gens frustrés d'enfants, d'où l'absence de demande de rançon, mais cette explication était à envisager. Les sectes reprenaient vie.

Des spirites prétendaient que certaines sépultures dégageaient des fluides puissants et positifs. La Finlandaise Bonne Maman avait écrit sur ses expériences avec les esprits. Son ouvrage avait été, disait-on, préfacé par Camille Flammarion. Elle consolait les malheureux... David toucha le marbre de sa tombe, retira précipitamment la main, comme s'il craignait d'être brûlé. Le rouge lui monta aux joues. Ridicule. Mais c'était plus fort que lui.

Un fluide bénéfique circulait dans le granit de Villiers de L'Isle-Adam. La cause en était sa nouvelle ésotérique, *Véra*. Chopin, lui, aurait composé *La Goutte d'eau* sous la dictée d'un étrange piano. Quant au Père Enfantin, traîné en justice par un commissaire... Maigret !

Si je le mettais dans un roman, on m'accuserait de plagiat !

Et Papus, encore, le Balzac de l'occultisme, qui croyait en la réincarnation...

Mon Dieu, et si Sam avait été enlevé parce qu'on le considérait comme la réincarnation d'un être disparu ?

Il frissonna, souffla, tenta d'évacuer le malaise qui s'emparait de lui. Devenait-il fou ?

Le soleil filtrait à travers les feuilles et distillait un air poétique et champêtre.

Ce devait être l'heure de la sortie des classes, car il croisa deux jeunes adolescents, leur cartable sur le dos. L'un était un garçon fluet et longiligne, chevelure rousse et taches de rousseur, l'autre, une toute jeune fille, qui se voulait des airs un peu gothiques. Des lycéens.

— Tu as vu cet homme ?

— Je n'ai pas fait attention.

— Il paraissait si triste...

— Lilou, il y en a aussi qui viennent pour se recueillir sur les tombes de leurs proches...

— C'est vrai, on a tendance à l'oublier, ici, et à penser qu'il n'y a que des morts illustres, qui figurent dans nos livres de français ou d'histoire !... Il semblait triste, mais il était drôlement mignon !

— Marie-Lilas ! protesta son copain. C'était un vieux !

— Tu l'as donc remarqué, toi aussi, Ficelle, répliqua-t-elle avec un sourire narquois. Et ne m'appelle pas « Marie-Lilas », on croirait entendre les profs !

David hésita à l'intersection du chemin du dragon, décida de rejoindre le chemin des chèvres, par Molière et La Fontaine. Transférés en ces lieux en 1817, la même année que les grands amants du Moyen Age, Héloïse et Abélard, et certains maréchaux d'Empire. Une vaste opération publicitaire qui lança enfin le Père-Lachaise, boudé durant ses premières années. Un changement se produisit dans les mentalités. L'opinion publique entendait désormais honorer ses morts et perpétuer leur souvenir. Au diable les fosses communes, peu à peu les monuments funéraires les remplacèrent. Laisser son nom aux côtés des gloires.

Le people a toujours existé, songea-t-il. Signe de vanité et de réussite ? Sans doute, mais nos vies étant toutes vouées à la même issue, il n'est pas anormal que chacun rêve d'un nom de légende...

Ce que David préférait dans cette enceinte au cœur de la Cité, c'était sa tolérance, son ouverture. Aucune considération de religion, rang social, notoriété ou fortune. Mur des Fédérés, monuments de la déportation. Un espace symbolique ouvert à tous les défunts mais aussi aux victimes du monde entier.

L'humeur vagabonde est salutaire pour un écrivain. Elise ne le comprenait pas. Il repensa à leurs disputes. Avant la disparition de Sam, il n'admettait plus d'être corvéable à merci. Certes, il travaillait à la maison, mais il produisait. Il créait. Son ego masculin se refusait à jouer le rôle d'une femme.

« C'est le monde à l'envers ! s'était-il écrié, hors de lui.

— Le monde à l'envers, comme ton carnaval ! avait-elle riposté avec ironie. Cela devrait te convenir. »

En y repensant, il se sentait honteux.

Il avait peut-être eu tous les torts. Les sempiternelles querelles pour de menus détails et surtout à propos de leurs rythmes différents, sa maladresse de plus en plus évidente en sa présence. Son obsession de mal faire. Il en était venu à détester cette vie en commun, sans l'admettre. Cela eût été comme renier Sam, son plus grand bonheur, le cadeau merveilleux de cette union.

Bon, assez de culpabilité. Elise aussi était pénible. L'Arsouille avait raison. Il avait aimé une image. Une belle image. L'aimait-il encore ?...

Du haut du chemin des chèvres, qui serpentait le long de la falaise de Charonne, il contempla le panorama qui s'offrait à sa vue. C'était l'heure de la fermeture, mais il avait encore le temps de descendre tranquillement par ses typiques escaliers, au travers de stèles, chapelles et monuments de toutes époques et de tous styles confondus, vers le bas, le rond-point Casimir-Perier et ses musiciens. De toute façon, il ne pouvait courir.

Il devrait peut-être écouter l'Arsouille et se rendre en Angleterre. Revoir sa mère. Il s'était éloigné de la famille, en se repliant sur leur trio, puis sur son chagrin en solitaire. Il devait aller de l'avant. En apparence, il fonctionnait, il vivait. En réalité, il survivait, malheureux et méprisable. Il en avait assez de raisonner avec sa souffrance.

De se demander : Pourquoi ? Qui est responsable ? Est-ce juste ou injuste ? Un châtiment ou le fait de la malchance, du hasard ?

Tourner une page. Paul avait raison. Mais pas celle de Sam.

Sam était vivant, quelque part...

Un moment, il eut l'impression d'être observé. Il haussa les épaules. Son côté parano.

Il devait se concentrer sur son nouveau sujet. Son éditeur attendait son manuscrit.

Il resta longtemps, assis sur une dalle de pierre, à réfléchir.

Il en perdit la notion du temps.

15

— Si ta mère t'entendait, Lilou, elle n'oserait pas te laisser seule à Paris !

Lilou s'arrêta net, fixa son ami, les sourcils froncés, l'air très en colère.

— Mais elle ne m'entend pas, et tu ne vas quand même pas la remplacer quand elle sera partie, non ?

— OK, OK, ne te fâche pas, je plaisantais !

Il rigola, la mine craquante. Il était vraiment mignon, par moments.

Ils poursuivirent leur trotte dans les allées escarpées.

A Noël, Pauline remontait dans le Nord.

Le problème de son intégration dans le service du professeur Blanchet, à Lille, était résolu. La maman de Ficelle lui avait proposé très gentiment de s'occuper de sa fille. Après les grandes vacances, Lilou était donc revenue pour effectuer sa première à Paris. Elles étaient ensemble jusqu'aux vacances de Noël. Lilou finirait son année scolaire à Paris.

Pauline avait beaucoup hésité avant de lui montrer la lettre de Blanchet, et de lui annoncer leur retour à Lille. Elle anticipait la déception de sa fille. Elle venait de se faire de nouveaux amis. Tout en se persuadant qu'il n'existait aucune autre solution, Pauline était malheureuse de lui faire de la peine. Lilou était débrouillarde ; la laisser vivre seule à seize ans était autre chose, cela lui semblait un peu tôt.

Comme à son habitude, sa fille avait réglé le problème, cette fois avec son copain Ficelle. Elle resterait à Paris, et chez lui la plupart du temps.

Les parents de Pauline furent plus difficiles à convaincre du bien-fondé de cette décision. Ils s'inquiétaient davantage, avec la distance entre Paris et le Nord, l'âge de Lilou, et les a priori sur la capitale. Après l'énumération des dangers attendant une mineure dans un environnement qui ne pouvait être qu'hostile, les arguments contre le Père-Lachaise et ses sectes, réelles ou supposées, les reproches à Pauline sur l'abandon de sa fille, sa mère argua que décidément l'éducation d'aujourd'hui n'avait plus rien à voir avec la leur.

« Elle est dégourdie, oui, mais fais attention à ce qu'elle ne devienne pas trop délurée ! »

Les moindres moments de pause de Pauline seraient bien entendu consacrés à sa fille. Elle imagina les commentaires acerbes de sa belle-sœur à son égard, et ne fut pas déçue. Anaïs, la cousine de Lilou, trouva là un prétexte formidable de chantage affectif vis-à-vis de ses parents. Lilou était considérée comme une adulte, elle. Lilou pouvait rester seule, elle. On lui faisait confiance, à Lilou ! Ce à quoi sa mère répliqua que Pauline était folle de laisser sa fille aux prises avec les dangers de Paris. C'était une mère dénaturée, etc. Et Anaïs de répliquer qu'elle devait alors se rendre impérativement près de Lilou. On ne pouvait l'abandonner...

Si bien que cette dernière s'était exclamée :

« Oh là, c'est trop. Je ne vais jamais avoir la paix, moi !... Je plaisante !... »

Elle se promit toutefois de préparer un tableau avec le planning des visites.

— Oh, attends, Ficelle, avant de rentrer, je veux remercier Balzac.

Ficelle la suivit, docile.

— Pourquoi ?

— J'ai eu 18 grâce à lui, à mon devoir sur *La Comédie humaine.*

Au même moment, l'Arsouille tournait en rond dans son domicile dunkerquois. Sa femme prit les devants :

— Tu me fais pitié, mon pauvre Paul't'ch. Appelle Fanfan, puisque tu te mets martel en tête.

— Tu comprends, j'ai besoin de savoir s'il va mieux... à Paris.

D'autorité, sa femme prit le téléphone et le lui tendit.

— Quelle misère ! Tu appelles, oui ?

Il joignit la Tulipe sur son portable. Son copain était à l'extérieur. Il entendait des bruits de rues, de voitures.

— Comment va-t-il ?

— Bien, bien...

— Je m'inquiète, il est encore très fragile.

— Arrête de jouer les mères poules. Je m'en occupe.

— Il est persuadé qu'il va retrouver son fils.

— Je m'en occupe, j'te dis !

En raccrochant, l'Arsouille ne se sentait pas mieux. Fanfan le jugeait assez balourd. Il était lucide, mais ce ton suffisant employé à son égard l'agaçait au plus haut point.

Il n'avait dit à personne, même pas à sa femme, ce qui s'était passé un soir de tempête... ce secret entre lui et David, jamais évoqué, en un accord tacite.

C'était un soir de pluie tenace. Le rugissement du ressac, le grondement du tonnerre, les conditions étaient réunies...

Après des semaines d'hésitation, David s'était dirigé comme un automate vers la mer déchaînée. Il avait marché dans l'eau glacée, avec la volonté d'en finir. L'un de ces moments où il ne croyait plus à l'enlèvement, où, au fond de lui, il savait que son fils ne reviendrait jamais, où la souffrance accumulée déferlait en vagues folles.

Le froid, conjugué aux somnifères avalés, aurait dû faire son effet. L'ami fidèle, Paul, ne l'avait pas trouvé chez lui et s'apprêtait à tourner les talons lorsqu'il entendit un cri vibrant, un cri de désespoir venant de la mer. Il l'aperçut, immobile au milieu des flots, courut. Sans hésiter.

David s'était alors jeté dans ses bras, avait pleuré tout son soûl. Sa dignité conservée au prix d'efforts surhumains l'abandonnait. Paul s'était dit : Enfin, il accepte, il va pouvoir faire son deuil...

David avait murmuré, sans bouger, le visage enfoui dans l'épaule de son ami, sa main le serrant convulsivement :

« J'allais faire une folie, hein, Paul ? Je suis lâche, je suis une lamentable épave, mais je n'ai pas pu...

— Non, David, tu n'es pas lâche. Mais tu t'es raisonné, et tu verras, tout va bien maintenant, je suis là, allez viens, on va se sécher, et prendre un bon remontant... »

David avait relevé la tête. Son visage était blême. Ses yeux hagards.

« Oui, tu as raison, j'allais faire une folie, tu te rends compte... »

Un frémissement avait parcouru ses traits.

« Si Sam revient, et qu'il ne me trouve pas... »

16

– *Journal de Romain Meusla* –

23 septembre 2008, 19 h 30,
Paris, Père-Lachaise

Assis sur une dalle, enfermé volontaire.

J'écris mon journal, et j'attends…

Je ne fréquente pas les cimetières. Pas plus que les espaces verts, en dehors de mon travail. En bon citadin, la nature est pour moi prétexte à jogging, équitation, escalade, natation. Ou à reportages.

« Romain cherche toujours des sujets à photographier. Il est né avec une pellicule dans le cerveau », disent mes amis. C'est sans doute vrai. Je préfère nettement les lieux de vie aux étendues de solitude et de méditation. Mais je suis enfin parti à la recherche du petit Sam.

Ce midi, j'ai déjeuné avec mon éditeur d'albums et de beaux livres, installé dans le VIe. Après en avoir discuté longuement, il a accepté mon projet. Au café, il m'a donné carte blanche pour l'ensemble des photos et, cette fois, pour choisir l'auteur des textes. Je ne dois plus chômer !

A la sortie du métro, je me suis dirigé vers une des entrées du Père-Lachaise, rue du Repos.

Muni du dépliant remis gratuitement au kiosque, j'étais prêt à déambuler tout l'après-midi dans un dédale de ruelles boisées, improvisées parmi les tombes, pour capter les sépultures que je ne connais pas encore. C'est le motif officiel de ma visite.

C'est l'un des plus beaux musées de sculptures à ciel ouvert. Et l'on n'en fait jamais le tour. C'est aussi une ville, tout compte fait, parallèle à la grande cité grouillante de vie que l'on aperçoit du haut de ces collines. Par endroits, le terrain dévale en pentes impressionnantes.

Il y a profusion de bustes, de sculptures en pied, de gisants, et même de statues équestres. Des bas-reliefs, médaillons, allégories. Des édifices étrusques, grecs, égyptiens. Des sarcophages, obélisques, chapelles dentelées, mausolées, colonnes, pyramides. Granit, bronze, marbre ou grès tendre, extrait autrefois des carrières avoisinantes, se chevauchent. Il paraît que de nombreuses œuvres conçues par des architectes et sculpteurs célèbres sont classées monuments historiques, comme la chapelle funéraire d'Héloïse et Abélard, premiers gisants installés.

Des personnages illustres ou des parfaits inconnus, franchement, je ne fais pas toujours la différence. Mais ma curiosité me porte à poser des questions, si bien qu'à chacune de mes visites j'en apprends un peu plus, et de retour à Lille, je m'amuse à poser des colles à mon ami Daniel. Il n'y a jamais mis les pieds, mais, féru d'histoire, c'est lui qui m'a appris qu'au XVIIe siècle cet immense cimetière était la résidence de campagne du père François de La Chaise, jésuite et confesseur de Louis XIV. Il faudra que je l'y emmène.

J'ai repris quelques clichés de la sépulture de Chopin. *La Musique en pleurs*, marbre du sculpteur Clésinger, gendre de George Sand, me provoque toujours une étrange émotion.

Ensuite, je me suis aventuré, avec une certaine jubilation, dans des sentiers inexplorés, à la découverte de petites merveilles à photographier.

Je me dirigeai vers la division où est enterré Jim Morrison, le chanteur des Doors, l'un de mes groupes fétiches. Des barrières ont été installées depuis mon dernier passage. Son périmètre souffrait de dégradations, de multiples graffitis. C'était le dernier salon où l'on cause, haut lieu de rencontres internationales, où l'on vient, ou plutôt où l'on venait passer la nuit en musique, en escaladant les murs ou en se laissant enfermer dans le labyrinthe des allées. Les fans du chanteur se cachaient à l'intérieur d'une humble chapelle, d'un caveau ouvert, ou à l'ombre d'un fastueux mausolée de marbre. Cela semble fini. Une période périmée. La sépulture est en meilleur état.

Je remontai jusqu'aux sections modernes, situées sur l'ancien plateau de Charonne, terrain plat découpé en parcelles rectilignes. S'y trouve Oscar Wilde. Un ange-sphinx, vaguement égyptien, dont le visage évoque le poète. Et le plus curieux, pour cet Irlandais venu mourir à Paris, chassé d'Angleterre pour crime d'homosexualité, des traces de rouge à lèvres persistent sur la pierre, malgré la récente rénovation.

Lorsque sur le plateau de Charonne la longue cheminée du crématorium se dressa devant moi, ma conviction refit surface : l'enfant habitait à proximité. Raison officieuse de ma visite.

J'ai lâchement laissé tomber le petit Sam cet été, au profit d'un séjour en Grèce, avec des amis, et d'une superbe brunette à la peau soyeuse, aux jambes infiniment longues, un agréable flirt estival. Pour me justifier à mes propres yeux, et m'éviter des remords, sensation que je hais, je m'étais construit une formidable excuse : j'avais davantage de chance de retrouver Sam pendant la période scolaire. Paris est vide, l'été. Et si mon éditeur était satisfait de mon projet concernant les monuments du Père-Lachaise, il me rembourserait mes frais. Ce fut fait. Aujourd'hui.

Deux lycéens, sac au dos, me dépassèrent.

C'était la fin de leurs cours, ils devaient traverser le cimetière-jardin pour rentrer chez eux, de l'autre côté. Un bon raccourci. La très jeune fille se retourna sur moi, me sourit.

Tiens, tiens, malgré la quarantaine, je plais toujours...

J'eus honte, c'était une gamine. Mais dégourdie. De mon temps... Non, je n'allais pas commencer à parler comme les vieux.

La photo !

Je courus pour les rejoindre. Je sortis de ma poche le cliché de Sam et de son cerf-volant.

Avaient-ils déjà vu ce visage ? Un enfant disparu.

Le jeune garçon à la crinière rousse et aux taches de rousseur fit une moue perplexe :

— Peut-être... ou pas...

La jeune fille, elle, me souriait.

— Si je me rappelle, je vous appelle ?

Je lui tendis ma carte. Elle l'attrapa avec une certaine excitation. Ils s'éloignèrent. J'entendis la lycéenne s'exclamer à l'adresse de son copain :

— On se croirait dans une série américaine !

Tout en repérant les sculptures à photographier, je montrai la photo de l'enfant à quelques autres personnes.

Une mère qui baladait son enfant dans une poussette accepta d'y jeter un œil. L'autre œil restait scotché à son bambin. Elle me répondit par un signe de tête négatif, soulagée de n'avoir pas eu affaire à un psychopathe.

L'une de ces fameuses petites vieilles avec cabas de toile cirée, qui se partagent les divisions pour nourrir les chats, se sauva derrière un mausolée à mon approche. Je ne pus la rattraper. Ce lieu est parfois bien étrange...

Assise sur une dalle, une jeune fille dessinait des anges de pierre ou de marbre, des vierges éplorées. Visiblement, je l'avais rappelée au monde des vivants. Avec grâce, elle leva le visage vers moi. Légèrement penché.

Un Botticelli, me dis-je, en réprimant l'envie de la prendre en photo. Je venais déjà de troubler son intimité.

Je hélai un jardinier du domaine. Il s'appuya sur son râteau, hocha la tête, et finit par marmonner :

— J'en vois tellement passer, monsieur, les vivants, et les autres...

Les autres ?

Je ferais mieux d'interroger les gardiens. Ils étaient nombreux, je n'en vis aucun. Je les retrouverais à la sortie.

J'étais indécis. Le ridicule de la situation prenait le pas sur mes certitudes. Mes tentatives étaient vouées à l'échec. Ma photo datait de quelques mois, et pour peu qu'il porte aujourd'hui des lunettes...

Sans m'en apercevoir, j'arrivai devant le buste d'Allan Kardec. Ce père du spiritisme a le suprême honneur d'être le plus fleuri, le plus adulé, mais aussi le plus convoité par ces prédateurs – escrocs déguisés en médiums – qui sévissent en quête de proies faciles.

— Pourquoi pas ? m'écriai-je tout seul, en me rappelant les propos de mon ami Daniel.

Sam était peut-être retenu par une secte. Ce qui expliquerait la proximité du Père-Lachaise. Les sectes fleurissent, de nos jours, et quelques sépultures font l'objet de rites douteux.

Jadis, de nombreuses cérémonies nocturnes et clandestines se déroulaient ici, avec hallucinations collectives autour du caveau de la satanique muse des messes noires, madame Chantelouve : des disciples des fameux convulsionnaires de Saint-Médard dévoraient la terre, des religieuses miaulaient. Il paraît que si l'on entend des miaulements bizarres, ce sont ces miauleuses qui reviennent. Quel ramassis d'inepties ! Des miaulements, il y en a toujours ici, surtout le soir, avec tous ces hideux chats sauvages qui se reproduisent entre les tombes.

Tant d'histoires fausses, inventées ou véridiques, de rumeurs, courent sur les influences des esprits. Tant de supposés médiums circulent au travers des allées, à la recherche des superstitieux.

Au même instant, un chat surgi de nulle part me fit sursauter, miaula, me toisa avec dédain, et disparut aussi vite. C'est alors que je pris la décision, peut-être stupide, de rester cette nuit, au cas où une secte se réunirait, avec l'enfant. Allaient-ils invoquer les esprits ? Devais-je m'attendre à un divertissement inoffensif ou à une réunion du Ku Klux Klan ? N'y a-t-il aucun danger à réveiller les morts ? Je suis plus curieux que paresseux, et je ne crois pas à toutes ces stupidités. Je ne crois en rien. J'ai rompu avec Dieu à la mort de ma mère.

Ne perdais-je pas la tête ? Non, quelque chose me disait de le faire.

Quelque chose ou quelqu'un. Sam, peut-être...

Je contournai l'allée, hésitai à l'intersection du chemin du dragon, décidai de rejoindre la section romantique qui s'étend sur des collines boisées dans un labyrinthe d'allées rocailleuses, de taillis et de chemins chaotiques. Je passai devant les restes présumés de Molière et La Fontaine. A côté l'un de l'autre, ces deux-là, comme dans nos livres d'école.

Je repérai une petite chapelle dont la grille était ouverte. Je m'y engouffrai au moment de la fermeture. J'attendis un bon quart d'heure, ressortis. La lumière avait diminué. J'adore cette heure de clair-obscur, et du crépuscule.

Du haut du chemin des chèvres, qui serpente le long de la falaise de Charonne, le panorama est remarquable. Je vis bientôt passer des groupes de deux ou trois personnes. Ils se réunissaient, semblaient chercher la sortie. Perdus, ils s'arrêtaient, discutaient, rassurés de n'être pas seuls et, tout compte fait, certainement grisés par l'aventure. Peu à peu le groupe grossissait. Des morts-vivants, me dis-je. Il ne manquait plus que Michael Jackson, dans *Thriller*. Je réprimai un frisson. Je n'étais pas là pour jouer à me faire peur. De mon poste d'observation, je vis la petite bande de bons vivants se diriger vers une porte latérale à l'entrée principale. Elle était restée ouverte pour les retardataires.

Je me suis assis sur une dalle, prêt à passer la nuit dans cet immense espace rendu aux ombres et à la faune. Je suis indécis, et j'espère bien que de cet isolement volontaire sortira une décision. Dois-je prévenir les parents, la police, ou poursuivre, seul, ma quête de l'enfant ?...

La nuit est venue…

J'attends depuis des heures, semble-t-il. Je ne distingue pas l'aiguille sur ma montre. Il commence à faire froid. Il ne se passe rien.

C'est en cet instant précis que des craquements dans les arbres l'arrachèrent à sa méditation. Il entendit des piétinements, perçut des chuchotements. Lorsqu'il vit les lumières, c'était trop tard.

Il ressentit une douleur fulgurante à la tête. Il balaya l'espace avec ses bras pour se défendre. En vain : des lumières étaient braquées sur son visage, l'empêchant de voir ses agresseurs. On le poussait violemment. Il sentit le sol se dérober et s'entendit hurler. Il roulait sur lui-même, emporté par son poids. Ses mains se tendaient vers quelque chose à agripper. En vain, toujours. Tout allait trop vite. Il heurta une substance dure, rebondit. Il continua de dégringoler la pente et, l'espace d'une seconde, il se demanda s'il allait souffrir de l'impact avant de mourir. Il ne le sentit pas mais entendit plusieurs claquements.

Qu'est-ce que c'est ? se demanda-t-il. Ces bruits venaient de lui, de son corps. Ses côtes, brisées, comme sa tête ? Il sentit un liquide inonder son visage, y passa la langue. Un spasme rétracta son estomac. Le goût du sang.

Il ne vit plus rien. La nuit ou les coups ?

Où suis-je ?

Il n'était plus là, mais au bord de la mer…

Il entendit des rires, le bruit des vagues. Ses membres étaient douloureux. Il eut une dernière pensée, « le retrouver », et il sombra.

17

Cette nuit-là, le sommeil ne daigna pas emporter Pauline.

Sa chambre donnait sur le Père-Lachaise. Lorsque ses insomnies l'amenaient à la fenêtre, des noms célèbres flottaient au gré de ses errances. Il lui arrivait alors de songer que Chopin flirtait avec la grande Sarah Bernhardt, que mademoiselle Lenormand tirait les cartes pour Héloïse et Abélard, qu'Isadora Duncan dansait pour le plaisir de Molière. Son imagination redoublait d'acuité. Mais elle n'osait confier ces pensées pour le moins saugrenues à quiconque. Pas même à sa fille. Marie-Lilas eût sans doute apprécié, mais il était inutile d'accroître sa propension au fantasque.

« Après la dure réalité des études, disait Lilou à sa mère, un peu de mystère, ça fait du bien ! »

Fan des séries TV qui plongent dans l'ésotérisme, Marie-Lilas se plaisait à côtoyer l'irrationnel, comme tous les ados, et comme… elle. Mais elle, elle le taisait.

La nuit, il n'était pas rare d'apercevoir des lumières dans le Père-Lachaise.

Elle tenait l'information de la maman de Ficelle, le copain de Lilou. La famille vivait dans l'immeuble depuis vingt ans. Du même âge que Pauline et de tempérament ouvert, elle bavardait volontiers avec elle, surtout dans l'ascenseur, le salon où l'on cause entre voisins.

« Il n'était », avait-elle précisé, car, aujourd'hui, l'escalade était devenue périlleuse pour les amateurs de sensations fortes. Suite aux dégradations, et graffitis, les grilles surmontant les murs étaient rehaussées de piques inhospitalières, et la vigilance des gardiens s'était renforcée. Le temps des échelles et des intrusions, des cérémonies extravagantes et clandestines semblait dépassé.

Cette nuit, pourtant, Pauline apercevait des lueurs dans le Père-Lachaise. Lucioles, feux follets ou lanternes plus prosaïques ?

Soudain, un hurlement lui parvint aux oreilles. Les battements de son cœur s'emballèrent. Elle ne réfléchit pas. Sa fille ! Elle se rua hors de sa chambre, passa la tête dans l'entrebâillement de sa porte. Elle dormait, paisible.

Pauline réintégra sa chambre, se traita d'anxieuse. Ce cri provenait du dehors, c'était évident, et plutôt d'une voix masculine. Un cri rauque, songea-t-elle, un cri de surprise, de souffrance. Interminable. Bestial. Sans doute le cri d'un chat attaqué par un malotru de son espèce, ou encore celui d'un oiseau de nuit. Cependant, une sensation nébuleuse et indéfinissable la perturbait. Elle demeura aux aguets. Exténuée, elle conclut que son imagination lui jouait des tours et se recoucha. Le sommeil l'emporta enfin sur son malaise.

Le cauchemar existait bien. Mais pour un autre.

Au matin, Pauline enfourcha son vélo sans entrain, le teint brouillé, l'estomac nauséeux.

Elle consacra la route à se motiver, et à repousser la fatigue.

Un toubib se devait d'être vaillant, vigilant, d'apporter des soins, du réconfort, et non de traîner lamentablement dans les couloirs, ou dans une salle de repos. L'air vif acheva de la réveiller.

Lorsqu'elle passa sous le porche d'entrée à huit heures précises, elle était prête à assumer ses responsabilités, à se concentrer sur ses malades.

Au même instant, le Père-Lachaise ouvrait ses portes.

La vieille Rachel fut la première à y entrer. Comme tous les matins, elle était munie de son vaste cabas à fleurs, contenant boîtes et croquettes. Ses chats devaient avoir faim.

— Présente à l'appel, comme toujours ! lança l'ancien légionnaire, souriant.

— Présente, mon capitaine !

Avec son âge, indéfini mais plus que respectable, Rachel pouvait disparaître, comme elle était apparue. Discrète et excentrique. Coquette et désuète. Adorable. Victor l'aimait bien. Par moments, elle perdait un peu la tête, confinée dans un monde peuplé d'esprits, de bizarreries, et d'obsessions, à d'autres elle surprenait par son bon sens. Il l'avait prise sous sa protection.

Toujours souriant, il la regarda s'éloigner d'un bon pas vers les allées de sa section. Son cocasse chapeau rose, son allure d'un autre siècle lui conféraient un petit air suranné. On aurait pu la confondre avec un revenant. Mais elle était bien vivante, et il songea qu'il était grand temps de lui demander sa véritable identité. Le jour où il lui arriverait quelque chose, il serait trop tard. Le prénom de Rachel était un pseudonyme, choisi en hommage à la grande tragédienne qui reposait en ces murs. La vieille femme avait dû chanter dans sa jeunesse, elle en avait conservé une voix claire et gracieuse. Victor savait juste qu'elle était veuve, qu'elle vivait à proximité du cimetière, et que sous ses dehors de femme tranquille elle en avait bavé.

Il y tenait, à sa petite Rachel. Elle faisait partie de son paysage quotidien. Comme le reste de ce petit bataillon d'expertes, bien organisées, qui se partageait les quatre-vingt-dix-sept sections délimitées par les allées de l'ancien parc. Il se sentait envahi d'une ondée de tendresse à l'égard de ces rescapées du temps, qui papotaient allègrement, au milieu des chats sauvages, assises sur une dalle de marbre. Irrespectueuses vieilles dames !

Après tout, avant d'être un cimetière, le Père-Lachaise n'était-il pas un immense jardin ?

Rachel disposa sa nourriture selon un ordre bien établi. A l'appel du festin et du plaisir des sens qui suivaient immanquablement la voix de leur humaine préférée, quelques spécimens de la dense population féline apparurent, vilains ou bien dotés par la nature, s'extrayant de bosquets ou de mausolées.

— Molière, Molière !

Celui-ci était son préféré. Pas très vieux, mais déjà drôlement plus malin que les autres. Un vrai comédien.

Les chats, comme leurs mères nourricières, accaparaient un territoire et le gardaient jalousement. Les femmes qui se répartissaient les quartiers y retrouvaient donc leurs petits.

Les oiseaux, eux, s'étaient réparti les arbres et arbustes. Ainsi, selon les endroits du parc, on entendait mésanges, pies bavardes, pinsons des arbres, ou rouges-gorges, pour ne citer que ceux-ci. La liste était impressionnante. Un bonheur pour les ornithologues. Rachel ne s'ennuyait jamais. Son Père-Lachaise était plus gai que son deux-pièces exigu. Elle aimait aussi dénicher des fleurs sauvages. Les espèces étaient variées, dans cet ancien jardin. Dès qu'elle en voyait une, elle ne la cueillait pas mais prévenait l'un ou l'autre des jardiniers. De ce fait, ces derniers l'appréciaient tout autant que les gardiens, et elle était chez elle ici. Certains la prenaient pour une dingue, mais tous la respectaient, parce qu'elle en connaissait un rayon en chats, ornithologie et botanique.

— Molière !... Ah, te voilà, mon chenapan...

Le chat vint se frotter contre ses jambes, leva la tête vers elle, disparut à nouveau.

Elle le suivit en ronchonnant. Il voulait lui montrer quelque chose. Mais elle, elle n'avait plus l'âge de courir. Elle s'enfonça dans un taillis chaotique, se fraya un chemin en jurant. Elle n'était plus aussi solide sur ses jambes. Et on a tôt fait de se casser un membre sur ces pentes. Elle devrait peut-être se décider à troquer son secteur escarpé, situé dans la partie poétique, contre un autre de la partie moderne et plate. Changer de quartier et de petits protégés ? Un crève-cœur. Il y avait des gens bien là-haut, dans les sections modernes, mais on ne déménage pas, à son âge. Elle était romantique et le resterait jusqu'à son dernier jour.

Elle descendit vers le square du milieu et, entraînée par son élan, crut sa dernière heure arrivée. Elle se retint de justesse à la pyramide de Champollion.

Elle s'assit sur une dalle voisine afin de reprendre son souffle. C'est alors qu'elle découvrit, à ses pieds, une carte de visite, puis un fin objet noir, qu'elle tourna et retourna, perplexe, entre ses doigts. Il ressemblait à un manche de couteau sans lame, ou à un tout petit stylo sans plume. Elle le catalogua dans les non-identifiables. La pêche était intéressante.

Elle s'empara du tout, le remisa machinalement dans son cabas, tout en cherchant son chat. Rachel ramassait tout ce qu'elle trouvait. Elle faisait le ménage du Père-Lachaise. S'il s'agissait d'une veste oubliée, d'un bijou perdu ou d'un portefeuille tombé d'une poche, elle le donnait à l'un des gardiens. Elle n'était pas une voleuse. Le reste, carte de tarot, bougie, petits mots pliés avec amour, elle le gardait chez elle, dans son armoire vitrée. C'était sa caverne d'Ali Baba. Son trésor. Et elle, la démunie, la solitaire, s'imaginait des vies autour de ces objets.

Elle contourna la pyramide, en appelant son petit galopin de Molière.

Un cri s'étrangla dans sa gorge. Le chat se frottait à un corps inanimé, coincé entre deux tombes, en contrebas de la colline. Elle le contempla un instant, interdite.

Non, c'est impossible, on n'a jamais de mort, ici !

Elle courut, autant que le lui permettaient ses jambes, vers l'un des gardiens.

Pauline pédalait avec ardeur. Elle revenait chez elle avec un entrain décuplé. Quelle différence avec ce matin ! Elle s'activait sur les pédales, mue par un regain d'énergie, oubliant son manque de sommeil et sa journée harassante. Elle avait revêtu sa grande cape, jaune et noir, de pluie. D'ici peu, les intempéries de l'hiver l'obligeraient à emprunter le métro ou le bus. Celle d'aujourd'hui était une surprise pour les météorologistes, autant que pour les Parisiens. A huit heures, ce matin, le soleil promettait une belle journée.

Peu importait à Pauline. Elle ne savait pas encore ce qui la mettait en joie, mais elle se sentait d'humeur fringante.

Ce ne pouvait être ce patient...

Ils avaient réceptionné un homme assez mal en point, envoyé par l'hôpital Tenon. Débordés, avec une file d'attente de plus de cinq heures dans leur service, les urgentistes de cet hôpital avaient aiguillé les pompiers vers Saint-Antoine et son pôle « os et articulations ». Après les urgences, les examens, les premières radios, l'accidenté avait été dirigé dans leur service. Avec une luxation à l'épaule gauche, des côtes fêlées, une fracture du tibia, un traumatisme crânien, des lacérations au niveau du cuir chevelu. Une victime d'agression de plus. Ils en récupéraient trop souvent à son goût.

Celle-ci était un bel homme d'une petite quarantaine d'années. Ses traits étaient réguliers, ses cils noirs très fournis. Ses cheveux châtains semblaient méchés naturellement. Ses ongles étaient bien coupés. Elle n'avait pas vu ses vêtements d'origine, ces derniers ayant été remplacés par la tunique réglementaire. Mais ce n'était visiblement pas un SDF.

On ignorait son nom. Pas de portefeuille, ni de cartes, rien qui permette de l'identifier et d'appeler l'un de ses proches. Ses assaillants lui avaient sans doute dérobé ce qu'il portait sur lui. Une simple supposition, puisque leur blessé était inconscient. Le traumatisme à la tête l'avait plongé dans le coma. Dieu merci, il n'était pas profond, et l'on pouvait s'attendre à ce qu'il reprenne ses esprits dans les prochaines heures. Pourquoi repensait-elle à ce patient ? Il l'intriguait, sans aucun doute. Que réserveraient ses yeux, en espérant qu'il les rouvre ?

Elle était à l'écoute, compatissante. Parfois un peu trop. Et même si au travail elle gardait un masque serein, et s'efforçait de ne pas extérioriser sa sensibilité, elle devait se faire violence pour ne pas se laisser dévorer par ses patients. Or, là, elle se sentait légère, voire grisée. C'était absurde. Ce sentiment ne devait pas être lié à cet inconnu. Peut-être le fait qu'elle se sentait à sa place dans ce travail, tout simplement. A moins que ce ne fût la proximité de son prochain poste, et le retour à Lille. Elle était dans l'une de ces dispositions impossibles à analyser.

Ce soir, Pauline avait hâte de rentrer, et d'apprendre la nouvelle à Lilou. Mais quelle nouvelle ? Rien d'extraordinaire. Elle pédalait avec énergie, et avec le sentiment indicible que sa vie sans histoires prenait un tournant.

Elle arriva bientôt dans la dernière boucle vers leur appartement. Elle était la reine des raccourcis et des pistes cyclables. Les muscles de ses mollets étaient mis à rude épreuve dans la montée du Père-Lachaise, mais elle ne serait pas descendue de sa selle pour un empire ! Son plus grand plaisir était de voir peiner des plus jeunes – si possible de la gent masculine – et de les dépasser tandis qu'ils prenaient, penauds, leur vélo à la main pour les derniers mètres.

J'ai escaladé les monts des Flandres dans mon enfance, je peux bien faire les collines de Paris, songea-t-elle.

Elle repensa à celui qu'elle appelait déjà « mon patient ».

Dans l'après-midi, un inspecteur avait débarqué à l'hôpital, impatient d'entendre la version des faits par la victime, et extrêmement contrarié de le découvrir dans le coma.

Elle l'avait entendu converser avec le grand patron.

Un individu – homme ou femme – agressé, dans le service, ce n'était pas le premier. Mais l'inspecteur était dans l'embarras, avec ce défaut d'identité. Il allait falloir attendre qu'il se réveille. Et l'enquête piétinerait tant que l'on n'en saurait pas davantage sur les circonstances de l'agression. Il n'avait pas hésité à la prendre à partie.

« Bien, avait-il conclu à voix haute. J'espère que ce sera rapide, mademoiselle. »

Son ton était impératif. Il avait tourné le dos sur ces mots.

« On rêve, là ?

— Oui, il est de très méchante humeur. A mon avis, c'est un novice, et qu'il revienne bredouille ne plaira pas à ses supérieurs. Ma chère Pauline, il va vous falloir sortir notre inconnu du coma… Et plus vite que ça ! » plaisanta le professeur.

C'était donc bien « son » patient.

Plutôt fière d'elle, Pauline regagna l'appartement en moins d'un quart d'heure.

Lilou l'attendait, impatiente, avec une grande nouvelle à lui annoncer : en rentrant de son lycée, elle avait papoté avec Victor, son vieil ami pétri d'amour pour sa « maison ». Et comme chaque soir, elle avait demandé à son vieil ami :

« Rien de spécial, aujourd'hui ?

— Si ! Un inconnu agressé cette nuit. Rachel l'a trouvé ce matin. On n'a jamais vu ça, chez nous, avait-il ajouté dans un soupir. Où va le monde ? Nous allons devoir redoubler de vigilance... »

Un inconnu au Père-Lachaise ? Ça change ! avait songé Lilou.

« Et il est où ?

— Envoyé à Tenon. Il était inconscient. »

Leurs deux histoires se recoupaient. Lilou l'interrogea sur « son » blessé.

— On ignore son identité...

— C'est mon inconnu du Père-Lachaise !

Pauline lui raconta tout ce qu'elle savait, jusqu'à ses remords de ne pas avoir parlé du cri entendu pendant la nuit au policier.

— Je n'ai donc pas rêvé... J'aurais dû...

— Arrête, maman. Et moi, dans ce cas, je n'ai rien entendu. J'aurais dû ? Je vais culpabiliser, aussi ? Alors arrête avec tes angoisses, maman, tu me fatigues !

Les ados sont directes.

18

Un escalier raide et vétuste menait à la petite salle d'attente du commissariat, qui affichait complet. Les locaux « rustiques » auraient eu besoin d'un sacré rafraîchissement, et d'un air plus accueillant. L'aspect était pour le moins austère et dépouillé, mais à observer les va-et-vient des officiers de police, gardiens de la paix et autres fonctionnaires zélés, la décoration devait être à mille lieues de leurs préoccupations.

On se serait cru dans un vieux film policier. Sans Jouvet. Sans Maigret. Ajoutez-y quelques suspects et vous aurez un curieux assemblage.

C'est à cela que pensait Pauline, assise sur une inconfortable et minuscule chaise. Certes, des améliorations existaient, produits de notre siècle : les ordinateurs, et le style même des policiers. Mixte. Oui, davantage de femmes. Plus décontractés... dans l'ensemble. Mais ce n'était pas la règle absolue. Certains policiers passaient, l'air soucieux, tellement absorbés dans leurs tâches que le public en attente semblait translucide. Pauline les imaginait traversant les corps, tels des passe-murailles, sans percevoir leur présence. Disciplinés, ils semblaient engoncés dans la routine des petits délits journaliers et répétitifs. Somme toute, des gens ordinaires, comme vous et moi, mais attachés à poursuivre le mal. Non, cela ne se disait plus. Aujourd'hui, on assurait la préservation et le rétablissement de la tranquillité dans les quartiers. La sécurité. Ce n'était déjà pas si mal. Elle se demandait s'ils étaient confrontés, comme dans les films, à des bavures, luttes intestines ou faits de corruption. A entendre les médias, le plus gros de leur charge leur venait des agressions pour vols. Drogue, dealers et violence étaient leur pain quotidien.

Ses yeux tombèrent sur un panneau indiquant la « prochaine ouverture du nouveau commissariat de la rue des Gâtines ». Avec cette précision : « Ce nouveau bâtiment offrira de grands espaces et une accessibilité conforme aux normes en vigueur pour les personnes en situation de handicap. »

Elle s'était trompée. Ils étaient attentifs aux conditions d'accueil du public.

En attendant... Elle était là, aux côtés d'autres personnes livrées aux mêmes sentiments de solitude, d'impatience, et d'impuissance, qui consultaient dix fois de suite leur montre ou scrutaient l'aiguille à l'horloge suspendue au mur. La plupart, comme elle, répétaient dans leur tête les phrases qui leur permettraient de se justifier ou d'exprimer leur plainte. Elle, elle se sentait déjà en faute.

La plus grande peur des témoins appelés à comparaître était d'être accusés à tort, et enfermés, cette suprême injustice que seule pouvait commettre la justice. « Coupables présumés » – terrible expression entendue à la radio –, là où il aurait dû n'y avoir que de présumés innocents...

Que de dénonciations secrètes et impies, de simples conjectures ou des preuves plus ou moins solides, voire chimériques, avaient mené des innocents sur l'échafaud, et aujourd'hui en prison ! Comment se défendre contre la calomnie ? Combien de fois une mémoire déficiente fut-elle la cause d'un tragique malentendu ? Plusieurs interrogatoires, et l'on n'est plus très sûr de ce que l'on a vu. Un peu d'intimidation, on cafouille, on panique, et l'on est qualifié de parjure. Votre crédibilité en prend un coup. On peut vous accuser d'avoir voulu dissimuler un fait.

Pauline s'y voyait très bien, et s'insurgeait toute seule. Les interrogatoires musclés ne devaient plus exister, mais que savait-on de l'angoisse générée durant une nuit de garde à vue ? On devait se sentir comme emprisonné à l'intérieur d'une spirale. Présumé innocent, oui, mais alors que dire des enfermements de plusieurs mois, dits préventifs, avant l'instruction d'un procès au terme duquel on pouvait reconnaître l'innocence du prévenu ? Trop tard. La vie de cette personne accablée de rumeurs malveillantes, en perte de confiance au travail et en amour, est brisée.

— On devrait leur donner la Légion d'honneur et une rente à vie en dédommagement, murmura-t-elle en hochant la tête.

Elle sentit le regard de sa voisine se diriger vers elle. Non, elle n'était pas à son portable. Oui, elle avait eu le temps de refaire le monde. Et puis quoi encore ? Elle soupira. Se calma.

Ce devait être compliqué, de démêler l'écheveau du vrai et du faux. Déterminer les témoignages crédibles, les abus, arrêter, transférer à la justice... Quel métier ! Chapeau, tout compte fait !

Pauline était entière en tout, comme en amour. Cette disposition, son altruisme, ce besoin quasi viscéral de soulager la misère humaine l'avaient menée à la médecine.

Elle patientait depuis plus d'une heure. Son tour allait enfin arriver.

A l'hôpital, elle s'était attendue à revoir l'inspecteur peu affable. Elle l'avait guetté, en vain, décidée à lui rapporter les cris entendus, la nuit précédant l'agression de leur inconnu.

Sa fille l'avait encouragée :

« C'est important, de connaître l'heure de l'agression ! Il ne faut rien dissimuler aux autorités, maman, fais ton devoir !

— Je suis étonnée, toutefois... Le policier ne s'est plus déplacé. Il ne s'y intéresse donc plus ?

— Pourquoi se déplacerait-il pour revoir une victime dans le coma ? lui avait-elle répondu. Il aura un appel de l'hôpital, dès son réveil.

— Evidemment... »

Ma fille a du plomb dans la tête, s'était dit Pauline.

« Mais dis-moi, maman, il t'intéresse drôlement, ce patient, non ?

— Il n'a pas repris connaissance. Et l'on ne sait rien de lui, sinon son état physique actuel. Pas très brillant. C'est normal que je m'y intéresse, chérie, c'est mon métier. Je suis peut-être aussi intriguée... »

C'est ça, oui, songeait Lilou.

Elle avait répondu, avec tendresse :

« Bien sûr, mamoune. »

Avait ajouté, mine de rien :

« C'est normal. »

Elle n'en pensait pas moins. Affaire à suivre...

Pauline, elle, ne pouvait se départir d'un sentiment d'inquiétude. Etait-elle seulement intriguée ? Elle n'allait tout de même pas tomber amoureuse d'un homme endormi... Il était peut-être affublé d'un regard effrayant ou... menteur, comme Pascal.

Il est émouvant, il me touche, c'est tout.

En cette toute fin d'après-midi, elle avait donc pris deux heures sur son temps de travail pour rentrer plus tôt, accomplir son devoir et affronter le mépris de cette tête de mule psychorigide.

Se sentait-elle à ce point responsable de son patient ?

Chaque matin, elle se levait sans rechigner. Un travail l'attendait. Son inconnu l'accaparait. Une seule question la taraudait : serait-elle présente lorsqu'il rouvrirait les yeux ? Elle y allait sans cesse, guettant son réveil, s'attirant des œillades moqueuses qu'elle ne voulait pas voir.

Une semaine était passée. Il n'avait pas repris conscience. Elle craignait de perdre espoir. Elle songeait qu'elle aurait eu besoin d'aller se régénérer les cellules au contact des fluides transmis, selon les légendes, par certaines sépultures. Elle se traita de folle, décida de tout tenter pour aider la police à arrêter les agresseurs. Une justice envers son malade.

Le service l'avait surnommé « l'inconnu du Père-Lachaise ». Ce matin, elle s'était énervée contre une petite nouvelle du bureau des admissions, qui s'impatientait. A la suite d'une urgence, les formalités étaient réduites au minimum, mais un proche du patient devait présenter les documents nécessaires dans les meilleurs délais. Pour la sortie, c'était nécessaire. Ce à quoi Pauline avait répliqué, excédée, en haussant les épaules :

« Allez donc lui demander vous-même ! »

Autour d'elle, on s'activait. Les vols et pertes de papiers étaient les plus évoqués. Des visites souvent inutiles, car on s'adressait au mauvais endroit. On aiguillait les usagers vers la mairie, ou la préfecture. Des demandes de pièces d'identité qui demandaient une foule d'autres papiers, que les gens n'avaient bien entendu pas en leur possession. Des deuxièmes, voire troisièmes visites. Mais aussi une jeune femme essayant de dissimuler tant bien que mal son œil au beurre noir sous des lunettes de soleil. Et des plaintes de mauvais voisinage...

La jeune auxiliaire derrière le bureau lui demanda enfin la raison de sa venue.

— L'inspecteur qui s'occupe de l'affaire était à l'extérieur. Il vient de rentrer, et si vous voulez bien patienter, il s'occupera bientôt de vous.

Patienter, n'avait-elle pas vu qu'elle patientait depuis plus d'une heure ? Elle eut envie de crier et de s'enfuir. Une petite voix l'obligea à se contenir. Elle était arrivée jusque-là, ce n'était plus le moment de faire marche arrière.

Au bout de dix minutes, l'auxiliaire lui apporta une fiche à remplir :

— Cela fera gagner du temps.

Un formulaire d'identité. Avait-elle sa carte sur elle ? Oui, ouf !

« Déclinez votre identité et dites : Je le jure. » Elle entendait ces mots, mille fois répétés dans les procès de cinéma. Son âge, sa profession, des questions personnelles. Elle regretta sa venue. Elle venait de son plein gré !

Elle tendit le papier à la jeune femme, qui la remercia. Deux minutes plus tard, un policier jetait un coup d'œil au calepin que l'auxiliaire devait avoir sous les yeux, derrière le comptoir.

— Madame Gauthier ?

Enfin !

Il procéda à un examen minutieux de sa fiche, posa des questions, s'évanouit un instant vers un autre bureau, revint sans sa fiche.

— Si vous voulez bien me suivre...

— Où allons-nous ? demanda-t-elle, méfiante.

— Je vous emmène à l'inspecteur qui s'occupe de l'affaire.

Il lui ouvrit la porte, et la laissa, pantoise, face à un homme de couleur, silencieux, qui ne sembla pas s'apercevoir de sa présence.

Non, ce n'est pas vrai, je vais devoir tout répéter, c'est un cauchemar...

L'air absorbé, il était en train de détailler sa fiche. Elle eut envie de le gifler.

— Ainsi, vous venez pour l'agression... commença-t-il en levant enfin le regard vers elle.

Il s'arrêta net, considéra avec stupéfaction cette jolie jeune femme à la chevelure blonde tirant sur le roux, au visage pâle constellé de taches de rousseur. Son contraire. Elle était vêtue d'un tailleur-pantalon bleu nuit, classique mais élégant. Visiblement, il n'en avait pas l'habitude. Un ange dans ce monde pourri... Un ange qui doit faire chavirer les cœurs... Son air ahuri lui arracha un sourire. Il le lui rendit, se leva pour lui serrer la main. Très grand, d'allure sportive, musclé, cet inspecteur d'origine antillaise d'une trentaine d'années était un très bel homme.

S'ils étaient tous comme lui... songea-t-elle en se présentant. Oui, eh bien quoi ? C'est une pensée absurde et basée sur l'apparence, pas digne de toi, Pauline. Tout de même, c'est plus agréable qu'avoir affaire à l'autre connard à l'air pincé, engoncé dans son pardessus et jouant les petits chefs machos… La police est comme nous, diverse à souhait…

La glace était rompue. Il voulut lui présenter ses excuses pour l'attente, elle le mit à l'aise :

— Ne vous excusez pas, inspecteur, nous n'avions pas rendez-vous.

Il sourit à nouveau.

— Effectivement.

— Je pensais avoir affaire au policier venu à Saint-Antoine…

— Notre arrondissement compte plus de deux cent mille habitants, mademoiselle. Nous sommes donc assez nombreux, nous aussi, et dans notre nouveau commissariat nous serons plus de cinq cents à vous servir. Le collègue qui a rendu visite à la victime a jugé que c'était une enquête de routine, somme toute assez banale. Je me présente : lieutenant Martial. Eric Martial. Je suis maintenant chargé de l'enquête…

Depuis quand une agression est-elle sans intérêt ? se demanda Pauline.

— Et depuis cinq minutes, j'en suis plutôt heureux.

Pauline saisit le compliment, y répondit par un sourire, sa meilleure arme de défense.

— Bien…

Il fit un geste qui signifiait : « Oubliez ce que je viens de dire », ou : « C'était une parenthèse, venons-en au fait. » Ce qu'il fit :

— Je vois sur votre fiche que vous avez été témoin de l'agression au Père-Lachaise. Je vous avoue que depuis que je suis dans le XXe, c'est mon premier cas là-bas, c'est extrêmement bien surveillé durant la journée, et la nuit il est fermé. Nous supposons que l'attaque a eu lieu peu après la fermeture. La victime n'avait aucun papier sur elle. Nous penchons bien sûr pour une agression pour vol, conclut-il aisément. Après l'avoir assommé, on a dû le précipiter en contrebas de la crête. Il a fait une sacrée chute, avec ces pentes escarpées. On en saura plus lorsqu'il ouvrira les yeux, s'il reprend connaissance, bien sûr...

— Je l'ai entendu crier.

Sa déclaration permit de situer l'heure de l'agression, si toutefois le cri perçu était bien le sien. Pauline se trouva néanmoins idiote avec ce maigre témoignage. « Entendu crier. » Rien d'autre. Rien vu. Incapable d'ajouter la moindre précision.

Sa contribution, des plus minces, à l'enquête lui servait tout juste à garder un sentiment étrange de culpabilité et de responsabilité à l'égard de l'inconnu. Culpabilité due à son impuissance à le sortir du coma. Responsabilité, comme si ce blessé lui appartenait.

Le lieutenant de police, lui, semblait satisfait.

— La moindre information est utile. Nous suivons une piste : les 120, lui confia-t-il.

— Ils sont cent vingt ?

— Non, 120, c'est le numéro du HLM où ils habitent. Une bande de mineurs. Des larcins, jusqu'à présent. Ils sont petits, agiles, se faufilent partout. Il semblerait qu'ils n'hésitent plus à agresser, leur cas s'aggrave, ils sont montés d'un cran vers le crime. Et si votre patient décède... Notre enquête nous a menés vers eux. On a fait une descente, on n'a rien trouvé, comme on s'y attendait. Ils échangent leur butin dans la matinée contre de l'argent, qu'ils refilent aux grands frères ou cousins pour du cannabis ou de la coke. Je suis allé sur la scène de crime...

Décidément, tout le monde emploie ce terme, aujourd'hui, songea Pauline.

— ... pour examiner les lieux, à la recherche d'indices. Là aussi, je suis revenu bredouille. A croire qu'ils ont nettoyé les lieux. C'est étrange. Il faisait nuit. En général, les voleurs en possession de l'argent balancent dans les poubelles les portefeuilles volés et tout ce qu'ils jugent sans valeur pour la revente. J'ai été de poubelle, comme on dit ! fit-il dans une grimace éloquente. Rien non plus. Et pour tout vous dire, sans plainte officielle, sans éléments probants, il nous est impossible d'effectuer une planque, d'enclencher l'opération de flagrant délit. Nous ne pouvons nous obstiner sur l'enquête... Tout au moins, ajouta-t-il en voyant s'assombrir le visage de Pauline, uniquement sur cette enquête. Bien sûr, s'il sort du coma...

— Ou s'il meurt ? acheva Pauline, agacée.

— Ecoutez, je vous promets de ne pas laisser tomber. De votre côté, si quelque chose vous revient, n'hésitez pas à me contacter personnellement...

Il lui sourit, lui tendit sa carte. L'entretien était clos.

Pauline le remercia et se leva.

— Mais si, les lumières !... s'exclama-t-elle soudain, le regard pétillant. Je les ai remarquées, avant le cri. Elles dansent comme des lucioles, me suis-je dit, elles étaient au moins trois ou quatre...

— Ah, ce témoignage pourrait se révéler capital... Il y a donc eu plusieurs agresseurs, et notre hypothèse d'une bande s'en trouve renforcée. Je vous remercie, mademoiselle Gauthier.

— Madame.

— Excusez-moi... D'après votre... euh... La prochaine fois, je serai heureux de vous recevoir dans nos nouveaux locaux, le plus vaste commissariat central d'arrondissement. Il permettra aux forces de police de disposer de salles mieux adaptées à leur mission de service public. Dites-moi...

Elle se demanda s'il ne désirait pas prolonger l'entretien sur un plan plus personnel.

— Oui... ?

Il hésita, s'en tira par une pirouette :

— Votre nom, c'est comme dans *La Dame aux camélias*... Marguerite Gautier, non ?

— Oui, mais moi, c'est avec un *h*... répondit-elle dans un sourire. Et mon prénom est Pauline.

— Au revoir, Pauline.

Elle sortit en rougissant.

Quel besoin d'ajouter « Et mon prénom, c'est Pauline » ? Sa réponse sonnait comme une invitation à plus d'intimité. Elle était toujours aussi maladroite.

A l'instant précis où elle quittait le bureau, la porte qui donnait sur l'escalier s'ouvrit sur une petite bonne femme sans âge au chapeau rose grand-guignolesque. Elle fit une entrée remarquée au bras du gardien de la paix qui venait de l'aider à escalader les marches raides.

— Merci, mon grand, lâchez-moi, maintenant !

Pauline la regarda, amusée, et se dirigea vers la sortie.

Il lui semblait reconnaître cette vieille dame au chapeau rose. Elle l'avait déjà croisée, mais, à Paris, on a souvent cette impression de déjà-vu. Dans le métro, dans la rue, en train de mendier, ou... Oui, dans le Père-Lachaise. Lilou la connaissait sûrement. Venait-elle pour la même affaire ?

En respirant l'air vif du dehors, elle se sentit légère, comme libérée d'un poids, assurée d'avoir un allié et flattée par l'attitude de cet inspecteur. Elle ne lui avait pas été indifférente.

Ce sentiment allait égayer toute sa soirée.

Rachel avait reçu une convocation. Enjointe « formellement » à se rendre au commissariat pour faire sa déposition, elle était vexée de se sentir traitée comme une malpropre. A son âge. L'une des plus anciennes habitantes du quartier. Il ne manquait que les menottes. C'était indécent. Elle n'avait tué ni volé personne.

Pourvu qu'ils n'aillent pas me considérer comme suspecte.

Elle conservait d'une lointaine période, celle de la guerre, une méfiance des uniformes, et Victor avait dû lui expliquer qu'il s'agissait d'une procédure normale. Elle était convoquée pour témoigner de ce qu'elle avait vu. Il l'avait rassurée. Elle s'était donc dirigée d'un pas décidé vers son devoir. Elle en profiterait pour se plaindre de tout ce qui ne tournait pas rond dans sa rue, et chez elle.

Mais là, en s'asseyant sur sa chaise, elle n'en menait pas large.

Rachel avait les yeux partout...

Victor n'avait pas informé la police des petites manies de Rachel. Ses « petits trésors », c'était un secret entre elle et lui. Ils avaient pris le temps de discuter un peu :

« On ne peut plus rien pour lui, le malheureux...

— Si, Rachel, il est juste dans le coma... Inconscient, avait-il ajouté en voyant son air sidéré. Oh ! Rachel, tu es là ?

— Comme la Belle au bois dormant ?... Ah, dans ce cas... »

Elle lui avait alors avoué avoir récupéré une carte de visite, sans doute échappée d'un portefeuille. Il lui avait conseillé de la montrer à la police. C'était très important, selon lui. Sans doute le nom et l'adresse du blessé. Elle ne lui avait pas parlé du stylo mystérieux. C'était un objet insolite, comme elle les aimait. Rien n'était indiqué dessus. Il ne pouvait servir aux policiers.

Condamnée à ronger son frein en silence, très digne sur sa chaise, « contrairement à tous ces jeunes qui se tassent », elle ne s'apercevait pas qu'elle réfléchissait à haute voix. Une habitude prise durant ses années de solitude. Lorsque son tour arriva, elle avait été épiée par tous les policiers de Paris, elle avait saisi des sourires en coin – elle connaissait ces regards mi-moqueurs, mi-compatissants, elle n'était pas née de la dernière pluie. Elle était moins dingue qu'on ne le pensait.

Elle dut décliner à son tour son identité. Et s'insurgea aussitôt contre l'escalier, qu'elle jugeait indigne de la police. Avec un aplomb extraordinaire, celui des vieilles personnes qui n'ont plus rien à perdre, elle vilipenda le lieutenant, la police, les administrations, et même le gouvernement. Partagé entre le fou rire et l'agacement, le lieutenant admit avec une maîtrise exemplaire que ces vieux locaux étaient en effet inadaptés à un fonctionnement moderne.

— Mes jambes ne sont pas modernes, répondit-elle du tac au tac, mais elles ont besoin d'un bon fonctionnement !

Décontenancé, il tenta de l'apaiser :

— Vous n'avez pas vu notre panneau ? La prochaine fois que vous nous rendrez visite, ce sera dans de superbes locaux…

— La prochaine fois, mon petit, vous vous occuperez de vider mon appartement. J'ai donc peu de temps à vous consacrer. Tenez, dit-elle en sortant une carte de visite de son sac, c'était à côté du… de…

— De la victime ?

A peine eut-elle tendu la carte de visite que le commissariat tout entier changea de physionomie. Le lieutenant se rua hors de la pièce, appela deux autres policiers. On la prenait au sérieux, enfin ! Il revint, l'air radieux. Elle crut un instant – lui aussi, d'ailleurs – qu'il allait l'embrasser sur les deux joues.

— C'est parfait, dit-il en contenant son enthousiasme. Nous avons là, peut-être, l'identité de la victime. Grâce à vous. Nous avons téléphoné, mais c'est un répondeur. Ce qui tend à confirmer notre hypothèse. Nous allons nous rendre sur place dès demain. Je vous remercie, madame…

— Rachel, mon petit.

— Ce n'est pas votre nom…

— Franchement, on s'en balance, non ?

19

Il entendait un bruit. Un seul. Une espèce de bip. Etait-ce son cœur ? Il tenta d'ouvrir les yeux, distingua une faible lueur, des ombres. Ce devait être la nuit.

Son crâne était dans un étau. Il respirait mal. L'impression d'étouffer le paniqua. Il tenta de bouger, de lever la tête, mais une douleur lui vrilla le cerveau. Sa poitrine, ses côtes le faisaient souffrir. Sa jambe gauche était lourde, si lourde. Que se passait-il ? Il était dans l'impossibilité de bouger. Etait-il attaché ? Un liquide coulait le long de son bras. Se vidait-il de son sang ? Il lui fallait appeler au secours. Mais rien ne sortait de sa bouche. Etait-elle seulement ouverte ? Sa gorge était sèche. Ses muscles semblaient tétanisés. Il était mort, peut-être. Mais on ne ressent plus rien quand on est mort. On ne souffre pas. Qu'est-ce qu'il en savait, après tout ? Non, il avait mal. Il était bien vivant. Mais où ? Il réfléchirait plus tard. Il était trop fatigué.

Il se sentit glisser sur un étang miroitant.

Il allait dormir encore un peu...

Plus tard, la lueur revint papillonner devant ses yeux. Des couleurs tournoyaient comme des cerfs-volants.

Etait-ce le jour ? Ses paupières se soulevèrent, captèrent une lumière crue, retombèrent aussitôt. Elles étaient lourdes. Il entendit à nouveau les bips, puis une voix. D'où venait-elle ? Etait-ce un mirage ? Il huma le souffle frais d'un parfum, était-ce la brise de mer ? La voix était chaude et douce, comme celle d'une maman. Etait-il revenu de l'au-delà, ou d'un cauchemar ?

Il ouvrit les yeux, distingua les contours d'une pièce blanche, la silhouette d'une femme en blanc.

Il les referma, les ouvrit à nouveau. Le sortilège ne s'était pas évanoui. Un visage émergeait des ténèbres. Le brouillard s'évaporait peu à peu. La voix insistait :

— Monsieur, monsieur, restez avec nous !

Mais oui, je reste, vous ne le voyez pas ? Il se sentit enveloppé d'un regard tendre et attentif. Profond et enfantin. Le visage était nimbé de lumière, diaphane, constellé de taches de rousseur.

Il a ouvert les yeux, les a posés sur elle.

Des yeux d'un bleu limpide à vous faire chavirer le cœur, auquel on ne s'attend guère, avec sa chevelure châtain et ses cils noirs. Un émoi se diffusa dans les veines de Pauline. D'emblée, il lui parut franc, intelligent.

Doucement, Pauline, s'ordonna-t-elle, pas de précipitation !

Elle se sentait soulagée. Etait-ce de savoir qu'il allait s'en sortir, ou que ses fractures l'immobiliseraient encore quelque temps ? Cet homme la troublait, et elle ne voulait pas qu'il disparaisse dans la nature.

Elle demanda à l'infirmière de prévenir le service de neurologie du réveil de leur patient. Puis se retourna vers lui. Un sourire ourlait sa bouche.

— Bonjour…

Il plongea son regard dans les yeux clairs aux reflets gris qui l'observaient. Un ange.

— Suis-je…

— Vous êtes bien vivant, confirma-t-elle en comprenant à demi-mot son interrogation. Vous êtes à l'hôpital. En soins intensifs. Ne bougez pas… Des fils vous relient à des moniteurs. Vous avez une perfusion au bras, et une jambe dans le plâtre. Mais tout ira mieux, maintenant. Que ressentez-vous ?

Il déglutit difficilement.

— Des nausées, la migraine, la bouche desséchée…

— Ce sont des séquelles habituelles lors d'un traumatisme.

— J'ai l'impression d'avoir été battu à mort.

— Vous n'êtes pas loin de la vérité.

— Que m'est-il arrivé ?

— Vous ne vous en souvenez pas ?

Un déclic éclaira sa mémoire. La nuit. Des coups. Une forte douleur, et puis l'impression de vertige, de glisser le long d'une pente abrupte, une interminable descente…

— Oui… le Père-Lachaise… la secte… il faut sauver… Sam.

Elle s'approcha de lui. Ses mots étaient à peine audibles.

— Qui est Sam ? murmura-t-elle.

— L'enfant… tache de vin…

Pauline fronça les sourcils. Incohérent, encore. Et tout à fait normal, après une semaine de coma. Elle devait aller à l'essentiel, en attendant l'inspecteur :

— Quel est votre nom ?

Le doux regard de cette femme en blanc était posé sur lui, chaleureux, clair. Elle rayonnait, elle était belle. C'est ça, oui, il aimait les femmes, il était…

— Romain Meusla, je suis photographe, je suis lillois, je...

— Oh là, pas d'affolement, nous avons tout notre temps...

Pauline le contempla un instant, soulagée. On possédait son identité. Son cerveau était encore engourdi sous l'effet des antalgiques, mais il ne semblait pas souffrir de perte de mémoire. Et il était lillois !

— Je suis...

Elle s'arrêta. Elle n'allait pas commencer à s'ouvrir à un inconnu. Qu'elle soit lilloise, elle aussi, ne le concernait en aucune façon. Ce devait être aux antipodes de ses préoccupations. Il sortait du coma, c'était un patient. Elle sentit le rouge lui monter au visage.

Un peu de maîtrise, Pauline. Tu es au travail.

Elle était transparente. Trop. « Un livre ouvert », selon sa fille, qui le lui reprochait suffisamment. On devinait ses sentiments avant elle. Elle avait beau jurer avoir perdu sa naïveté vis-à-vis des hommes, elle se laissait aller trop facilement aux confidences lorsqu'elle se sentait en confiance. Comme aujourd'hui. Oui, mais aussi comme avant-hier, avec Pascal.

— Qu'est-ce que j'ai ?... Ne me cachez rien, s'il vous plaît.

Il leva la main avec lenteur. Un bandage lui ceignait la tête. Un regard bouleversant la suppliait de lui dire la vérité. Dieu merci, elle n'avait rien de dramatique à lui annoncer :

— Des côtes fêlées. Des contusions un peu partout. Un traumatisme crânien, mais sans lésion visible à la radio. Vous êtes resté inconscient pendant huit jours. Une plaie au front, qui vous a fait perdre pas mal de sang, mais tout est rentré dans l'ordre, à présent. Un tibia fracturé, qui commence déjà à se ressouder.

D'ici une quinzaine, vous pourrez marcher avec une canne… Ah, voici le docteur Duclair !

Après avoir posé quelques questions au patient, le neurologue lui expliqua que le traumatisme crânien avait entraîné une perte de connaissance quasi immédiate. Dans son cas, vu l'ampleur du choc, le réveil n'était survenu qu'au bout de huit jours. A priori, il semblait bien se porter, mais on ne pouvait rester sur des suppositions. Une surveillance neurochirurgicale s'imposait. Il lui ferait faire des tests tous les jours, afin de dépister des symptômes éventuels post-commotionnels. Cela ne devait pas l'inquiéter, c'était fréquent. Ces petits désagréments physiques ou émotionnels disparaissaient généralement dans les jours, semaines ou mois qui suivaient un traumatisme.

— Vous avez reçu un sacré choc, reposez-vous, à présent. Je reviens tantôt.

Il sortit. Pauline resta seule avec Romain.

— On va venir s'occuper de vos bandages, et vous faire une piqûre.

— C'est nécessaire ? demanda-t-il avec une grimace.

— On est douillet ? se moqua-t-elle gentiment.

— Vous ne restez pas ?

Le lieutenant Martial accourut dans l'après-midi, heureux de connaître l'identité de la victime et de revoir la jolie toubib. Avant de s'enquérir de son identité, il interrogea Romain sur ses souvenirs concernant l'agression. Malheureusement, il ne se rappelait aucun visage, il faisait nuit et les lumières l'aveuglaient. A son timbre de voix, Martial comprit aussitôt qu'il n'était pas l'homme à la carte de visite. La voix sur le répondeur était posée, mais plus aiguë et moins chaude que la sienne. Au commissariat, il s'était heurté à la moquerie de ses collègues, lui assurant qu'on ne gardait pas sa propre carte sur soi. On se connaissait, non ? Ce à quoi le lieutenant avait répliqué, consterné :

« Vous ne vous êtes jamais fait faire de cartes de visite, bande de nuls ? Pour les donner à autrui, il faut bien les avoir sur soi, non ? »

Il sortit un calepin, se fit confirmer l'identité de Romain, et lui demanda s'il connaissait un certain François Vallon, dont on avait récupéré la carte de visite sur le lieu de l'agression.

— C'est un ami.

— Ah, très bien, monsieur Meusla. Et son adresse ?

— Place du Marché-Sainte-Catherine, dans le Marais. Je loge chez lui.

— Est-il absent, ces jours-ci ?

— Non, je ne crois pas…

— Que fait-il dans la vie ? Savez-vous où on peut le trouver ?

— Il est comédien.

L'officier de police hocha la tête et ne put retenir un léger sourire ironique. Ces amuseurs, tous les mêmes, songea-t-il. Cela correspondait bien au masque imprimé sur la carte de visite, et au ton badin du répondeur. Il faudrait donc attendre que cette personne se manifeste, et corrobore les dires de la victime. Mais que faisait cette dernière au Père-Lachaise ?

— Des photos pour un album.

— Bien, bien…

Il réfléchissait, tout en notant scrupuleusement les réponses de Romain sur son calepin.

— Quel genre d'album ?

Romain baissa les paupières. Ses souvenirs semblaient encore confus. Le lieutenant laissa tomber sa question.

— Où habitez-vous, monsieur Meusla ?

Il rouvrit les yeux. Ils sont vraiment très beaux, se dit Pauline. D'abord désorienté, il prononça d'une voix faible :

— Chez François Vallon, je vous l'ai dit.

— Oui, monsieur, mais n'êtes-vous pas lillois, d'après ce que m'a dit le docteur Gauthier ?

— Le docteur Gauthier ?

Pauline lui sourit.

— C'est moi.

— Vous habitez Lille ou Paris, monsieur Meusla ?

— Lille, répondit-il, épuisé.

— Alors dans ce cas... Pouvez-vous me donner votre adresse à Lille ?

— Je... je ne me souviens pas... Je...

Il s'agita. Son rythme cardiaque s'accéléra.

Pauline exigea le calme et demanda au lieutenant de suspendre son interrogatoire. Le patient devait se reposer. Le policier n'insista pas, mais songea qu'il s'était déjà bien reposé, durant huit jours. Pauline perçut-elle son haussement de sourcils ? Elle précisa avec autorité :

— Il sort du coma, lieutenant.

Il en savait assez pour le moment, il allait déjà vérifier son identité, retrouverait son adresse à Lille et contacterait des parents. Il allait revenir.

— A très bientôt, docteur Gauthier, dit-il avec une légère insistance.

A son départ, Pauline soupira d'aise. Elle n'avait pas envie qu'il l'abîme, « son » malade.

Il était agréable d'être courtisée. Si elle se sentait parfois candide pour son âge, elle n'était pas dupe du désir dont elle était l'objet et, tout discret fût-il, il l'embarrassait. Le lieutenant était bel homme, mais elle se sentait paniquée à l'idée qu'il ait pu imaginer des avances de sa part au commissariat. Il avait une alliance, première chose qu'une célibataire de plus de trente ans remarque immédiatement. De plus, elle n'était pas prête. Elle entendit la petite voix futée de sa fille : « Après quinze ans d'abstinence, réplique idiote, chère maman... »

Elle avait bien connu quelques aventures sans lendemain. Des histoires sans avenir, tout juste bonnes à lui redonner un peu de confiance l'espace d'une soirée. Pascal l'avait marquée au fer rouge. Elle avait peur d'elle-même. Sa fille l'ignorait. Pourtant, quelque chose s'insinuait en elle, quelque chose dont elle ne voulait encore admettre la réalité.

Au moment de le quitter, elle vit Romain lever les yeux vers elle.

— Comment vous appelez-vous ?

— Vous avez entendu le lieutenant de police : docteur Gauthier.

— Non, votre prénom.

Il lui aurait dit : « Vous avez gagné au loto », ou « Vous êtes la plus belle femme du monde », ou « Je vous aime », cela ne l'eût pas grisée davantage.

— Pauline, répondit-elle, le rose aux joues.

— C'est joli, Pauline.

Il lui sourit.

Elle attendit qu'il ferme les yeux et, accablée à la perspective d'un long week-end sans croiser son regard, elle quitta son chevet.

Le même soir, Lilou se montra avide d'informations. Pauline le décrivit, et Lilou songea au très bel homme croisé au Père-Lachaise, avec Ficelle.

Il faudra que j'aille vérifier à l'hôpital...

— Sais-tu, ma chère maman, que tu prends un air de conspiratrice quand tu en parles ?

Pauline coupa court, sans doute un peu brusquement, car sa fille s'écria :

— Mais tu es amoureuse, ma parole !

— Arrête !

— Tu es sous le charme, maman.

— C'est un patient, et qui plus est, immobilisé dans un lit.

— Je ne vois pas le rapport. Bref, comment s'appelle-t-il, *ton* inconnu ?

— Romain, il est photographe. Et surtout...

Pauline se tut, avec un air volontairement mystérieux.

— Et surtout ? Allez, maman, ne me fais pas languir, dis-moi !

— Il est lillois.

— Tu l'as fait exprès !

Le samedi, elles firent des achats de filles, toutes les deux. Dans l'après-midi, elles filèrent au cinéma. Pauline était distraite. Elle ne tenait pas en place. Lilou s'en aperçut. D'abord agacée par le manque de concentration de sa mère vis-à-vis d'un film qu'elle avait choisi, elle l'observa du coin de l'œil. Elle semblait totalement remuée.

— Prends une garde, maman.

20

A l'hôpital, l'équipe des soignantes plaisantait Pauline à propos de son inconnu qui n'en était plus un. Elles avaient remarqué son manège, et sa présence quasi constante à ses côtés. Peu importait à la jeune femme. Elle prenait ce risque.

Etait-ce l'aura sibylline se dégageant de cet homme qui l'attirait ? Elle avait beau se convaincre que son profil singulier était le fruit du traumatisme, elle demeurait intriguée. Elle se laissait griser par le bien-être qui rayonnait en elle, éclaircissait son visage et la rendait plus séduisante que jamais, tout en repoussant la question essentielle : Suis-je amoureuse ?

Apparemment surpris de la rencontrer à nouveau au chevet du malade, le lieutenant Martial lui demanda :

— Vous ne vous reposez donc jamais ?

— Comme vous, répondit-elle, avec un sourire complice. Pas de dimanche dans la police ?

Tous les deux songèrent peut-être à la même chose : ils en faisaient un peu trop pour ce patient.

L'officier de police ne restait pas inactif. Il poursuivait son enquête dans le milieu des jeunes délinquants.

En vain. Sans plainte, sans meurtre, il avançait avec prudence. Une affaire somme toute ordinaire si la scène de l'agression n'eût été située au Père-Lachaise. Nouvellement promu, fier d'être lieutenant, il ambitionnait le grade de capitaine. En attendant, il aspirait à sécuriser son quartier. Quant à visiter l'appartement de ce François Vallon, il n'y pensait pas. Aucune raison valable. Eric Martial était conscient qu'en s'acharnant sur cette enquête, au détriment d'autres, il risquait d'outrepasser ses fonctions. Mais avant de lâcher cette affaire tristement banale, il devait faire son devoir. Point. Et la question que ce bel homme, marié et fidèle, repoussait, était : Suis-je en train de tomber amoureux de la jolie toubib ?

Le patient semblait endormi.

— Son ami, ce François Vallon, ne répond pas au téléphone, répondit-il à Pauline pour camoufler son trouble. J'ai laissé plusieurs messages sur son répondeur.

Romain ouvrit les yeux, sortit de sa léthargie, d'une façon abrupte qui les fit tressaillir.

— Pourquoi ? Vous doutez de mes paroles ? C'est moi la victime, non ?

Son débit était précipité.

— Je m'appelle Romain Meusla, je suis lillois, sportif, je...

Sa voix trébuchait entre les mots.

— ... je suis photographe free-lance... je...

— Calmez-vous ! Tout va bien, on ne vous veut aucun mal...

Le lieutenant Martial sortit de sa poche son calepin et son stylo, ajouta :

— Monsieur Meusla, pourriez-vous me donner les noms de vos employeurs ?

Romain s'agita, son rythme cardiaque s'accéléra, et pour toute réponse il lança un regard désespéré vers

Pauline, qui l'apaisa par des paroles murmurées et douces comme on en adresse à un enfant.

Elle se tourna vers le policier. D'un ton autoritaire, elle lui rappela le traumatisme subi par le patient. Vexé, vaguement mal à l'aise face à la prévenance de Pauline envers la victime, il passa outre :

— Je n'ai pas trouvé votre nom et votre adresse, à Lille. Je me dois de vérifier votre identité.

— Et l'identité de mes agresseurs, vous la vérifiez ?

L'officier s'appuya contre le mur, le calepin à la main.

— Monsieur Meusla, avez-vous des ennemis ?

Romain laissa retomber sa tête sur l'oreiller, comme épuisé.

— Non, il n'a pas d'ennemis. C'est un être clair, un peu volage, oui, mais...

Il s'arrêta, décontenancé par le cri de surprise s'échappant des lèvres de Pauline et l'expression ébahie du lieutenant. Ce dernier prit Pauline par le bras et l'entraîna hors de la chambre.

— Voilà qu'il s'exprime à la troisième personne... il n'est pas un peu dingue, votre patient ?

— Il est encore sonné, mais ce n'est guère étonnant, avec le traumatisme qu'il a subi. Il faut lui laisser le temps de récupérer, lieutenant. On lui a administré des doses massives d'antibiotiques et d'antalgiques depuis dix jours. Son coma lui a permis d'échapper aux souffrances les plus aiguës. Et à nous de réparer une partie de ses fractures.

— Vous allez arrêter de le défendre, oui ? Vous n'avez que ce mot à la bouche : traumatisme, traumatisme...

Devant l'air consterné de Pauline, il balbutia, confus :

— Excusez-moi, Pauline...

Il se reprit :

— On dirait qu'il répète une leçon apprise par cœur...

— Vous croyez qu'il... affabule ?

— Il ment, il délire, ou il a toujours été fou.

Agacée par cette défiance, elle emmena le lieutenant voir le neurologue qui s'occupait de Romain. Le matin même, le docteur Duclair avait effectué de nouveaux tests, et des radios. Rien n'apparaissait au scanner. Les symptômes physiques, céphalées et nausées, s'amenuisaient. Restaient la fatigue, la sensibilité au bruit et à la lumière, mais, comme il l'avait déjà signalé, ces symptômes disparaîtraient dans les jours à venir. Dans de rares cas, ils pouvaient persister plus longtemps, de l'ordre de dix-huit mois à deux ans.

— Vous avez pu vous apercevoir, poursuivit le docteur Duclair, qu'il souffre parfois d'irritabilité, d'instabilité émotionnelle...

On le serait à moins, après ce qu'il vient de subir, songea Pauline.

Ces symptômes émotionnels, eux, s'obstinaient. Des facteurs tant physiologiques que psychologiques de sa vie, qu'ils ignoraient, pouvaient intervenir. Il lui fallait beaucoup de calme, aucun motif d'affolement. Il était suffisamment ébranlé.

Pauline jeta un regard entendu au lieutenant.

En revanche, le neurologue semblait inquiet, concernant la persistance d'autres symptômes.

— Symptômes cognitifs. Mentaux, précisa-t-il, en remarquant les sourcils froncés du policier.

Le patient souffrait de confusion mentale. Il se reconnaissait dans une glace. Mais aux tests il éprouvait des problèmes de concentration, une difficulté à effectuer des tâches mentales. Dans ce cas précis, il s'agissait essentiellement de troubles de la mémoire. Sa mémoire sémantique semblait intacte. Duclair donna des exemples :

— Il peut citer les hommes politiques, des faits historiques. Sa mémoire autobiographique, elle, reste succincte. Il sait qu'il est célibataire, qu'il ne fume pas, qu'il aime les enfants, mais il ne retrouve plus son adresse à Lille, il sait que sa mère est morte, mais semble tout ignorer de son père…

— Pas besoin d'être amnésique…

— Certes, docteur Gauthier… Il ne souffre pas d'amnésie globale, mais partielle. Et il n'y a pas de lésion visible sur le scan, c'est du domaine de la psychiatrie. Nous allons le transférer dans leur service…

— Il a encore besoin de soins post-trauma… Laissons-lui quelques jours, le temps que la partie osseuse se remette totalement…

— Une chose à la fois, vous avez raison, mais il est obsessionnel et très émotif. Inutile de s'alarmer pour l'instant. Tout devrait rentrer dans l'ordre, mais quand… Ça je l'ignore !

Quelque chose comme le vague sentiment d'une incohérence troublait Pauline.

Mais quoi ?

Etait-ce dans les propos du lieutenant, du neurologue, ou de Romain ? Elle rechercha vainement dans son esprit. Impossible de capter ce souvenir.

Pas besoin d'avoir plongé dans le coma pour souffrir d'absences, songea-t-elle, agacée contre elle-même.

Accaparée par son travail, elle oublia qu'elle avait oublié quelque chose…

Plus tard, Pauline appela sa fille. Elle désirait faire une garde de nuit.

— Une seule, promit-elle.

Lilou la rassura. Elle lui demanda juste de l'appeler sur son portable une demi-heure avant son départ pour le lycée.

— Je serai prête, c'est juste au cas où…

Pauline n'était pas dupe. Lilou aimait pouvoir compter sur sa mère comme réveille-matin.

Le soir, Romain s'endormit rapidement. Elle passa dans sa chambre à intervalles réguliers. Vers minuit, il s'agita, bredouilla des paroles plus ou moins compréhensibles et se réveilla, en nage.

— Pauline ?

— Je suis là.

— J'ai fait un cauchemar, je crois…

— Mais tout va bien, maintenant. Je peux vous poser une question sur ce rêve ?

— Bien sûr, Pauline.

— J'ai cru comprendre que vous parliez d'un enfant au cerf-volant en forme de berguenard… C'est ça ?

— Oui.

— Le berguenard, c'est bien le parapluie du carnaval de Dunkerque ?

— Oui.

— Est-ce le petit Sam ?

— Vous connaissez Sam ? demanda-t-il d'une voix plus forte, le regard empli d'espoir.

— Vous l'avez mentionné, lorsque vous êtes sorti du coma.

Il se confia.

Une histoire qui la bouleversa. Il n'en avait rien dit, ni au lieutenant, ni au neurologue, n'ayant confiance qu'en Pauline. Il menait une enquête, lui aussi, lorsqu'il avait été agressé. Il avait mis le doigt sur une affaire troublante.

Tout avait commencé lors de la fête des cerfs-volants...

A l'évocation de Berck, elle frissonna. Il s'en aperçut, lui offrit sa main, qu'elle garda dans la sienne. Son visage était empreint d'une légère rougeur, ses yeux brillaient.

Il lui conta l'incident. Le drame aperçu au travers de son objectif. Le petit garçon qui se débattait dans l'eau. Il s'était précipité, avait couru, l'avait sauvé de la noyade. Il avait peu de mérite, il avait beaucoup pratiqué l'athlétisme au lycée, mais, loin de le remercier, le père s'était éloigné vivement avec l'enfant.

— Je ne m'attendais certes pas à recevoir une quelconque décoration, mais un merci n'a jamais écorché la bouche de personne...

Pauline était suspendue au récit de Romain. Il poursuivit, cherchant parfois ses mots, mais désireux de ne rien lui cacher. Il évoqua la tache de vin que l'enfant portait sur la poitrine.

— Cette malformation vasculaire de naissance est plus rare sur la poitrine qu'au visage...

— Rare, vous l'avez dit, Pauline, justement...

Elle adorait lorsqu'il utilisait son prénom.

— ... cet enfant m'en a rappelé un autre...

Ils furent interrompus par l'infirmière entrant pour la piqûre. Comme prise en flagrant délit, Pauline retira promptement sa main de celle de Romain.

— Je reviens cette nuit pour vos antalgiques, déclara l'infirmière.

— C'est inutile. Laissez-les sur la table, je m'en occuperai, dit Pauline d'un air détaché.

— Très bien... Bonne nuit, monsieur. Bonsoir, docteur.

Pauline occulta la nuance d'ironie du ton employé par l'infirmière.

— Poursuivez...

Il conta tout. La tache de vin sur la table, ses recherches et les articles de presse. Un kidnapping selon le père, une noyade d'après les conclusions de la police. Ce que le gamin avait dit à la gardienne, les arbres, le cimetière, et son agression.

— C'est trop grave, vous devez en parler au lieutenant, monsieur...

— Romain.

— Romain, rapportez-lui tout ce que vous venez de me raconter !

— Une tache de naissance, c'est un peu faible comme indice, non ? Et puis la police va se hâter de contacter le père. Je ne veux pas lui donner de faux espoirs. Il a assez souffert. C'est curieux, il me semble qu'avant l'agression j'avais établi un plan, un scénario... Tout était clair dans ma tête, sur ce que j'allais faire, et dire... A présent, tout est confus.

— C'est le choc. Cela va revenir... Romain.

Pauline était soulagée, et fébrile. Il avait bien tous ses esprits. Il n'était pas fou, comme le pensait l'officier de police. C'était un homme merveilleux, qui ne cherchait qu'une chose : sauver un enfant.

21

François Vallon venait d'effectuer une tournée en France. Pas pour un rôle, c'eût été trop beau, mais pour promouvoir une marque de lessive dans des supermarchés à travers la France. Ni motivant, ni très glorieux, mais cela payait honnêtement, et en attendant que Spielberg vous appelle…

En rentrant chez lui, il avait couru directement à un casting, rempli d'espoir et de doute, de candeur et de détresse. Un nouvel échec. Son orgueil une nouvelle fois blessé. Désabusé, il s'était précipité sur un verre de whisky. Soulager l'angoisse. Combler le vide de son existence. Effacer coûte que coûte cette horrible impression qui lui collait à la peau à chaque essai et qui se ressentait à dix lieues à la ronde, celle d'être un raté.

A chaque rencontre, le manque de prévenance pointait un peu plus cette tare. Pourtant, il n'était pas plus mauvais qu'un autre. Il était arrivé à Paris de sa province pour conquérir la capitale. En s'imaginant avec naïveté qu'on l'attendait. Passé les premiers mois d'excitation, à découvrir le monde du théâtre et de la culture, à courir les castings et à se chercher un agent, à assister avec des « camarades comédiens » à toutes les pièces du Théâtre-Français depuis son poulailler, à se complaire à l'idée d'être désormais un enfant du « paradis » et un héritier de Molière, il était tombé de haut. Il adorait le métier, il était prêt à tout accepter. Et il avait compris, un peu tard, que c'était la plus mauvaise chose à faire. Aujourd'hui, il avait accepté tant de petits rôles, parfois une ligne de texte, qu'on ne le prenait plus que pour des broutilles. Pas de figurations, ça non ! Il était comédien, tout de même, et il préférait faire n'importe quoi plutôt que de tomber dans l'anonymat des figurants. Mais il était ignoré du grand public, son public, et voir son nom en haut d'une affiche demeurait un rêve. Il se consolait en se disant que de nombreux comédiens, acteurs de seconds rôles, étaient sortis de l'ombre à la quarantaine. Rien n'était perdu, il attendait encore.

Il était resté perplexe en écoutant le message du lieutenant Martial. Il devait le joindre de toute urgence. L'appel datait de quelques jours. Ce n'était pas le commissariat de son quartier. Que lui voulait-on ? Sans voiture ce ne pouvait être une infraction de la route, aucun papier égaré, pas un seul problème de voisinage, il n'enfreignait pas la loi, n'usait d'aucune drogue illicite, n'avait tué personne, commis aucun forfait. Une vie sans histoires. Un homme fort ordinaire, tout compte fait. Trop, sans doute, pour se retrouver sous les projecteurs.

Mais... on recherchait François Vallon, le comédien, non François Uytendaele, son véritable patronyme. Inquiet, il composa le numéro. La réceptionniste le renvoya sur un autre poste. Après une attente angoissante, une voix de femme lui donna le numéro de portable du lieutenant en question. Il réussit à amadouer sa correspondante – il était comédien, n'est-ce pas ? – et à lui soutirer toute l'histoire : un homme agressé au Père-Lachaise. Il était concerné car on avait trouvé sa carte de visite près de lui. La victime était sortie du coma au bout de huit jours, mais se trouvait en soins intensifs. La femme au bout du fil ajouta :

— Un certain Romain Meusla.

François resta silencieux un instant au bout du fil. Consterné.

— Romain… Meusla, vous êtes sûre ?

— C'est ce nom qui figure sur le rapport du lieutenant Martial.

— Ah… Mais… Il va bien ?

— Je n'en sais rien, monsieur.

Elle raccrocha. Elle était trop bavarde. Elle s'était fait avoir par le côté sympathique de cet homme, posséder comme un bleu. Ce qu'elle était.

Le lieutenant fut moins prolixe et requit sa présence à Saint-Antoine.

François avait horreur des hôpitaux. Ces odeurs de médicaments, toutes ces blouses blanches, toutes ces souffrances accumulées. Ceci dit, si on lui proposait de jouer dans une série médicale, il n'hésiterait pas une seconde. Il se voyait bien revêtir le costume de médecin-chef.

Au comptoir d'accueil, il donna le numéro de la chambre, indiqué par l'inspecteur. Visiblement, il était attendu, la réceptionniste avait reçu des consignes.

Il se sentait de plus en plus mal à l'aise.

A la porte, François hésita. Des voix masculines lui parvenaient de l'intérieur. Il écouta quelques instants. Il gardait un œil sur le couloir, pour s'assurer que personne ne remarque son manège. Il perçut les paroles sonores d'un inconnu qui ne pouvait être que l'officier de police. L'autre voix était familière. C'était bien lui.

— Monsieur Meusla, que vous a-t-on volé exactement ?

— Je vous ai déjà dit, mon appareil photo, je suis photographe.

— Rien d'autre ?

— Oui… Je me souviens maintenant : mon téléphone, mon ordinateur portable…

— Un ordinateur pour un photographe ?

— Les photographes utilisent le numérique pour les couleurs, et il reportent tout sur leur portable… Vous doutez toujours de ma sincérité. Je suis coupable de quoi ?

François rajusta sa tenue – lorsqu'on est comédien, paraître au mieux devient une seconde nature –, prit une large inspiration, frappa, entra.

Romain se tourna vers lui. Son visage s'illumina. Ils n'eurent pas le temps d'échanger la moindre parole. Le policier, debout à côté d'une femme, un docteur apparemment, se présenta aussitôt et lui demanda :

— Monsieur Vallon, reconnaissez-vous cet homme ?

— Oui… Bien entendu… C'est un ami.

François contemplait Romain, l'air sidéré.

— Monsieur Vallon ?

— Oui… Pardon, je suis tellement stupéfait de ce qui lui est arrivé…

— Pouvez-vous me confirmer son identité ?

— Pourquoi, inspecteur, vous ne le croyez pas ?

— Lieutenant, s'il vous plaît. Ce monsieur n'avait aucun papier sur lui. J'ai besoin de votre témoignage.

— Tu vois, il ne me croit pas ! s'énerva Romain. Dis-lui que je suis Romain Meusla, dis-lui…

Pauline intervint :

— Chut, tranquillisez-vous, tout va bien.

François confirma l'identité de son ami.

— C'est bien que tu sois venu, dit Romain à François, tu vas pouvoir rechercher l'enfant pour moi !

— Rechercher l'enfant ? répéta le lieutenant, décontenancé. Quel enfant ?

Romain tourna le visage vers Pauline, qui l'encouragea du regard. Il révéla ce qu'il lui avait confié. Puis il s'enlisa dans ses explications. De quoi provoquer un rien d'agacement chez l'inspecteur, soucieux de comprendre une histoire dont, de toute évidence, une partie restait encore prisonnière dans les recoins de la mémoire du patient.

Pourtant, Romain faisait de grands efforts pour ne rien omettre, ni de ce qu'il avait surpris, ni de ses suppositions. Lorsqu'il acheva son récit, il pria le lieutenant de ne pas avertir les parents pour l'instant. Leur donner de faux espoirs serait la pire des choses. Comme une seconde mort. Martial acquiesça, le rassura. Pour la sécurité de l'enfant, il n'ébruiterait pas cette affaire.

Romain le pressa de retrouver les ravisseurs et l'enfant :

— Faites toutes les écoles des environs !

— Vous allez mieux, vous !

Dans la civilité bienveillante d'Eric Martial, Pauline détecta de la suspicion. Incrédule, il jugeait l'histoire rocambolesque. Le regard de François Vallon allait de l'un à l'autre. Depuis son arrivée, les sourires affables de cet homme à son égard déplaisaient à Pauline. Elle les trouvait non dépourvus d'ostentation. Elle connaissait cet air. Le rictus frimeur au bord des lèvres. L'image de Pascal s'imposa à son esprit, suivie d'une contraction nauséeuse. Elle l'évacua par une profonde inspiration et se concentra sur les réactions de chacun aux révélations de Romain.

François Vallon confirma ses dires. Un bon point. Pauline l'en remercia en silence. On juge trop vite les gens, songea-t-elle, rassurée.

Avec ses yeux d'expert, elle remarqua toutefois les mains moites de François, qu'il essuyait sans arrêt dans son mouchoir, son front qui transpirait. Mais il fait toujours chaud dans une chambre d'hôpital.

— Tout va bien, monsieur Vallon ? s'enquit-elle. Prenez un siège...

— Ce n'est rien. Je n'aime pas trop les hôpitaux, admit-il avec ce sourire agaçant.

Il n'avait qu'une hâte, se sauver.

— Je reviens vite, lança-t-il à Romain.

Il sortit. Martial le suivit. Dans le couloir, François s'épongeait le visage.

— Ça va mieux ?

— Merci... Oui... chaleur et hypoglycémie... tout va bien.

Le lieutenant lui demanda de passer au plus vite au commissariat pour signer une déclaration. Sur le registre de main courante où étaient consignées les plaintes.

Puis il le laissa partir.

— Oh, monsieur Vallon, attendez !

L'autre s'arrêta, se retourna avec appréhension.

— Oui ?

— Où habite-t-il ? A Lille ou à Paris ?

— Lille, Paris, ça dépend...

Il se reprit et avec un air modeste déclara :

— En ce moment, chez moi. Romain a quelques soucis avec son banquier. Je lui rends ce petit service... charitable...

Il s'éloigna vivement, conscient d'en avoir rajouté dans le mensonge.

« Charitable »... N'en avait-il pas trop fait ?

Pauline retrouva le lieutenant, qui marchait de long en large dans le couloir. Il paraissait fébrile.

« Faites les écoles ! » Romain l'exaspérait, à lui donner des ordres.

Il n'allait tout de même pas gober cette histoire à dormir debout. Cet homme avait lu trop de romans policiers. Lui n'était pas un demeuré, et ne tenait pas à être la risée du commissariat. Une secte ! Il n'y avait pas eu de demande de rançon. Bref, rien de concret concernant la thèse d'un rapt d'enfant.

— Ah, Pauline ! Votre patient m'a tout l'air d'être un doux délirant.

— Mais on n'a pas retrouvé le corps de l'enfant ! La thèse du kidnapping est donc tout à fait plausible. Romain ne ment pas, j'en ai la conviction ! s'exclama-t-elle.

— « Romain » ? Vous êtes bien intimes, ironisa-t-il.

Sa réflexion brûla les pommettes de la jeune femme. Elle soupçonnait le lieutenant d'être attiré par elle. Son propre désir de lui plaire s'était envolé.

— Votre Romain devrait déjà être heureux du temps que je lui consacre !

— La demande de rançon n'est pas systématique, répliqua-t-elle vexée par ce « votre Romain ». Il peut s'agir, comme il nous l'a dit, de gens en mal d'enfants. Quant aux sectes, dit-elle en songeant aux histoires racontées par sa fille, au Père-Lachaise, ce ne serait pas surprenant !

— Si vous vous y mettez aussi… soupira-t-il.

— Je vous en prie, inspecteur, vérifiez son histoire, je vous en prie…

— D'accord…

« Pour vous », faillit-il ajouter.

Pauline fut soulagée. Pourtant au fond d'elle revenait ce sentiment étrange, qui l'avait effleurée à plusieurs reprises, d'une incohérence… Mais laquelle ?

En sortant, François huma l'air frais du jardin intérieur de l'hôpital. Il s'assit quelques instants sur le banc. Se sentit mieux. En un instant, il avait changé. Une heure avant, il était un homme sans histoires, et dans ses veines coulait désormais le sang d'un autre homme. Un homme capable de tout, qui lui semblait presque dangereux mais le fascinait. Il avait failli tomber dans les pommes. Mais il s'était bien repris. Il était plutôt fier de ses dernières paroles. Une petite revanche sur la vie.

Pourquoi n'avait-il rien dit ? Pourquoi avait-il acquiescé aux dires du blessé ?

Il y a des choses, des gestes que l'on fait parfois sans savoir pourquoi. Il eût été incapable de l'expliquer. Le désir de se rendre utile ? C'était plus que ça. Cette envie maligne s'était emparée de lui, il ne se comprenait pas lui-même. A présent, c'était fait. Il importait juste de ne pas se contredire. Rester crédible. Pas de parjure. Allons bon, il dramatisait. Il n'était pas au tribunal.

Le sortir de là… s'occuper des papiers et le sortir de là, dès que possible. Il ignorait pourquoi…

Que faire ?

Il quitta les lieux. Il ne tenait pas à revoir cet inspecteur. Dans le métro, une étrange excitation s'empara de lui. Il se sentait comme régénéré, empli d'une suave effusion mentale…

Mais oui, c'était ça, la solution ! Il s'aperçut que son voisin dans la rame l'observait, l'œil narquois. Il avait dû laisser paraître son emballement. Peut-être avait-il parlé tout haut. Tant pis, il avait enfin un rôle à jouer, un sacré rôle. Il ne tenait pas encore son plan, mais avait tout le temps d'y penser. Mieux qu'au cinéma. Tellement théâtral. Mieux que Pirandello. C'était une pièce fabuleuse. Peut-être pourrait-il en tirer un scénario dans lequel il serait le héros...

Il ne savait pas encore comment, ni où, mais le plus important était qu'il avait enfin la suprématie tant attendue. Il n'était plus ce laissé-pour-compte, cet homme à qui l'on faisait l'aumône, cet assisté... Il devenait le chef d'orchestre de cette incroyable symphonie. Il détenait le pouvoir !

Cette fois, chez lui, il ouvrit une bouteille de vodka afin de fêter sa toute nouvelle puissance.

22

Pauline savait que le temps était compté. On avait changé son malade de chambre. Bientôt il quitterait le service, l'hôpital, et sans doute Paris. Le reverrait-elle ?

Physiquement, Romain récupérait très bien. Un long suivi avec un kinésithérapeute se révélait nécessaire, mais sa condition physique actuelle était sinon miraculeuse, du moins excellente. Il était bien un sportif. Et très motivé pour retrouver l'enfant disparu.

Sans admettre la vérité sur ses sentiments, Pauline se confiait à sa fille, qui suivait les nouvelles comme un feuilleton. Elle n'avait pas tiré un trait sur sa vie sentimentale, lui disait-elle, mais n'avait pas le temps d'y penser. Sa fille l'avait traitée de menteuse. Elle avait raison, comme toujours, et ça, elle ne le lui avouerait pas. Ce n'était pas un service à lui rendre.

Pauline était sortie brisée de son histoire avec Pascal. Sans vouloir ouvrir les yeux sur les trahisons de ce premier amour, elle s'était leurrée à écouter les paroles rassurantes d'un cyclothymique qui se complaisait dans le mensonge et l'inconstance. Il était le « géniteur », malgré tout, de Marie-Lilas, et elle ne l'avait jamais déconsidéré aux yeux de sa fille. Cette dernière savait qu'il existait, et qu'il ne s'était pas senti prêt à être père. Lilou n'en parlait pas, ne semblait pas éprouver le besoin de le retrouver. Depuis plus de seize ans, Pauline limitait ses aventures au plan sexuel, s'interdisant de s'attacher. Elle gardait au cœur la peur d'espérer ; peur d'elle-même et de sa candeur, peur de se donner et d'être à nouveau déçue. Aujourd'hui, elle était lucide sur ses faiblesses. « C'est comme en psy, lui avait dit son amie Mathilde, on éclaire des coins d'ombre de sa personnalité. Cette compréhension est un outil pour se transformer, mais ce n'est pas pour ça que l'on est guéri. Les problèmes ne s'envolent pas du jour au lendemain. »

— Ce patient me touche, c'est tout, ma Lilou. J'ai besoin de percer le secret de cet homme, est-ce un mal ? Il reste mystérieux et cela m'intrigue.

— Ses pertes de mémoire sans doute, maman. Au fait, qu'est-ce que c'est, un berguenard ? Lorsqu'il s'est confié à toi, il a parlé de l'enfant au cerf-volant, en forme de berguenard...

— C'est le parapluie haut, déployé par les carnavaleux.

— Alors il mélange Berck et le carnaval de Dunkerque, c'est bien un Ch'ti en tout cas.

A l'hôpital, Pauline croisa plusieurs fois François. Il ne s'attardait jamais en sa présence.

Elle effectua plusieurs gardes de nuit. Les médecins étaient moins bousculés que dans la journée. Il n'était pas question pour elle de délaisser ses autres patients, mais elle passait ses temps de repos au chevet de Romain. Une intimité s'était créée entre eux. Elle attendait ces moments avec une impatience fébrile. Elle espérait l'aider à recouvrer toute sa mémoire, disait-elle pour justifier sa fréquentation de la chambre de Romain. Le neuropsychiatre chargé du dossier lui en avait fait la réflexion :

« Ce n'est pas votre travail.

— C'est mon patient en trauma osseuse.

— Pas en psychiatrie, docteur Gauthier.

— Il me fait confiance... Je n'empiéterai pas sur votre domaine, docteur, s'il se produit quoi que ce soit qui puisse vous intéresser, je vous préviens. »

Elle savait qu'elle ne le ferait pas.

Lui la sentait arriver, avant même qu'elle entre. C'était alors comme une brise marine pénétrant son être. Il ouvrait les yeux dans la semi-obscurité, reconnaissait sa silhouette gracieuse, son léger parfum. Son obscure anxiété s'estompait à son approche, et dans cette pénombre son ciel devenait lumineux. Elle atténuait ses blessures passées. Mais quelles blessures ? Qu'avait-il occulté ? Il n'était peut-être pas si heureux, léger, volage et bien dans sa peau qu'il le prétendait.

Il se demandait aujourd'hui si ce n'était pas elle, sa présence, qui l'avait sorti du coma. Il la sentait si tendre, sans mensonges, authentique. Sans doute portait-elle aussi des blessures. Qui n'en a pas ? Mais son visage était séraphique. Par ses sourires empreints de tendresse, elle lui apprenait la sérénité, elle l'apaisait, quelque chose en lui s'épanouissait. Et elle était belle. Une clarté irradiait de son être. De cette beauté simple et rare qui rayonne de l'intérieur. Elle ne lui rappelait aucune autre femme. Peut-être n'était-elle pas son genre de femme, peu importait. De toute façon, il ne s'en souvenait pas.

Elle l'interrogeait avec un tact bienveillant et discret, sans jamais le forcer à parler, mais avec le désir de le maintenir dans la réalité. Leur semblant d'amitié, leurs sujets de discussion, légers ou culturels, camouflaient la crainte d'explorer la profondeur de leurs sentiments, d'effleurer l'essentiel et de prononcer des paroles prometteuses. Mais il était important de faire connaissance.

A Lille, il lui présenterait son ami Daniel. Il allait l'emmener à Roubaix, à « la Piscine », son musée préféré, qu'elle n'avait pas encore eu le temps de découvrir, à Londres, qu'il connaissait bien, et un jour, peut-être, dans le Connemara. Il dit tout cela naturellement. Sans lui demander si elle acceptait de le revoir. Il se remémorait des légendes celtiques et flamandes, bercé pendant son enfance par les ballades de Cat Stevens qu'adorait sa mère. Ils parlèrent du Nord, et de la Grande Braderie. Ils auraient pu s'y rencontrer.

Certains mots n'avaient pas besoin d'être proférés. Elle lisait dans ses yeux, lui dans les siens. Elle l'écoutait, rougissait, frémissait, se noyait dans son sourire.

Elle se confia à lui. Elle narra sa vie à Paris, puis à Lille, éprouva la sensation de mieux connaître leur ville que lui. Ce n'était pas si étrange, il voyageait beaucoup. Elle évoqua ses amis et surtout Rémi, son frangin de cœur, son meilleur ami. Elle discourut longuement de son trésor, sa Lilou, qu'elle avait élevée seule.

— Et… son père ? s'enquit-il, avec pudeur.

— Une erreur de jeunesse.

Lorsqu'il saisit sa main, elle l'accepta avec tendresse.

Il prit l'habitude, à son arrivée, de lui tendre la main. Parfois il s'endormait. Elle restait dans la pénombre, à fixer cette main chaude dans la sienne, une main expressive et longue, une main d'artiste. Fiévreuse, les sens troublés, elle contemplait ces traits mélancoliques, ces lèvres aux contours sensuels, ce beau visage qui n'avait pas dévoilé tous ses secrets.

Et au cœur d'une de ces nuits, elle finit par admettre qu'elle était amoureuse.

Elle tenta une dernière fois de se méfier d'elle-même, d'y aller sur la pointe des pieds, mais c'était trop tard. Elle était entière, et son cœur était donné. Elle mourait d'envie de le toucher, de l'embrasser. Toutes les fibres de son corps étaient comme aimantées vers lui, n'attendant qu'un signe pour s'abandonner.

Une autre nuit, enfin, il se confia davantage sur son enfance. Plus précisément sur sa mère. Il avait toujours quémandé son amour, cherché à remplacer la perte de son frère, en vain. Il s'était toujours senti de trop. Elle était décédée, le laissant avec ses frustrations et ses manques. Elle dissimulait bien son affection, si toutefois elle en avait ressenti, et jamais, à l'en croire, il n'avait eu de ces démonstrations de tendresse et de ces petits câlins qui font une enfance heureuse. Au contraire, ce sentiment de l'énerver, de devoir disparaître pour lui plaire. Aujourd'hui, il se trouvait injuste. Peut-être l'aimait-elle ? Il était resté jaloux de ce frère fantôme.

Cette même nuit, il lui dit, d'une voix à peine audible :

— On va m'emmener.

— Mais non, Romain, je suis là.

— Je ne veux pas vous quitter, Pauline.

Il ferma les yeux.

— Je…

Son sentiment s'avoua du bout des lèvres.

Les pommettes rosies par l'émotion, elle murmura :

— Moi aussi, Romain.

— Mais tu ne me connais pas bien encore. Moi-même...

En un souffle, elle répondit :

— Aucune importance.

Il l'attira vers lui. Leurs visages se rapprochèrent. Leurs ombres se mêlèrent sur le mur de la chambre. Leurs lèvres se joignirent. Que faisait-elle ? Elle était folle, c'était un patient.

Pourtant cette nuit-là, sans savoir que c'était peut-être la dernière, elle se blottit contre lui. Il l'attira sur lui avec maintes précautions, pour sa jambe fracturée. Ivre et brûlante, elle se sentait nue malgré ses vêtements. Elle savait déjà que ce moment resterait gravé en elle, qu'elle sentirait à jamais ce corps contre le sien, et qu'elle vivait là une nuit plus érotique que toutes celles vécues avec Pascal et ses autres amants.

Le lendemain matin, le lieutenant revint une dernière fois à l'hôpital, chercha Pauline. Elle s'apprêtait à partir se reposer chez elle.

— Vous avez des nouvelles pour notre patient ? demanda-t-elle, avec espoir.

— Non, c'est vous que je viens voir. On peut faire quelques pas dehors ?

En ce qui concernait l'agression au Père-Lachaise, on restait sur des suppositions. Mais Eric Martial n'avait pas dit son dernier mot. Un jour, on réussirait à les coincer, ces petits salopards.

En ce qui concernait l'enfant disparu, c'était autre chose.

Après les révélations de Romain, il avait vécu une nuit d'insomnie et de cauchemars pleins de la noyade d'un enfant, de ses appels au secours. Au petit matin, abruti et en nage, furieux d'avoir été contaminé par le délire du patient, il chercha d'abord à oublier ces visions inconfortables. Mais des maux d'estomac et une tension liée à un vague sentiment de culpabilité firent naître à nouveau l'image d'un petit garçon blond aux yeux noirs, un petit Sam. Il craignait de passer à côté d'un drame réel. De négliger une piste.

Il n'osa avouer la pensée qui lui avait traversé l'esprit : si elle se révélait sérieuse, elle pouvait le mener plus tôt que prévu au grade de capitaine.

Le lieutenant s'était donc plongé dans l'enquête sur l'enfant à la tache de vin. Comme il s'y attendait, ses collègues se moquèrent de lui, et de son illuminé. Curieusement, leurs plaisanteries le renforcèrent dans le besoin d'éclaircir cette affaire qui prenait, avec les révélations de Romain, si elles étaient avérées, une dimension ténébreuse. Il avait horreur des choses inexpliquées, il refusait les croyances et l'imaginaire créole, et même si ses collègues le traitaient de tête de mule, il désirait amener la vérité au jour. Mais pas d'irrationnel, s'il vous plaît !

Son supérieur mit fin aux sarcasmes et lui donna carte blanche. Il lui demanda de vérifier cette histoire de kidnapping. Eric Martial enquêta dans le quartier, auprès des directeurs d'établissement scolaire. Il interrogea les gardiens et différents ouvriers du Père-Lachaise, se documenta sur les sectes, fit quelques descentes, chercha sur Internet et appela ses collègues du Nord. Il en ressortit bredouille. Enfin presque.

Cette histoire existait bien, mais le gosse s'était noyé. Aucun enlèvement, rien sur la tache de vin. Et aucune trace des Biot sur la Côte d'Opale. Les parents avaient certainement déménagé. Fréquent, après un drame. Quant au récit de Romain Meusla, ses supérieurs conclurent à une espèce de paranoïa due à l'agression. On affecta le lieutenant à des enquêtes pressantes, et surtout plus réalistes. Affaire classée.

Humilié de s'être fait berner, il narra ses recherches et leur conclusion à Pauline.

Puis il la regarda avec un sourire qui en disait long sur ce qu'il aurait aimé. Elle n'en était plus flattée, et s'en était lassée. Il comprit, se raidit, la salua, mais, avant de s'éloigner, lui asséna :

— Votre Romain ment, il a inventé toute cette histoire.

— Pourquoi mentirait-il ? répondit-elle avec agressivité.

— Il croit peut-être à ses histoires. Vous savez, à force… C'est commun, après tout, ce désir d'être un héros. Votre homme n'a sauvé aucun enfant.

Voilà, c'était fini. Il n'irait plus voir la jolie toubib. Il ne serait plus tenté à chaque fois de la séduire. C'était mieux ainsi. Affaire classée, là aussi. Mais il n'était pas très fier de lui. Il la laissait en plein désarroi. Pourquoi tourmenter cette femme qu'il admirait ? Parce qu'il la sentait amoureuse d'un autre. Parce qu'il se sentait affreusement jaloux.

Lilou ne trouvait rien sur Internet qui puisse aider Pauline. Sa mère ne le montrait pas, mais elle était sûrement ébranlée par les propos de l'officier de police. Marie-Lilas se méfiait : « Une chaleureuse amitié s'est tissée entre Rom… entre nous »… Tu parles ! Elle la connaissait bien, sa mère. Elle était retombée amoureuse. Ça, c'était un bon point. Au début. Mais si le lieutenant avait raison, elle s'était encore mise dans une histoire douteuse, et elle, Lilou, l'y avait poussée.

Sa mère était la meilleure mère du monde – oui, beaucoup pensaient ça de leur mère, mais elle, c'était vrai. Elle était pétillante, distinguée, encore jolie pour son âge, songeait-elle. Elle admirait sa vitalité, sa joie de vivre en dépit des difficultés, des responsabilités. Elle la charriait souvent, mais c'était pour son bien. Pour qu'elle ne s'encroûte pas trop vite. Et puis l'avoir pour fille ne devait pas être évident tous les jours.

Pauline n'avait qu'un tort : elle avait le syndrome de la gentillesse. Elle faisait trop confiance. Pas besoin d'être psy comme Mathilde pour deviner que sa mère était atteinte d'un désir fou d'amour susceptible de la faire plonger sans gilet de sauvetage.

Lilou savait bien qu'elle s'était fait avoir avec son géniteur, qu'elle ne pouvait appeler « père ». Dans sa tête ou face à son copain Ficelle – le seul à qui elle se confiait –, elle disait « mon biologique ». Elle sentait alors la colère monter en elle. Il n'était même pas présent à l'accouchement. Son parrain, lui, avait assisté sa mère pour sa naissance. Et elle l'aimait comme un père, celui-là. « L'autre » ne lui avait pas manqué. Subir un mauvais père, comme c'était le cas pour une de ses copines, n'était pas une situation enviable. Jusqu'à présent, elle avait respecté la retenue de Pauline lorsqu'elle l'avait interrogée, et son choix de ne pas le lui faire rencontrer. Mais, trop en osmose avec elle, elle ressentait une blessure secrète et permanente. Ce n'était pas normal de rester envoûtée comme ça, seize ans après. Que lui avait-il fait ?

Aujourd'hui, elle se sentait prête à faire des recherches, autant sur son « biologique » que sur ce Romain. Elle se confia à son ami. Ficelle admirait sa copine combative. Sa pugnacité la rendait parfois un peu pénible, mais il l'adorait. Pragmatique, il lui conseilla de traiter un problème à la fois. Et en premier, le plus urgent : le nouvel amoureux de sa mère. Ils établirent un plan.

Ce vendredi après-midi, sa mère partait chez son coiffeur, une coupe et un balayage, elle en aurait pour trois heures au moins. Lilou avait le temps, elle, de se rendre à l'hôpital en toute tranquillité et de rencontrer ce fameux Romain. Elle devait se faire une opinion. Pendant ce temps, Ficelle l'excuserait en mentant effrontément au CPE – le conseiller principal d'éducation – sur les raisons de son absence.

Elle s'était vite repérée dans le labyrinthe que constituait l'ensemble hospitalier. Elle se dirigea vers les étages. A l'instant même où elle sortait de l'ascenseur, deux hommes s'avançaient dans le couloir à sa rencontre. L'un des deux, des béquilles dans les mains, était installé dans un fauteuil roulant poussé par un ambulancier. Elle le reconnut aussitôt.

Lorsqu'ils se croisèrent, son regard s'éclaira à la vue de la jeune fille. Et c'est lui qui l'interpella :

— Bonjour... Nous nous sommes déjà vus, n'est-ce pas ?

— Vous êtes Romain Meusla ?

— Vous connaissez mon nom ?... répondit-il, visiblement surpris. Vous êtes... Lilou... ?

— Oui, mais nous nous sommes déjà vus, vous avez raison. Nous nous sommes croisés au Père-Lachaise.

— Alors, tu vois, je ne suis pas fou ! s'exclama-t-il, le visage réjoui, en se tournant vers l'autre homme.

— Vous en doutiez ? demanda Lilou, qui n'avait pas sa langue dans la poche.

— Vous avez gardé ma carte de visite ?

— Quelle carte de visite ?

— Romain ! coupa l'homme qui l'accompagnait. On doit partir. Désolé, mademoiselle, il n'y a plus de place dans l'ascenseur, et l'ambulance ne peut attendre !

— Attends ! Lilou, dites à...

La porte se referma devant la jeune fille consternée. « Vous avez gardé ma carte de visite »... Il ne lui avait rien donné, elle s'en souviendrait. Elle n'était pas folle, elle. Mais lui ? Etait-il vraiment bien dans ses baskets ? Et qu'allait-il ajouter ? Elle voulut les rattraper, mais l'ascenseur ne remontait pas. Lorsqu'elle redescendit enfin au rez-de-chaussée, ils avaient disparu. Sa mère ne lui avait pas annoncé le départ de Romain. Etait-elle au courant ?

Elle repartit, perplexe, vers son lycée. Deux heures plus tard, après les cours, elle se décida à affronter les remontrances de sa mère, l'appela sur son portable.

Pauline sortait de chez le coiffeur, fière de sa nouvelle coupe. Elle avait congé jusqu'au lundi. Cette fois, elle prenait le week-end pour rester avec sa fille, mais, sûre d'elle et de sa séduction, elle comptait malgré tout faire un petit saut à Saint-Antoine pour voir Romain.

Elle blêmit à l'annonce de son départ. « Ne pas s'effondrer » fut sa première réaction. Et en cet instant précis, elle comprit à quel point elle l'aimait. Comme elle n'avait encore jamais aimé.

Qui avait décidé de sa sortie ? Seul le médecin responsable du pôle santé dont dépend le patient en décide. Mais l'hôpital respecte toujours votre liberté : si vous manifestez le souhait de sortir contre avis médical, il vous suffit de signer une attestation qui dégage la responsabilité de l'établissement. Sans doute une initiative de ce Vallon. C'était lui, l'autre homme.

— Il est vraiment mignon, dit Lilou à sa mère pour combler le lourd silence qui accompagnait son aveu.

Sa mère ne répondit rien. Elle persévéra :

— Mais tu es sûre que c'est un sportif ?

Pauline sortit enfin de son mutisme :

— Pourquoi dis-tu ça ? demanda-t-elle, encore atterrée, tandis qu'un souvenir enfoui au tréfonds d'elle-même tentait de refaire surface.

— Je l'imaginais un peu plus mince. A force de dire : « je suis sportif, je suis sportif »... Il n'a pas un frère jumeau ? Je plaisante, maman !

Sportif... c'est ça... Il ne peut être sportif, songea Pauline, pétrifiée par cette évidence. C'était ça, l'incohérence, la tromperie. Il ne pouvait être sportif ! Elle ne dit rien à sa fille, oublia de la sermonner. Sa pensée était ébranlée. Il n'avait jamais été champion de course à pied. Lors des premières radios, elle avait découvert les traces d'une très ancienne ostéomyélite. L'une de ses chevilles avait été reconsolidée et bloquée durant l'enfance, le mettant à jamais dans l'impossibilité de courir. Il n'avait donc pu courir après l'enfant au cerf-volant...

Elle commença à se torturer.

Pendant son trajet, comme si elles n'attendaient qu'un déclic, d'autres incohérences lui sautèrent aux yeux. La tristesse profonde qu'elle discernait en lui ne correspondait pas à ce qu'il disait être, à ce côté léger et positif... Il était plus tendre et sensible que ce côté superficiel qu'il tenait absolument à s'attribuer. Mais non, elle avait tort de douter de lui. Cette blessure profonde existait. Cette mère qui n'avait jamais su l'aimer... Sa mère... Mais ces légendes celtiques et flamandes qu'elle prenait le temps de lui conter ?... Il se disait citadin, lillois, mais connaissait mal la ville actuelle et évoquait sans cesse la mer… Un frisson s'insinua en elle, un frisson lié à une mystérieuse appréhension. Tandis que des incongruités inondaient son esprit, elle sombrait dans les interrogations… Il s'était contredit à plusieurs reprises, et elle, elle n'avait rien perçu.

Comme il est plus facile d'être lucide lorsqu'on n'est pas dans l'affectif… Le lieutenant aurait-il eu raison ? Cette histoire de rapt et de secte était-elle l'effet du traumatisme ? Il mentait, affabulait, était peut-être schizophrène… Mais son ami François avait affirmé qu'il ne prenait aucun antipsychotique.

Qui était-il ?

Elle arriva hors d'elle, camoufla sa colère en pénétrant au sein de l'hôpital. Elle se rendit immédiatement au bureau des admissions et sorties. Pour régulariser son dossier de frais de séjour, la carte Vitale était nécessaire…

Il n'existait pas de dossier à son nom. Les sorties de la journée ne lui disaient rien. Comme s'il s'était évanoui dans la nature. Comme s'il n'avait jamais existé.

Elle aperçut le médecin-chef, se précipita vers lui. Il était pressé de rentrer :

— Désolé, Pauline, on m'attend à l'Opéra !

— Juste une seconde, professeur.

Il lui rapporta brièvement que monsieur Vallon avait payé la totalité de ses frais d'hospitalisation, ainsi que les forfaits journaliers. Il avait bien signé les papiers de sortie.

— Ce comédien a tout payé ?… Je n'ai pas vu son nom sur le registre…

— Un comédien ? S'il est comme le copain de ma fille, il porte un pseudonyme. En tout cas, il s'est entretenu avec le directeur. Ça n'a pas traîné. Un transfert a été effectué par ambulance.

— Chez lui ?

— Dans le Nord, je crois.

— Où ?

— Vous êtes bien curieuse, Pauline.

Il la regarda un instant en fronçant les sourcils.

— Reposez-vous, ce week-end. Ce n'est plus votre problème. A lundi !

Elle ne comprenait plus rien. Elle avait la sensation de se débattre dans un nœud inextricable, un gouffre abyssal. La peur réintégrait son être. Elle était ballottée entre deux sentiments contradictoires, comme si deux êtres en elle combattaient. L'un croyait Romain de toute son âme, criait l'amour qu'elle lui portait, et son cœur était déchiré par cette brutale séparation. L'autre lui assénait des coups de poignard et le traitait de simulateur. Qui croire enfin ? Une fois encore, elle avait pris les paroles d'un homme au pied de la lettre. Avec une totale absence de maîtrise. Elle se sentait honteuse de s'être embarquée dans une nouvelle histoire foireuse. Ses relations seraient-elles toujours vouées à l'échec ? Dans quel pétrin amoureux s'était-elle encore fourrée ?

23

Après un automne assez sec dans le nord du pays, et la sensation plus ou moins appréciée que le changement climatique était en marche, un froid hivernal envahissait la ville de Roubaix en ce début décembre.

Romain était installé sur une méridienne de velours rouge, devant la baie vitrée qui donnait sur le parc Barbieux. Il semblait perdu dans la contemplation des cristaux en forme d'aiguilles de la première gelée blanche, qui s'accrochaient aux branches et aux rebords de fenêtre. La propriété des parents de François s'était libérée en novembre. Ces derniers étaient partis « réchauffer leurs vieux os » au soleil de la Méditerranée pour quatre mois, un laps de temps idéal pour l'écriture d'une pièce. Pour l'heure, François prenait des notes. S'appuyer sur des observations réelles et un modèle vivant était un plus inestimable.

A Paris, il disposait de ce délicieux petit appartement de la place du Marché-Sainte-Catherine, au cœur du Marais historique. Ils auraient pu s'y installer tous les deux, le temps de la convalescence, mais son « sujet » risquait de reprendre contact plus vite avec la réalité et François n'y tenait pas. Cet homme intelligent, au talent avéré, était à sa merci. Il l'entretenait dans son délire.

François avait hésité à le faire transférer dans un hôpital de la métropole lilloise pour achever sa remise en forme « physique ». Après de longs atermoiements, il avait opté pour cette solution : l'emmener chez lui, ou plutôt chez ses parents. Ses ancêtres avaient contribué à l'épopée textile de ce grand centre qu'était Roubaix. Son père était un héritier. Lui aussi, de ce fait. Ils appartenaient, même si leurs métiers avaient divergé, à ces familles d'industriels ayant bâti jadis un empire. A l'abri de tout besoin, les parents de François possédaient une grande propriété donnant sur le poumon vert de l'agglomération, le parc Barbieux. Depuis son départ pour Paris et sa jeunesse insouciante, les clés de la vaste maison n'avaient jamais été changées. Il les possédait toujours, ne les avait jamais rendues, contrairement à ce que croyait son père.

François et Romain avaient investi les lieux. Les parents l'ignoraient. Leurs rapports avec leur fils s'étaient tendus avec son désir de devenir comédien. Grand bourgeois dans les faits et dans l'âme, le père de François refusait catégoriquement d'avoir une espèce de théâtreux, de bateleur, dans la famille. Il lui avait coupé les vivres. Ce n'était pas la première fois qu'il logeait chez eux en leur absence. Seule sa mère, très vigilante sur son intérieur, s'apercevait de sa venue, mais n'en touchait mot au père de François. Elle ne lui avait pas réclamé les clés. Il la soupçonnait même de l'y inviter, puisqu'elle le prévenait par téléphone de leurs déplacements et de leur durée. Et comme par hasard, elle donnait congé à ces mêmes dates à sa femme de ménage et au jardinier. Pour éviter toute allusion lâchée imprudemment en présence de son mari. L'an passé, mine de rien, elle lui avait annoncé que, vu le temps détestable subi sur la côte, ils projetaient de rentrer plus tôt. Cette brave maman. Une mère, on ne la remplace pas.

Jusqu'à ce jour, François espérait écrire et monter cette pièce. Fabuleuse, cela va de soi. Il tenait enfin le rôle de sa vie : jouer un dingue. Le seul problème, dont il n'avait pas conscience, était qu'à chaque ligne d'écriture il s'interrompait pour anticiper son succès : le public se bousculait sur les marches d'un théâtre des Grands Boulevards, il était pris par la magie du spectacle, en osmose avec l'artiste qu'il était. « L'artiste », quel mot délicieux ! Bien entendu, il s'accordait la vedette. Et cela jusqu'aux applaudissements rythmés par les battements de cœur des spectateurs enthousiastes, qui lui rendaient un peu de cette énergie dont il s'était défait pour leur bonheur. Tandis que le noir se faisait, il percevait ces applaudissements comme autant de baisers. Le rideau se levait une ultime fois, et des brassées de roses étaient déposées sur la scène tandis que le public lui faisait une standing ovation, et qu'une larme d'émotion s'échappait de ses paupières, car l'artiste est vulnérable, comme les enfants. Ses rêves s'accomplissaient enfin. On lui demandait d'interpréter le rôle dans une version cinématographique, cela lui valait un César, et même en anglais… Non, peut-être pas en anglais, il frisait le ridicule lorsqu'il s'y attelait, et il vaudrait peut-être mieux que le remake soit interprété par Brad Pitt…

Puis il revenait à sa pièce… et séchait.

François s'était installé sur le vaste bureau ministre style Louis-Philippe, en merisier massif, de son père. Il s'imaginait bien aussi en grand patron, mais pour l'heure il se sentait plutôt dans la peau d'un minable écrivaillon. Sa pièce n'avançait pas. Il avait beau étudier le cas de Romain, l'observer sans cesse, noter des attitudes, des paroles, n'est pas Frankenstein ou dramaturge qui veut. François savait jusqu'à quel point Romain délirait. Il était le seul à le savoir, et cette certitude l'avait d'abord grisé. Il le maintenait en son pouvoir, se pensait apte à le manipuler. Bien, mais qu'en faisait-il ? Il se voulait dans la peau d'un psychopathe enfermant sa proie, la torturant, mais il n'était ni psychopathe, ni tortionnaire. Il se jouait la comédie à lui-même. Lui n'était que lâche, paresseux et velléitaire. Et son impression de revanche avait été de courte durée.

Il l'observait sans cesse pour voir s'il pouvait noter des attitudes, des paroles, mais ces derniers temps il n'avait plus grand-chose à se mettre sous la dent. Romain s'était renfermé en lui-même, comme s'il refusait d'alimenter sa pièce de théâtre, de l'aider à devenir le grand dramaturge qu'il avait rêvé d'être toute sa vie. Il n'y mettait vraiment plus du sien. Peut-être le faisait-il exprès. Un mois était passé. A leur arrivée dans le Nord, Romain lui avait reproché de l'avoir éloigné de Sam et de Pauline. François évacuait le sujet d'un « Plus tard, quand tu seras mieux, plus tard »... Mais une évolution s'était produite. Romain restait souvent plongé en plein mutisme. François ne le sentait plus stabilisé dans son personnage de Romain, et surtout il semblait avoir perdu confiance en lui. Que signifiait cette métamorphose ? Il allait peut-être devoir s'en débarrasser. Il se lassait.

Les premiers temps après son agression, Romain s'était senti revivre peu à peu, et puis il y avait eu sa toubib, Pauline. Il se sentait bien avec elle, en dehors de ses douleurs physiques, et de ce vide terrible que constituaient ses pertes de mémoire. Il revoyait nettement quand tout avait commencé : Berck, la fête des cerfs-volants, l'enfant et ce père odieux, la gardienne de l'immeuble, son dîner avec Dan, leurs projets de vacances, Belle-Ile ou l'île d'Arz, ses recherches à Lille, et son aventure au Père-Lachaise. Le reste, son été par exemple, restait vague. La Grèce, oui, mais où ? Une nana, oui, mais laquelle ? Depuis leur départ de l'hôpital parisien, rien n'était clair. Un flot de perceptions visuelles, auditives et émotionnelles se bousculaient en lui, qu'il ne savait analyser, ni même différencier, encore moins reconnaître.

Il regardait le parc Barbieux par la fenêtre. Ce « Beau Jardin » était considéré comme le plus grand parc urbain au nord de Paris, et surtout l'un des plus admirables. Il rivalisait avec le Père-Lachaise pour sa biodiversité. Un peu plus petit que ce dernier, mais suffisamment grand pour le concurrencer en termes d'essences arborées. Une alternance de surfaces boisées et de surfaces engazonnées aux motifs floraux structurait avec harmonie le parc centenaire. Auprès d'un vallon et de plusieurs pièces d'eau reliées par des cascades, le promeneur pouvait réaliser un véritable tour du monde botanique. Et Romain se souvenait de promenades effectuées. Il était déjà venu là. Dans quelles circonstances ? Il s'y voyait avec François et un autre. Etait-ce son ami Daniel ? Dan. Il devait l'appeler, lui conter son accident, l'informer de son retour. Mais il avait un sérieux problème : il n'arrivait à se rappeler ni son nom de famille ni son numéro de téléphone. Son portable lui avait été dérobé, lors de l'agression. Interrogé, François était resté évasif, il ne se rappelait pas ce copain…

— Tu veux bien allumer, François ? lui demanda-t-il. Ces grandes pièces sont vite sombres. Et cela m'oppresse. Toutes les lampes, s'il te plaît.

En soirée, il se sentait pris d'une peine indéfinissable. Etait-il à ce point en osmose avec la douleur de cet homme, le père du petit Sam ? En cette heure entre chien et loup, des images, toujours les mêmes, tournoyaient devant ses yeux : le soleil, astre rougeoyant, s'éteignait doucement dans la lumière crépusculaire. Soudain, la surface nacrée de l'eau s'assombrissait. Les bruissements du vent devenaient assourdissants, les vagues s'amplifiaient, bouillonnaient de colère.

Lorsqu'il se regardait dans la glace, il ne se reconnaissait plus. Ses traits étaient celui d'un inconnu, son regard était celui d'un fou. Il voyait un reflet nouveau au fond de ses prunelles bleues, celui de la peur. Pourtant tout au fond de lui, il sentait par moments une petite flamme se rallumer, comme une seconde mémoire.

De l'obscurité nocturne surgissait le visage de Pauline, ses yeux lui souriaient. Il craignait de perdre ses traits, son souvenir. Non, ça c'était un propos de fou. Endormi, il se débattait dans des cauchemars accablants. Il se réveillait couvert de sueur, se sentait flotter, anéanti, désarmé.

Cet affolement touche à la démence, songeait-il.

Des images de plus en plus nettes le maintenaient spectateur de lui-même. Romain était alors à l'extérieur de son corps, comme une projection astrale sous l'empire d'une drogue hallucinogène. Il prenait conscience que deux êtres cohabitaient en lui et se désaccordaient, celui du quotidien et celui de ses cauchemars, qui s'agrippait à lui pour ne pas se noyer. Il se sentait prêt à se débarrasser du fardeau qui le paralysait. Il pensait au Monde des Invisibles narré par les poètes. Etait-il possédé par une puissance insaisissable ? Avait-il perdu la raison ? Il finissait par se poser une question qui l'horrifiait : François ne le droguait-il pas ? Depuis quelques jours, il ne s'ouvrait plus à cet ami. Il se méfiait. Peut-être avait-il tort ? Peut-être devenait-il réellement paranoïaque, comme on le lui avait fait comprendre à l'hôpital.

Ce soir-là, il tourna le visage vers François.

— Qui suis-je ? Qui est cet homme qui parle en moi ?... François, réponds-moi.

— Tu es Romain...

— Assez, tu me mens, ou alors, je suis fou...

Il le fixa jusqu'au malaise. François n'osa affronter le regard qui cherchait à le sonder, détourna la tête. Romain se méprit sur l'attitude de son ami.

— Je suis devenu fou, c'est ça ?

Pour toute réponse, François se mordit la lèvre.

Alors Romain lui demanda de l'accompagner dans un centre spécialisé en santé mentale. Contrairement à ce qu'il aurait pu penser, François en éprouva un vif soulagement.

Il avait pris assez de notes pour une pièce de deux heures, et pourtant, aucune petite étincelle n'était venue alimenter son écriture, il ne se sentait aucune vocation d'écrivain, ni de dramaturge. Il s'était illusionné.

C'est ainsi qu'il emmena Romain, dès le lendemain matin, vers une clinique spécialisée. Au retour, il traversa le parc rendu désert par le froid.

Que devait-il faire, à présent ? Il n'éprouvait qu'un désir : repartir à Paris et abandonner Romain à sa folie. Mais il n'était pas non plus un sinistre individu. Ses instincts nuisibles s'arrêtaient à ses propres fantasmes. En le voyant se méfier de lui, en devinant la pensée terrible qui le taraudait : « François me veut du mal », son esprit fit marche arrière. Sur quelle pente dangereuse s'était-il engagé ? Etait-il devenu fou, lui aussi ?

Il se fit violence, s'empara du téléphone.

Paul, dit l'Arsouille, n'avait plus de nouvelles de Fanfan, dit la Tulipe, depuis son déplacement en province. Il n'avait pas revu non plus David. Ces silences ne l'avaient guère alarmé, jusqu'au coup de fil inquiet de la mère de ce dernier. Où qu'ils fussent l'un et l'autre, David et sa mère, Jacqueline, très proches l'un de l'autre, se téléphonaient une, voire deux fois par semaine. Où avait-il disparu ? Son portable ne répondait pas. Paul le croyait avec elle, en Angleterre. Consterné, il se sentit aussitôt responsable. Il lui avait conseillé de partir. Il espérait de tout son cœur qu'il se changerait les idées. Obsédé comme il était, David en avait besoin.

Au moment précis où, déterminé à joindre Fanfan, il posait la main sur le téléphone, celui-ci sonna. C'était lui, Fanfan !

— La Tulipe !...

— Non, François.

— Pardon, ce n'est pas la Tulipe... Fanfan ?

— Si, mais arrête de m'appeler ainsi, on n'est pas au carnaval.

— Dis donc, t'as pas l'air de bonne humeur... Que se passe-t-il ? Des nouvelles de David ?

François lui annonça qu'il était à Roubaix. Chez ses parents. Oui. Ceci signifiait qu'il s'était réconcilié avec son père. Tant mieux. L'Arsouille était pour la paix des familles. Oui, il avait des nouvelles de David. Il ne pouvait guère s'attarder au téléphone, mais pourquoi ne pas se voir ce samedi ? Non, pas chez ses parents. Il préférait lui donner rendez-vous sur la Grand-Place de Roubaix.

Pourquoi ces cachotteries ? Ils auraient pu discuter au téléphone. L'Arsouille était franc et direct. Des mystères venant de David, soit, c'était dans sa nature sibylline, et il admirait son ami, mais de Fanfan...

Toutefois, cela semblait important. Il irait à Roubaix ce samedi.

24

Une belle effervescence s'était emparée du centre de Roubaix en ce samedi de décembre. Est-ce l'approche de Noël et de son incontournable frénésie de consommation qui saisit les enfants que nous sommes, gâtés par la profusion ? Ou ce sentiment réconfortant de pouvoir choyer ceux que l'on aime, le plaisir délicieux des retrouvailles avec notre âme d'enfant, la joie de se sentir à l'unisson de la planète ?

Les uns passaient traînant des sapins, d'autres avec des paquets plein les bras. Les vitrines achevaient leurs décorations, mais les boulangeries n'oubliaient pas la fête du jour. Elles présentaient des figurines en chocolat, des spéculoos et des pains d'épice à l'effigie de saint Nicolas.

En ce 6 décembre, le saint patron et protecteur des petits enfants, des écoliers, des marins, des marchands et des voyageurs se voyait détrôné par son descendant américain, le père Noël. Mais, dans le Nord comme en Lorraine, il tenait encore le coup face à la concurrence du rondouillard bonhomme à l'air jovial et à l'attitude débonnaire.

L'Arsouille était en avance. Il s'était installé dans un café de la Grand-Place, une bière entre les mains. Il guettait Fanfan. Pourquoi ne pas lui avoir donné rendez-vous chez ses parents, puisqu'il était à Roubaix ? Il lui avait fait entrevoir un secret. Il attendait donc, intrigué mais fâché contre lui-même pour s'être laissé embarquer en ce jour de la Saint-Nicolas. Lors du coup de fil, il avait négligé la date. Il ratait une réunion festive de son association de carnavaleux. Saint Nicolas venait en aide aux marins dans les tempêtes, et on ne l'oubliait pas, à Dunkerque. Mais il n'était pas homme à se dédire. Sa femme lui disait toujours :

« T'es trop bon, mon Paul't'ch... Si c'était moi... »

Mais il n'était pas elle. Et elle était bien contente d'avoir son bon gros nounours à la maison.

Il s'était arrêté à Lille. Des étudiants en médecine défilaient dans les rues. Il avait souri de leurs pitreries et s'était dirigé vers sa confiserie préférée pour acheter des figurines en chocolat pour la famille. Ses enfants grandissaient, son aîné était un adolescent, mais ils réclamaient toujours leurs pains d'épice et chocolats en forme de saint Nicolas. Paul était fier d'avoir transmis cette tradition, et ces douceurs d'antan, à la génération suivante. Il se souvenait de sa propre enfance : l'impressionnant saint Nicolas forçait le respect. Lui, Paul, avait une frousse du diable du terrifiant père Fouettard. Petit garçon gentil et discipliné, il avait beau se dire : Il ne s'occupe que des méchants, chaque année il faisait le décompte de ses péchés et se demandait s'il n'allait pas être enfermé dans son saloir. Les enfants d'aujourd'hui ne vénéraient plus le saint et ne craignaient plus son impitoyable compagnon. Dès la Toussaint, à l'apparition des catalogues de jouets, ils attendaient Noël avec impatience, se moquant de savoir s'ils méritaient ou non leurs cadeaux.

Paul étonnait les siens, grâce aux connaissances historiques de David. Il se revit en sa compagnie, une veille de Saint-Nicolas. Tous deux s'étaient précipités pour acheter des confiseries à l'effigie du saint pour leurs garçons. Sam avait deux ans... C'était le dernier hiver heureux de David, son Milord...

« Tout est parti d'Europe du Nord, lui avait-il appris, tandis qu'ils dévoraient avec gourmandise un saint Nicolas en chocolat, assis sur le rebord de la digue, avec l'excitation jubilatoire de deux gamins qui ont piqué une friandise interdite. Lorsque les Hollandais émigrèrent aux Etats-Unis et fondèrent Nieuw Amsterdam, qui devint New York, ils conservèrent la coutume catholique de fêter la Saint-Nicolas. Elle se répandit aux Etats-Unis. Pour les Américains, Sinter Klaas devint Santa Claus. Dans les familles chrétiennes, il faisait sa tournée la nuit de la naissance de Jésus. En 1821, un pasteur américain, Clement Clarke Moore, écrivit un conte pour ses enfants dans lequel apparaissait le père Noël, dodu et jovial, dans un traîneau tiré par huit rennes. La mitre de saint Nicolas était remplacée par un bonnet, sa crosse par un sucre d'orge. L'encombrant père Fouettard avait disparu. La publicité fit le reste, pour le vêtir en jogging rouge et lui faire boire du Coca-Cola ! »

Tout à ces pensées, il sursauta en réalisant que François était planté devant lui. Sans s'installer, sans préambule, il lui demanda de le suivre.

— Vas-tu me dire ce qui se passe ?

— Tu verras...

L'Arsouille refusa de bouger, prit un air bougon.

— Tu me dis ou je reprends le train.

François obtempéra.

Il désirait lui présenter un ami, Romain Meusla. L'Arsouille ne cacha pas sa déception mais trottina docilement derrière lui. Tout ce trajet pour ça ? Cet homme avait-il tant d'intérêt, que l'on ne puisse patienter ?

Un kilomètre et quinze minutes plus tard, n'ayant échangé que des futilités, ils arrivèrent devant l'entrée d'une clinique spécialisée en santé mentale. Soudainement oppressé, Paul retint François par la manche...

— Tu vas me dire ce que l'on fait là ?

— Ne t'inquiète pas, je ne t'emmène pas dans une galerie de phénomènes et tu ne vas pas entendre de hurlements.

A l'accueil, il indiqua son nom de comédien.

— J'avais presque oublié que tu te faisais appeler François Vallon...

— Tu me vois me présenter pour des castings : Fanfan, dit aussi la Tulipe ? Quant à mon patronyme, je le laisse à mon vieux, dit-il avec une pointe d'animosité.

La jeune assistante en blouse blanche vérifia son planning et lui offrit un sourire plein de sous-entendus.

— Bonjour, monsieur Vallon, votre ami est dans sa chambre, je le préviens.

François évita les yeux écarquillés de l'Arsouille, la remercia.

— Tu as viré...

— Mais non !

La première fois, il s'était présenté comme son compagnon, pour faciliter les démarches administratives et s'assurer ses entrées. Encore un mensonge. Il ne se serait jamais cru capable de feindre avec autant d'aplomb. Il était enfin prêt à endosser n'importe quel rôle. Les mensonges, se disait-il, c'est une question d'habitude, et d'entraînement. Le premier coûte, surtout lorsqu'on porte sur les épaules une stricte et culpabilisante éducation religieuse. Les autres mensonges viennent tout seuls.

Il y prenait goût. C'était comme au théâtre, et comme à vingt ans, lorsque, entre apprentis comédiens, ils s'entraînaient à l'improvisation théâtrale auprès des usagers du métro. A quarante ans passés, l'âge des farces était derrière lui, et il n'était pas certain de sortir indemne de ses manigances.

— Voilà Romain.

— Mais… Tu te moques de moi… David !

Il marchait à l'aide d'une béquille. Son visage s'éclaircit à leur approche, mais il s'écarta lorsque l'Arsouille se précipita vers lui pour l'étreindre avec affection.

— On se connaît ?

— Mais…

— On t'offre un café, coupa François, pour dissiper le malaise.

Ils se dirigèrent vers la cafétéria, s'installèrent.

— Vous ressemblez étrangement à mon ami Dany… Daniel, quoiqu'il ne possède pas votre belle corpulence. Ni les moustaches. Mais vous avez le même teint de roux, je retrouve les mêmes expressions, le même sourire. Vous êtes son frère ?

— Non, je… Enfin, David ! s'écria-t-il, perdant tout contrôle, tu ne me reconnais pas ? Ton pote l'Arsouille… Paul !

Des visages se tournèrent de concert vers leur table et l'auteur du désordre.

— Je m'appelle Romain Meusla, vous faites erreur...

Son visage se replia en lui-même. Il baissa la tête, contempla sa tasse. Soudain, il se leva, leur dit au revoir et repartit sans se retourner, vers sa chambre. L'Arsouille était bouche bée. Figé sur sa chaise, incapable de sortir un mot, de savoir ce qu'il fallait dire ou faire. François rompit le silence :

— Alors, qu'en penses-tu ?

— David a un frère jumeau ?

— Je ne crois pas... En principe, c'est lui... C'est David.

— « En principe » ? Que lui est-il arrivé ?

François raconta son agression et son séjour à l'hôpital. Les conséquences physiques avaient sans doute occulté la naissance d'une maladie mentale. La fièvre, les frissons, les nerfs ébranlés, sa parano, on avait tout mis sur le compte du traumatisme, mais c'était déjà l'émergence de la folie. Il omit d'avouer qu'il avait menti à tous, inspecteur, personnel médical, concernant la véritable identité de Romain, et qu'il l'avait sciemment entretenu dans son délire.

— Mais qui l'a enfermé ici ? Pas toi, tu n'aurais pas eu le droit... A moins que... Tu t'es fait passer pour son mec, c'est ça ?

François haussa les épaules.

— Je te rassure, cet établissement n'est pas un asile de fous, et son internement y est volontaire, Paul. C'est lui qui en a éprouvé le désir. Le directeur et les médecins connaissent son vrai nom, mais lui écarte systématiquement tout rapport avec le père de Sam. C'est carrément un dédoublement de personnalité.

— Tu te fous de moi ? Comme le docteur Jekyll et...

— Mister Hyde. Oui. Tu te rends compte ? C'est dingue, c'est le cas de le dire !

— Tu as l'air presque heureux, je me trompe ?

— Je ne suis pas heureux, protesta François, l'air faussement outragé. Mais avoue que c'est prodigieux, au sens propre du terme. Oui, cela tient du prodige, c'est incroyable, c'est inconcevable... Voilà ce que je ne pouvais t'expliquer au téléphone.

L'Arsouille ne répondit rien. Il le regarda fixement, se leva. Mais, au lieu de sortir, il se dirigea vers l'accueil.

— Puis-je voir le médecin de David Biot ou Aston, ou Romain... enfin je ne sais plus, mais c'est très important.

Il se tourna vers François.

— Fanfan, il faut le sortir de là, tu entends ?

La neuropsychiatre qui s'occupait de David était en consultation. Ils patientèrent une bonne demi-heure.

Elle leur proposa des sièges. L'Arsouille prit la parole. Il la remercia de les recevoir sans rendez-vous et surprit François : il s'abstint de signaler qu'il venait de découvrir l'enfermement de David et se présenta comme un envoyé de la mère du patient.

— Votre ami David est victime d'oubli. Ce n'est pas toujours dommageable. Loin de là. S'il gardait tout, notre esprit serait encrassé de détails encombrant notre cerveau. Il doit faire un tri. Mais autant l'oubli peut être bénéfique dans certains cas, autant, lors d'une maladie ou d'un traumatisme, il peut être nocif.

— Pourquoi cet oubli au profit d'une autre personnalité ? Il est devenu fou, enfin schizophrène ?

— Non, je me dois de préciser que, contrairement à cette idée reçue, le trouble schizophrénique n'est pas un dédoublement de la personnalité, mais ce dernier peut provenir, entre autres causes, de la schizophrénie.

— Vous pouvez expliquer…

— David a de l'emprise sur la réalité. Il n'est pas à proprement parler schizophrène, mais il souffre d'une dissociation mentale, plus aisément appelée « dédoublement de la personnalité ». Cela se rencontre au cours de certaines névroses et chez les schizophrènes, mais aussi chez des sujets hyper-imaginatifs comme notre patient, qui fuient la réalité, fragilisés lors d'un deuil ou d'un coma post-traumatique. D'après ce que l'on connaît de lui, et ce que vous avez bien voulu nous confier, monsieur Vallon, David a subi les deux… Il existe chez lui un refus de revenir à lui, par peur d'endurer et d'affronter ses souffrances. Une personnalité extérieure a en quelque sorte pris possession de son esprit.

— Il est… possédé ?

Elle sourit.

— Non… Pas dans ce sens-là…

— C'est comme dans *Dr Jekyll et Mr Hyde*, alors ?

Le médecin sourit.

— Dans la nouvelle de Stevenson, le docteur Jekyll, obsédé par sa double personnalité, met au point une drogue pour séparer son bon côté de son mauvais, son côté sombre, qu'il a nommé Edward Hyde. L'auteur a fait un jeu de mot avec le mot anglais « *hide* », qui signifie « caché ». Jekyll provoque sa mutation régulièrement et se livre à tous les interdits. Cependant, l'aspect du monstrueux Mister Hyde commence à se renforcer, prend le dessus, et échappe au contrôle du docteur. C'est une partie de lui-même qu'il transforme, mentalement mais aussi physiquement, à l'aide d'une drogue. Il y est beaucoup question du bien et du mal. C'est du roman. Le cas de

David est très différent. Heureusement ! Ses souvenirs sont succincts, il semble presque les avoir fabriqués de toutes pièces.

— De faux souvenirs... il ment, alors ?

— Non. Il ne simule pas, il y croit fermement. Sa pathologie mentale me fait davantage penser au cas, véridique cette fois, d'Anna Anderson, la fausse grande-duchesse Anastasia de Russie. Son vrai nom était Franzisca Schanzkowska. Elle était de nationalité polonaise. Elle fut victime d'un traumatisme dans un accident qu'elle provoqua par maladresse. Elle travaillait durant la Première Guerre dans une usine d'armement à Berlin. Elle fit tomber une grenade, l'explosion tua l'une de ses collègues et la blessa. Guérie, elle tenta de se suicider en se jetant d'un pont, mais fut sauvée in extremis par un policier. Cette fois, on l'enferma en hôpital psychiatrique. C'est là que tout se décida. Elle lisait tout ce qu'elle pouvait dénicher sur la famille de Russie, et sur son exécution. C'est un patient de l'hôpital – eh oui – qui dit la reconnaître. Dès ce jour, elle se fit appeler Anastasia. Elle réussit à convaincre toute la communauté des immigrés russes. Ils l'hébergèrent, et l'honorèrent comme leur grande-duchesse. Eux-mêmes alimentèrent sa mémoire en lui racontant son enfance. Un procès eut lieu, dans lequel rien ne fut prouvé. C'est seulement dix ans après sa mort que les tests ADN prouvèrent qu'elle ne pouvait être la princesse russe. Nous étions en 1994...

« Dans son cas, elle fut capable d'oublier sa jeunesse polonaise malheureuse au profit d'une nouvelle identité prestigieuse. Dans celui de notre patient, il a voulu oublier son drame et se constituer ou emprunter l'identité d'un homme de son âge, Romain, qui lui ressemble physiquement, mais qui est autant sportif et insouciant, voire superficiel selon ses propres termes, que lui est en réalité cérébral, cultivé et angoissé. Jadis, avant que Freud n'introduise la notion de refoulement, on aurait pensé que ses vrais souvenirs s'étaient désagrégés. Aujourd'hui, on sait que de nouvelles informations peuvent interférer et recouvrir ces souvenirs. Dans son cas, c'est comme un refoulement, il n'en a pas conscience, mais il a désiré ce dédoublement. Que ce Romain existe ou non. Son état de stress était toxique pour le cerveau. Il a répondu d'une certaine façon. Il aurait créé cette identité par mécanisme de défense... Il reste une interrogation : qui est Romain Meusla ?

Les deux amis y répondirent par des gestes d'impuissance. François ravala sa salive et son embarras.

— Docteur, vous disiez que sa dissociation mentale avait été créée par refus de revenir à lui et par peur d'endurer, d'affronter ses souffrances...

— Oui.

— Ne vaut-il pas mieux le laisser ainsi, dans la personnalité de Romain Meusla, sans les souffrances de la perte de son fils ?

— Il n'est pas heureux, monsieur Vallon, il ne pourra plus avancer dans la vie tant qu'il n'aura pas récupéré sa mémoire. Un être sans mémoire se construit difficilement, on le sait à présent, l'avenir dépend du passé.

— Mais il a la mémoire de cet autre, Romain...

— Si Romain existe, il y a usurpation d'identité. Quoi qu'il en soit, cette mémoire est sommaire et comporte de grandes failles, des vides. J'aimerais bien savoir qui est cet autre... Meusla, ce patronyme ne vous dit vraiment rien ?

Ils répondirent à nouveau par la négative. Cette fois, François était sincère.

— Nous allons devoir essayer l'hypnose.

L'Arsouille fronça les sourcils.

— N'est-ce pas un procédé, euh...

— Peu scientifique ? Je pense que vous faites allusion aux pratiques pour retrouver les « vies antérieures ». En médecine, nous l'utilisons pour des cas précis. C'est aussi une recherche de vie antérieure... ajouta-t-elle avec un sourire. Sa véritable vie antérieure. Ces temps-ci, David paraît très ébranlé. Son état peut conduire à une grave psychose mais aussi, et c'est bien plus positif, à un début de retrouvailles avec lui-même. Le cerveau est l'objet le plus complexe qui soit. Beaucoup d'entre nous le considèrent comme un miracle. Il s'adapte, si bien que l'on peut s'attendre à tout. Il est capable de se régénérer, de recréer des neurones. Normalement, l'âge augmente la stabilité émotionnelle. On a découvert qu'il est en perpétuelle transformation, contrairement au point de vue classique d'un cerveau rigide. Dans le cas d'un traumatisme, et même dans l'AVC, on sait aujourd'hui que la résilience d'un cerveau est possible. Soyons optimistes.

Effondré, l'Arsouille ne dit mot jusqu'à l'entrée du métro. Au moment de quitter François, il sortit enfin de son mutisme :

— Ce Romain, sportif, célibataire, photographe, tu sais qui c'est, toi ?

— Aucune idée, répondit François, conscient de s'enfoncer dans le mensonge.

Le mensonge... et une jalousie morbide... songea-t-il, lucide sur ses défauts. Il l'enviait, jadis, tout réussissait à David. Une femme magnifique, un bel enfant, de l'argent, son talent d'historien et de biographe, cette superbe maison de bord de mer. Et la générosité en sus. C'était insoutenable. Il lui en voulait de vivre à ses crochets, d'être dépendant de lui, d'habiter son appartement parisien, de bénéficier de son chéquier, de jouir de ses bienfaits. Il en profitait pleinement, mais ne supportait plus l'aumône. Alors, quand David avait sombré, il ne lui avait pas maintenu la tête hors de l'eau, il l'avait enfoncée. Il se justifiait en se disant que si David vivait dans l'illusion d'une réalité, la vie elle-même était illusion. Il l'avait lu dans une pièce : lorsque vous prenez conscience d'un instant, il n'existe plus, ou pas encore.

— Il faut se défier de sa réalité, car elle est destinée, comme la réalité d'hier, à n'être plus demain qu'une illusion ! C'est Pirandello qui le dit.

— Ma parole, regarde-toi, on dirait que tu en es heureux !

— Non, mais avoue, quel sujet pour une pièce !

— Ne me dis pas que tu t'es lancé là-dedans...

— Si, et grâce au cas « David », on me reconnaîtra enfin dans le métier. Je vais devenir une star, mon cher !

— Excuse-moi, mais tu pisses à la lune !

— Toi et ta vulgarité ! Non, ce n'est pas impossible. Je réussirai ! lança-t-il sans y croire. Et tu t'en mordras les doigts, de ne pas avoir cru en moi !

— Tu es aussi fou que lui, ma parole !

L'Arsouille détestait quand Fanfan lui rappelait ses origines modestes. Il s'en était bien sorti mais gardait le vocabulaire imagé de son père. Il était plus fin que l'autre ne le croyait, et avait deviné que François se rassurait en le blessant.

— Ce n'est pas le moment de s'engueuler. Il faut le sortir de là, tu entends, Fanfan ? Moi, je préviens sa mère...

25

La porte du TGV se referma sur Lilou. Un couperet s'abattit sur les épaules de Pauline. Rémi lui releva son col d'un geste tendre.

— T'en fais pas, ma belle, c'est une grande à présent. Viens, je t'offre un bon vin chaud.

Lilou s'était montrée ravie d'être emmenée vers le train par les deux êtres qu'elle adorait le plus au monde. Quand ils étaient là tous les deux, il lui semblait avoir un papa et une maman comme les autres.

Ils quittèrent la gare et les courants d'air. Sans son ami, Pauline aurait erré d'un pas pesant, avec l'impression d'avoir vieilli de dix ans. Dans ses oreilles résonnait encore le bruit sec d'une porte qui claque devant elle. Dans son cœur persistaient la lourdeur insidieuse de la séparation, le poids de l'inquiétude et le sentiment trouble d'un univers rétréci. Les lumières même de la ville lui semblaient blafardes.

Un petit vent glacial faisait fuir les passants, l'année débutait avec des températures polaires, notamment dans le nord du pays. Les promesses d'une vague de froid exceptionnelle durant ce début janvier se concrétisaient.

Sa petite fille partait pour Paris, seule cette fois, en ce dimanche de l'Epiphanie. Un morceau de galette des Rois bien enveloppé dans son sac voisinait avec un pain d'épice en forme de cœur et du chocolat offert par son parrain. Elles avaient fêté le Nouvel An en famille et les Rois avec Rémi. Lilou reprenait le chemin de son lycée parisien. Pauline culpabilisait. N'était-elle pas folle de lui accorder cette émancipation alors qu'elle n'était pas majeure ? Les siens n'avaient pas manqué de l'enfoncer, avec une gentillesse fatale. Elle se raisonna. L'âge était une notion bien relative. Lilou était plus mûre qu'elle par moments, et achever son année scolaire à Paris était son plus ardent désir. Elle-même débutait son nouveau job à la première heure le lendemain. Ce poste tant espéré.

La séparation lui saignait d'autant plus le cœur qu'une ambiance féerique enveloppait Lille, la parant d'un somptueux décor. D'innombrables guirlandes de sapin rehaussées de rubans rouge et or agrémentaient les rues du Vieux Lille. Dressée sur sa colonne, la Déesse semblait bien un peu figée par le froid et, place Rihour, les quatre-vingts chalets du marché de Noël avaient disparu avec le Nouvel An, mais il flottait toujours dans l'air un parfum de cannelle et de marrons chauds.

Elle s'arrêta devant la Grande Roue, lente et majestueuse, qui offrait aux quelques téméraires emmitouflés une vue incroyable sur la ville. Elle et Lilou y étaient montées. Un air de musique de Noël la noya dans une impitoyable mélancolie, et alors qu'elle s'était abstenue de pleurer au départ du train, elle laissa les larmes envahir ses paupières.

Se mêlaient en elle la séparation d'avec sa fille et la perte de son nouvel amour. Avec son tact et sa sensibilité, Rémi comprit les causes de son désarroi. Il resserra son bras autour d'elle. Les passants auraient pu les croire très amoureux.

Etait-ce un rêve ? Ai-je vécu un rêve ?

Son Romain s'appelait David, et était en réalité le père du petit Sam. Elle aurait dû s'en douter lorsqu'il s'enfermait dans le silence, ailleurs, dans un monde auquel il ne lui appartenait pas de pénétrer.

Lorsque le directeur de l'hôpital le lui avait annoncé, un gouffre s'était ouvert sous ses pieds. Assommée, avec l'impression de glisser vers un abîme qui se refermait sur elle, la sensation du déjà-vécu, et celle de s'enliser dans la fatalité des amours utopiques. Suivirent quelques jours d'incompréhension, de doutes, de chagrin, de veilles où elle revivait, seule dans son lit, la nuit passée l'un contre l'autre, son menton niché dans l'épaule de Romain, sa joue contre la sienne, sa bouche cherchant la sienne, ses mains sur sa peau, l'ardeur de leur étreinte, son corps tremblant d'émotion, unis dans un muet enlacement, abandonnés l'un à l'autre dans une intimité volée. Elle s'était laissé emporter dans un tourbillon. Elle aurait voulu retrouver ces instants magiques.

Elle se redressa. Elle ne pouvait vivre en se nourrissant de ces uniques souvenirs sensuels. Elle ne voulait plus vivre de souvenirs. Elle savait à présent que peu à peu cet amour s'estomperait, que sa lumière se consumerait et que, lorsqu'elle s'en apercevrait, les années auraient passé, lui laissant seulement le sentiment d'avoir été flouée. Les possibilités de seconde chance s'amenuiseraient et elle vieillirait, solitaire et aigrie. Elle avait le choix : poursuivre sur une pente fatale ou décider que cela suffisait. Et comme elle avait vécu ces instants autrefois, elle s'agrippa de toute son âme pour ne pas sombrer à nouveau. Elle avait alors décidé que c'était fini. Elle allait s'affranchir de la fatalité, refuser de rester bloquée dans la souffrance. S'en sortir, et vite cette fois. Elle le devait à Lilou. Elle tirait un trait. Qu'il se soit joué d'elle ou non, qu'il ait perdu la tête, n'était plus son problème. C'en était assez de cet engouement digne d'une fille de seize ans.

Le cœur ne suit pas toujours nos décisions, et le visage de Romain – ou David –, son sourire, ses yeux magnifiques et éperdus, pleins d'une sourde douleur, venaient souvent se poser sur elle. Eperdus, oui. Elle aussi l'était. L'âme humaine la touchait. A l'hôpital, elle faisait face à la souffrance, à la laideur. Pourquoi n'était-elle pas encore vaccinée contre les élans du cœur ? Et s'il ne mentait pas ? Nous aurions sept sosies dans le monde. David était peut-être celui de Romain, ou un frère jumeau, inconnu de son ami François. Sa Lilou y avait pensé. Bien sûr, ils se trompaient. Tous.

L'instant suivant, elle reprenait espoir. Il s'était confié à elle, mais en taisant de grands pans de son histoire. Ils se connaissaient très peu, et il n'était pas, comme elle, enclin à se répandre. Un homme secret. Il souffrait effectivement de confusion mentale. Comment n'avait-elle pas décodé le voile de tristesse dans son regard, qui ne correspondait pas au côté flegmatique et léger qu'il voulait communiquer ? Elle avait vécu ces jours et ces nuits à son chevet comme dans un rêve. Elle ressentait cruellement sa disparition.

Elle l'entendit soudain prononcer ces paroles :

« Tu fais trop confiance aux gens. »

Les avait-il proférées ? Infestée de doutes et d'amertume, elle se sentait le jouet de sa propre imagination.

« On affabule aisément, surtout vis-à-vis de soi-même. »

Elle s'entendait pourtant répondre :

« C'est ce que me dit ma fille : "Trop gentille, mam'!" C'est la peur de blesser, de perdre ceux que j'aime. La peur de la séparation. »

Pourquoi lui avoir confié les secrets de son cœur ? La crainte de le perdre, lui aussi ?

Il n'était plus temps de s'enfermer dans la solitude, de rester cloîtrée dans sa chambre à pleurer toutes les larmes de son corps, de laisser exploser des sanglots et des gémissements convulsifs, l'ombre de Romain rôdant sur les murs. Cet amour-là était celui d'une femme, non plus d'une gamine, qui se laisse séduire par la sensualité d'un homme qui possède toutes les filles désirées. Pascal l'avait choisie, elle, plutôt que toutes ces godiches prêtes à lui tomber dans les bras. Et elle était tombée. La godiche, c'était elle. C'était fini, tout ça, maintenant. Après s'être traitée de dinde crédule, elle avait décidé de ne pas rechercher son beau patient, de ne plus y penser. Pourtant, elle était revenue dans le Nord, et lui vivait quelque part dans la région.

Cet homme resterait une énigme. Il ne lui avait livré que des suppositions. Au fond, elle venait encore d'accorder sa confiance à un inconnu. Elle se raisonna. Elle n'allait pas entrer dans un délire paranoïaque. Ce n'était toute de même pas un psychopathe. Son sourire était trop attendrissant. Elle céda à une frousse terrible. Elle devait être la victime idéale pour ce genre de maniaque…

— Rémi, je crois que je ne suis pas un bon médecin.

— Tu ne me l'avais pas encore sortie, celle-là...

— Je n'ai pas su mettre de distance entre mon métier et mes sentiments.

Rémi était malheureux, lui aussi. Son grand amour avait succombé à la maladie, après avoir traîné sa séropositivité durant plusieurs années. Pauline craignait le pire pour lui, même s'il se disait en très bonne santé. Ah, celui-là ! S'il n'avait été homosexuel, elle aurait pu être sa femme. La tendresse qu'ils se portaient mutuellement rayonnerait toujours de complicité amoureuse. Ils s'étaient connus en première année de médecine, avant qu'il ne se dirige vers la kinésithérapie. A l'époque, il subissait des attaques homophobes. Plus d'une fois elle l'avait défendu. Dès lors, ils avaient passé de longues soirées ensemble, à refaire le monde, à écouter des musiques que l'un faisait découvrir à l'autre. Lorsqu'ils se voyaient, ils s'embrassaient toujours doucement sur les lèvres, et, aujourd'hui, il lui faisait des massages absolument délicieux pour la détendre. Un soir, alors qu'elle ne savait que faire d'elle-même après l'abandon de Pascal, elle l'appela au secours, et comme elle restait pelotonnée contre lui, il comprit son étreinte et son appel, et y répondit, le plus naturellement du monde. Il fit pour elle ce qu'il n'avait jamais fait avec aucune femme. Il ne se contenta pas d'effleurer ses lèvres, s'offrit à son amie, avec toute sa tendresse. Après cette nuit, il n'y en eut pas d'autre. Aucun besoin de lendemain. Ils le savaient, et c'était bien ainsi. Elle s'était sentie mieux. C'était désormais leur secret. Ce cadeau généreux et désintéressé l'avait aidée au-delà de toute attente. Mais dans sa famille, c'était la même ritournelle, et au réveillon de fin d'année elle avait encore eu droit aux critiques aigres de sa charmante belle-sœur, qui venait d'apprendre le décès du compagnon de Rémi :

« Tu as fait le mauvais choix, on te l'avait dit. Après l'un, ce sera l'autre, et Lilou n'aura plus de parrain. »

Dans le TGV, Lilou se sentait le vague à l'âme et avait horreur de ce sentiment. La fin des vacances, des festivités de Noël, et surtout une nouvelle année dont la porte ouvrait sur l'inconnu. Avait-elle bien fait d'insister pour achever son année, seule, à Paris ? Se débrouiller, elle saurait, et elle avait son fidèle copain Ficelle, mais l'expérience d'une totale indépendance lui donnait le trac. Mais non, ce n'était pas ça. N'aurait-elle pas dû rester avec sa mère, si fragile ? Oui, c'était plutôt ça. Pauline n'avait pas oublié son patient de l'hôpital, son cœur était déchiré, et, pire encore, elle était honteuse de s'être une fois de plus laissé embarquer dans une histoire sans issue, surtout avec un malade.

Lilou était toutefois rassurée de la savoir entre les mains de son parrain. Ils avaient un deal, tous les deux. Il lui avait promis de la tenir au courant du moindre souci concernant Pauline, et elle de ses avancées vis-à-vis de ce fichu Romain, ou David.

Désireuse de ne pas vivre dans un mélodrame permanent, Lilou s'était promis de retrouver le soi-disant photographe de sa mère. Sur Internet, pas de Romain Meusla. Des David Biot repérés, aucun ne correspondait au profil de « leur » patient. Il eût fallu un indice supplémentaire susceptible de la mettre sur la voie. Elle était désolée car elle ne voyait pas sa mère en grande forme, même si elle donnait le change.

Avant son départ, elle l'avait interrogée :

«Vas-tu bien, maman ?

— Oui, très bien, ma chérie.

— Je n'aime pas quand tu me mens !

— Tu es la première à me reprocher d'être un livre ouvert, faudrait savoir ! »

Un sentiment désagréable, comme le pressentiment d'un danger, empêchait Lilou de se concentrer sur la série américaine glissée dans son lecteur de DVD, cadeau de Noël de son parrain. Elle avait réussi à retrouver les traces de son « biologique ». Elle lui avait laissé un message, et n'avait osé le dire à sa mère.

C'est au moment où ils furent installés tous les deux dans un café du Vieux Lille que le portable de Pauline sonna. Son cœur cogna. Ce n'était pas sa fille. Elle ne pouvait être arrivée à l'appartement. C'était trop tôt.

Mathilde. Elles s'étaient juste envoyé un texto pour la nouvelle année, mais ne s'étaient pas parlé depuis le réveillon où Mathilde s'était rendue sans elle. Son amie avait tenté de l'y traîner. En vain. Pauline était déchirée entre son désir de revoir de vieux copains de médecine et celui d'escorter sa fille chez sa cousine. La proximité de leur séparation avait agi et Pauline avait choisi. Son réveillon s'était déroulé en compagnie de sa déplaisante belle-sœur. Sa fille valait bien ce petit sacrifice.

— Figure-toi, ma Pauline, tu ne devineras jamais qui j'ai rencontré à la soirée de Nouvel An...

Impatiente de le lui dire, elle n'attendit pas sa réponse :

— Pascal ! Il m'a demandé de tes nouvelles...

Un courant glacial parcourut le dos de Pauline. La porte du bistrot était bien fermée. Ce n'était pas le froid hivernal.

— J'ai son téléphone, si tu veux. Il est divorcé, il est toujours aussi charmant, et charmeur... Mais il a l'air d'avoir pris du plomb dans la tête... Il est revenu vivre à Lille...

— Tu es folle !... C'est de l'histoire ancienne. Tu me conseillais de tirer un trait. Mais enfin, Mathilde ! C'est toi qui me dis ça, toi la psy ? « On est tous dépendants des gens qu'on aime, l'attachement est humain, mais il est toxique s'il y a soumission, assujettissement, comme avec Pascal... » Ce sont tes propres mots !

Elle avait haussé le ton. Des clients se retournèrent. Rémi posa sa main sur la sienne, pour la tempérer.

— Tu n'en es plus là, maintenant, Pauline, enfin, j'espère. Et si ta fille en exprime le désir...

— Ma fille ? Qu'en sais-tu ?

— Lilou a essayé de le joindre. Elle lui a laissé un message. J'ai préféré te le dire... Je crois que tu devrais le rencontrer...

26

Rachel était bouche bée, sourde au tumulte de la rue parisienne.

Insensible à la crispation de ses muscles qui risquait de s'achever par une crise aiguë de rhumatisme, elle restait plantée sur le banc, incapable de détourner les yeux du panneau publicitaire.

Son « objet insolite » lui sautait aux yeux, s'affichait en grand comme pour lui envoyer un signe. L'informatique, elle en ignorait tout. Du vivant de son homme, avec son aide, elle s'y serait peut-être mise, mais il était mort depuis vingt ans, bien avant ces nouvelles technologies. Le « stylo » déniché aux pieds de l'homme inconscient au Père-Lachaise se nommait « clé USB 8Go ». Elle n'entendait rien aux progrès du XXIe siècle. Progrès, si on veut. A cause de ces trucs informatiques et des téléphones portables, lui avait rapporté un médium du cimetière, notre corps était traversé par des milliers d'ondes qui nous empêchaient de capter celles des esprits. Mais ce qui aggravait son trouble, c'était le slogan de la réclame : cette clé ouvrait « les portes de la mémoire ». Et l'inconnu du Père-Lachaise semblait, à en croire le gardien, avoir perdu un bon morceau de la sienne.

Qui la délivrerait de sa perplexité ? Devait-elle montrer sa découverte à l'inspecteur ? Ces commissariats n'étaient pas sa tasse de thé. A son ami Victor ? Elle l'aimait bien, il s'enquérait de sa santé tous les matins, et à chaque fois elle lui répondait, d'une voix sémillante : « Présente ! »

Il ignorait son véritable prénom : Myriam ; mais il était malin sous ses sourcils broussailleux et malgré sa silhouette d'ogre de conte de fées ; il avait deviné de grands pans de son passé. Ce n'était pas très difficile. Elle s'arrêtait tous les jours devant le monument de Ravensbrück, après avoir piqué une rose à la môme Piaf ou à Allan Kardec, abreuvés de fleurs. Elle la déposait sur la stèle où deux gigantesques mains liées jaillissaient d'un amas de pierres. Un hommage douloureux à sa petite maman, qui avait succombé à de monstrueuses expérimentations chimiques. Enveloppée par sa présence, qu'un souffle de vent acheminait de l'est, elle lui chantait « Les roses blanches ». Parfois, des oreilles indiscrètes s'approchaient d'elle et de la stèle. Elles se muaient en présences chaleureuses, elles communiaient en silence. Elles s'éloignaient après un sourire affectueux à l'adresse de cette touchante vieille dame. Suivait un rapide bonjour à toutes ses compagnes d'adversité, de vingt-sept nationalités, et une larme pour sa tendre amie, Hannah, une jeune Berlinoise. Unies dans l'enfer de Ravensbrück, la Française et l'Allemande avaient survécu en s'inventant des rêves et un monde futur où toutes deux marcheraient, main dans la main. Puis Hannah avait été transférée et exterminée à Auschwitz.

Victor ne connaissait pas davantage son âge. Myriam – alias Rachel – ne le paraissait pas. Coquette, elle s'amusait à brouiller les pistes. Elle allait fêter ses quatre-vingt-dix ans. Fêter, mais avec qui ? Elle avait son franc-parler, mais, discrète, ne s'épanchait pas sur sa vie. Cet environnement feutré incitait à la modestie ; tant de gens célèbres étaient tombés dans l'oubli. Elle n'était pas non plus de ces jeunes élégantes devenues de vieilles choses rasoir. Elle n'ennuyait pas les jeunes en rabâchant ses soucis de santé, ou en racontant ses malheurs. Elle était restée dans sa tête la jolie fille d'avant-guerre qui entrait au conservatoire d'art dramatique. Par mimétisme avec sa mère. Tout ce passé, qui venait interférer avec le présent, elle préférait en parler avec elle-même, ou avec ses amis reposant au Père-Lachaise.

Certains vivants la considéraient avec mépris. Ils l'imaginaient prise d'une douce folie. Une vieille originale sans intérêt. Ses drames et ses blessures ne les concernaient pas. Chacun sa vie. Elle voyait bien qu'on se moquait d'elle, avec son petit chapeau rose. Elle n'était pas dupe, répondait aux sourires goguenards par un pied de nez silencieux ou carrément ostentatoire. C'était selon. Elle avait toujours adoré les chapeaux. Ce bibi rose à plumes était le premier qu'elle avait imaginé et cousu. Son fétiche. Après-guerre, elle était devenue modiste, mais pas n'importe où, dans une maison prestigieuse, pour y coiffer les plus grands artistes.

Myriam était née en 1919, quatre ans avant la mort de Sarah Bernhardt. Elle avait été bercée par les souvenirs de sa mère, comédienne, qui avait débuté aux côtés de la Divine, au théâtre Michel de Saint-Pétersbourg. A son tour, Myriam embrassa la carrière et après le conservatoire de chant et de déclamation elle entra, en 1938, au Théâtre-Français. Mais toutes deux n'échappèrent pas au nazisme et furent envoyées à Ravensbrück. La voix cristalline de la jeune fille la préserva et lui permit d'intégrer la troupe artistique du camp. A soixante ans, sa mère était trop âgée pour les intéresser autrement que comme cobaye. Myriam ne put remonter sur une scène, au retour. Le public, désormais, la terrifiait. Elle ne chanta plus, sauf pour sa petite maman. Mais elle gardait au cœur l'amour des costumes. La Comédie-Française l'employa au service des coiffes. Elle se maria avec un machiniste, vécut de nombreuses années dans la douceur auprès de lui. Veuve, elle resta à proximité du monument commémoratif. Sa vie était ici.

Elle ne se contentait pas de nourrir les chats, elle fleurissait et nettoyait certaines tombes célèbres laissées à l'abandon. Les humains, aussi, étaient en perdition. Elle s'occupait tout naturellement de ses deux grandes artistes, Sarah Bernhardt et Rachel. Sarah la Divine devait être bien malheureuse d'être inhumée en ces lieux en dépit de son souhait de reposer, face à l'océan, à Belle-Ile-en-Mer. Proust, qu'elle avait inspiré, et Oscar Wilde, dont elle était l'amie, reposaient non loin d'elle, et devaient la consoler.

Elle faisait toujours un brin de causette à sa grande tragédienne, Rachel, au travers de la porte du caveau. Issue d'une famille juive, après avoir chanté et mendié dans les rues comme la petite Piaf, Rachel Félix avait suivi des cours de chant et de théâtre, était entrée au Théâtre-Français à dix-sept ans, devenant une des femmes les plus célèbres du XIXe siècle. Le père d'un de ses fils n'était autre que le comte Walewski, fils de Napoléon et de Marie Walewska. Il était aussi locataire au Père-Lachaise. Myriam sentait un fluide singulier couler entre elle et la grande Rachel. Avec sa secrète bénédiction, elle lui emprunta son prénom.

Aujourd'hui, sa meilleure copine, une petite jeune de soixante-dix-neuf ans, s'occupait d'Apollinaire et de Proust, une autre de peintres, une autre encore de musiciens. Chacune sa spécialité. Et chacune avait son anecdote concernant la vie de ses célébrités. Elles partageaient leurs connaissances littéraires et artistiques. Elle évoluait dans un monde humble et cultivé, qui lui convenait bien. Elle n'avait plus à perdre que la vie, mais en attendant, elle l'aimait drôlement, et elle en savourait chaque instant, car le compte à rebours était commencé.

— Allons, Rachel, ne restez pas là, vous allez attraper la mort !

Prévenant, Ficelle la prit par les épaules et l'aida à se lever.

Elle ne s'était pas aperçue à quel point ses muscles s'étaient ankylosés, à rester inactifs par ce temps glacial. Elle bravait les intempéries de cette fin janvier, mais pour avoir connu la « Petite Sibérie mecklembourgeoise », enduré les terrassements du camp de femmes de Ravensbrück, « la marche de la mort », et s'en être sortie, ce n'était pas une minuscule pluie verglaçante qui allait la priver de balade. L'heure de l'enfermement n'était plus, et pas encore d'actualité.

Un déclic la ramena à la réalité présente : Ficelle, et Lilou, ses deux jeunes amis, étaient nés avec l'informatique.

— Tu tombes bien, mon grand.

Elle lui montra le panneau publicitaire, et lui avoua sa trouvaille.

— Je peux vous l'emprunter, Rachel ? Je verrai si son contenu est important…

Elle l'emmena jusqu'à son petit deux-pièces.

Hésitant, avec l'idée préconçue de subir l'odeur écœurante d'un univers confiné, d'avancer dans la pénombre au milieu d'un fatras de vieilleries, Ficelle resta sur le palier.

— N'aie pas peur, gamin, entre !

Elle le poussa à l'intérieur. Il laissa échapper un cri de surprise. La pièce était lumineuse. Un parfum de rose y régnait. La décoration tenait du décor de théâtre. Aucun globe de verre contenant des fleurs artificielles, de photos en noir et blanc de mariage et de régiment, pas de vieux coussins brodés au crochet, pas le plus petit souvenir désuet d'un âge disparu. Rien de ce qui encombrait la maison de son arrière-grand-mère, et qui paraissait au jeune homme sorti d'un siècle moyenâgeux. Non. Quelques anciennes affiches de théâtre, dignes d'être vendues sur eBay à des prix défiant toute concurrence, garnissaient les murs. Des chapeaux de toutes formes et couleurs égayaient le dessus d'une longue commode.

— Mais c'est drôlement joli, chez vous, Rachel !

— Il n'y a d'épouvantail ici que moi-même. Ça suffit, non ? Viens, mon garçon, que je te présente mon « petit cabinet des curiosités »...

Ils s'approchèrent d'une armoire vitrée repeinte en blanc. Elle se retourna vers son jeune visiteur. Son visage rayonnait autant que si elle eût dévoilé au monde entier le trésor de Toutankhamon.

— Voilà mes merveilles !

De petits objets quotidiens, insignifiants aux yeux de Ficelle, étaient disposés sur des coussins matelassés, tels des bijoux de grande valeur : mouchoirs, fleurs séchées, un coquillage, boîtes d'allumettes, cartes, autant de reliques pour la vieille dame ; autant d'amorces à son imagination féconde. Au milieu trônait une clé USB. Elle la sortit avec précaution, la tendit au jeune homme déconcerté.

— Merci, Rachel, tu es un ange !

Il l'embrassa sur les deux joues et courut jusque chez lui, rouge comme une pivoine. Il l'avait tutoyée, il l'avait embrassée, avec une audace surprenante pour ce grand timide. Tant pis, ou tant mieux. Il l'aimait bien, cette vieille dame originale et attachante.

Aussitôt entré, il se précipita sur son ordi, y brancha la clé USB et attendit. Ce qu'il y découvrit le laissa interdit.

Lilou, il faut que je lui montre !

Il l'appela aussitôt. Elle était rentrée avant lui du lycée. Elle s'était fait une règle d'étudier chez elle, avant de le rejoindre pour dîner avec sa famille.

Ils restèrent une heure scotchés à l'écran.

— Voilà qui est Romain Meusla, le photographe sportif, et qui m'a bien remis sa carte de visite !

— Et il parle de nous, tu te rends compte, Lilou ?

— Le nom de David Aston ne m'est pas inconnu. Google, ouvre-toi !...

Ils tombèrent aussitôt sur un acteur ayant joué dans *Matrix* et un épisode du *Seigneur des anneaux.*

— C'est le David Aston qui me disait quelque chose, ce n'est pas le nôtre. Dommage !

Parmi d'autres homonymes, tous anglo-saxons, apparut enfin le visage croisé au Père-Lachaise : David Aston, un biographe. Ses ouvrages étaient répertoriés, ainsi que sa maison d'édition, située dans le VIe arrondissement, près de Saint-Germain-des-Prés.

Lilou hésita à joindre sa mère et à tout lui révéler. Le répondeur trancha pour elle.

— C'est mieux ainsi, Lilou, il faut en savoir davantage. Ta mère est suffisamment ébranlée.

Ils décidèrent de ne pas appeler l'inspecteur. Ils imaginaient déjà la vieille dame accusée de recel de pièce à conviction, emmenée en garde à vue, menottes aux poignets. De toute façon, la police recherchait des agresseurs. Le reste n'était pas son affaire.

Ils consultèrent les Pages blanches, en quête des coordonnées de David Aston, en vain. Il devait être sur liste rouge.

— Samedi, Ficelle, nous allons à la maison d'édition.

— Elle risque d'être fermée pendant le week-end. La prof de maths est malade. On n'a pas cours demain matin, allons-y.

Il se mordit les lèvres.

— Lilou…

— Oui ?

— Ne le prends pas mal, mais n'y va pas attifée comme ça.

— Je suis attifée, moi ?… Bon, tu verras, je vais t'éblouir !

Le lendemain, Ficelle laissa échapper une exclamation de surprise.

— Tu es méconnaissable !

Lilou avait discipliné sa chevelure. Maquillée avec sobriété, elle avait emprunté à sa mère un tailleur-pantalon.

— Ça ne va pas ?

— La classe ! Tu es… Tu es…

— Merci !

Ravie, elle colla un gros baiser bruyant sur sa joue cramoisie.

Ils sortirent du métro en fin de matinée, répétant une dernière fois le discours préparé.

— J'oserai jamais ! s'exclama Ficelle en pouffant de rire.

— T'inquiète ! Laisse-moi faire.

Ils pénétrèrent dans le hall d'un immeuble en pierre de taille.

— C'est drôlement chic, dis donc, murmura Ficelle.

Un homme en faction à l'accueil les arrêta.

— Oh là !... Où allez-vous ?

— Nous avons rendez-vous pour un reportage sur David Aston.

— Attendez une seconde. Vous êtes ?

— Marie-Lilas Gauthier...

L'homme consulta un registre et releva le visage d'un air méfiant.

— Vous n'êtes pas inscrite.

— Bien sûr, son éditeur nous a dit de passer quand cela nous serait possible.

Bravant l'air dubitatif de leur interlocuteur, Ficelle renchérit, la mine superbement désolée :

— Vous savez, l'année du bac...

— Oh oui ! J'ai un fils de votre âge. Je sais... Allez, l'ascenseur est sur votre gauche. Au troisième.

— On a eu de la chance, murmura Ficelle.

— Tu sais que tu deviens bon, toi ?

A l'étage, le portrait de Romain voisinait avec celui d'autres auteurs sur les murs. Sous la photo, le nom *David Aston* ne laissait aucun doute. Ils s'adressèrent à la première assistante rencontrée, qui refusa bien entendu de leur communiquer son adresse.

Lilou usa alors d'un subterfuge :

— C'est notre auteur préféré !

— Vous aimez les biographies, vous ? C'est rare, à votre âge. Ma fille, elle, préfère les bouquins de vampires... mais tant mieux, se pressa-t-elle d'ajouter.

Lilou s'appliqua :

— Madame, nous effectuons un travail sur les grands mécènes et nous souhaiterions l'interviewer.

L'assistante sourit. Leurs visages respiraient la bonne foi.

— C'est très bien, mais c'est impossible. Il n'est pas là. Laissez-nous une lettre. Nous transmettrons.

— Il est toujours sur la Côte d'Opale ? demanda Lilou d'une voix hardie.

Devant l'expression ébahie de l'assistante, elle ajouta qu'il devait être brisé par la mort de son fils.

— Vous êtes au courant ?...

— Oui. Comment va-t-il, à présent ? Et sa femme ?

— Sa femme l'a quitté. Vous savez, c'est souvent comme ça lors de drames, les liens se resserrent ou se défont. On n'en sort pas indemne... Euh...

L'assistante se tut. Elle bavardait trop. Mais cet auteur était son chouchou, et elle était heureuse de pouvoir en parler. Lilou en profita :

— Je ne me souviens plus s'il a un frère...

— Non, il est fils unique, et il est bien solitaire, le pauvre.

— Vous y croyez, vous, à la thèse du kidnapping ?

La secrétaire sourit.

— Je ne sais d'où vous détenez ces informations, mademoiselle. Vous devriez écrire des polars... Ce fut une malheureuse noyade.

— Ecoutez, il n'a pas encore de site web. C'est pas normal, non ? Alors, nous avons décidé de créer un site sur lui !

La secrétaire craqua :

— Si vous aimez les voyages, vous le trouverez à Bray-Dunes, près de Dunkerque. Tenez.

Elle griffonna l'adresse de David sur une carte blanche.

— Je ne vous ai rien dit, d'accord ? Mais nous l'aimons beaucoup, ici.

Elle s'arrêta, émue. Reprit :

— Lorsqu'il vient, il a toujours des mots gentils à mon égard, mais nous n'avons plus de nouvelles. Il s'est replié sur lui-même durant trois ans. On l'a revu à l'automne. Il avait l'air d'aller mieux, et depuis, rien... Dans la maison, on commence à s'inquiéter. Si vous le voyez, appelez-moi, d'accord ?

Ils s'exclamèrent, de concert :

— Juré !

— Bonne chance, les enfants !

Devant l'immeuble, survoltés, Lilou et Ficelle sautèrent dans les bras l'un de l'autre, émirent des cris de Sioux, se tapèrent dans les mains.

— Yes !

La jeune fille décida d'appeler sa mère. A cette heure, elle était en pause déjeuner.

— Je lui communique juste l'adresse. Maman n'aura qu'à le retrouver sur la côte, et ils s'expliqueront tous les deux.

Pauline décrocha aussitôt. Lilou lui rapporta d'une voix précipitée par l'excitation qu'ils avaient retrouvé la trace de David Biot, le père de l'enfant, et qu'ils sortaient de chez son éditeur. Pauline admira, en silence, leur aplomb. De vrais comédiens, ces deux-là.

— Doucement, chérie, tu parles trop vite, le portable passe mal ici.

— Il est biographe, maman. L'inspecteur n'a pu contacter David Biot, parce qu'il se fait appeler David Aston, et il est sur liste rouge. Et tu ne devineras jamais : nous avons même son adresse !

— Mais quel est le rapport avec Romain ? demanda Pauline, qui ne voulait pas encore croire à l'évidence.

— David et Romain ne font bien qu'un, maman.

— Tu es sûre ?

— J'ai vu sa photo, mam'!

— Il peut s'agir d'un frère jumeau...

— Non, il est fils unique.

— Ah...

— Maman, tu es là ?

— Oui... Comment l'avez-vous découvert ?... Oh, je dois te laisser... On se rappelle, ma chérie, bisous.

En raccrochant, Lilou s'exclama :

— Zut ! Je n'ai même pas dit à maman qui était Romain !

— Il le lui annoncera lui-même, tu ne crois pas ? Autant les laisser entre eux, à présent.

— T'as raison, Ficelle. Ces adultes, ils nous pompent. Quand même, tu ne trouves pas que la réalité rattrape la fiction ? On a nos acteurs de séries, mais nous voilà devenus nous aussi des personnages !

— C'est mieux que les avatars ou les clones !

27

Des vents forts balayaient la route des polders, aux sols asséchés.

Pauline maintenait avec fermeté le volant de sa petite voiture. Avait-elle eu raison de quitter l'autoroute ? Cette région des Moëres, en Flandre maritime, était l'une de ses petites « madeleines ».

Enfant, cette route était pour elle l'annonce de la plage. La luminosité changeante donnait au paysage un caractère insaisissable. L'horizon flottait comme un mirage. Les nuages cotonneux filaient à grande vitesse comme dans un film en accéléré. La petite fille sentait déjà le sable s'écouler sous ses pieds. Et les dunes venaient confirmer l'approche de la côte. Sa maîtresse d'école lui avait appris que cette contrée septentrionale n'était qu'une lagune au Moyen Age. L'homme avait fait de ce gigantesque marécage un territoire cultivé, sciemment inondé à deux reprises, par stratégie guerrière.

Aujourd'hui, ce territoire des « wateringues » – ou fossés – était à nouveau menacé avec le changement climatique, et l'élévation du niveau de la mer. Aussi, à chacune de ses balades sur la côte, Pauline tenait à traverser ce Blootland, le « pays nu ».

Elle ouvrit sa fenêtre en dépit du froid extérieur, huma l'air salé de la mer. Oui, elle y était.

Elle profitait d'une après-midi de congé pour se rendre sur la côte, à Bray-Dunes, à une heure de route de Lille. Récréation trop courte pour rejoindre sa fille à Paris. Elle attendrait le week-end pour l'embrasser, et pour éclaircir l'appel de Lilou vers Pascal. Elle détestait les explications au téléphone, surtout lorsqu'elles s'annonçaient délicates. Elle n'avait pas encore eu le courage de joindre le père de sa fille. Elle appréhendait d'entendre sa voix.

Romain – ou David – était sa priorité. L'espoir de le revoir s'était amenuisé en l'absence de signes. Les conseils de son amie psychologue lui étaient précieux. Sa conversation avec Mathilde avait ranimé sa foi :

« Qui se cache sous cette physionomie, Mathilde ? Je suis perdue. Il affabule ?

— Les probabilités qu'il se mente à lui-même sont plus fortes.

— Pourquoi ?

— Il se ment à lui-même, mais ne le sait pas encore… Il ne veut pas admettre la perte de son fils, donc refuse, inconsciemment, d'être David. Il se persuade qu'il est Romain. C'est tellement vital que son cerveau s'en est arrangé. Mais tout ceci, ce n'est bien sûr que des suppositions…

— Qu'est-ce qui pourrait le faire sortir de là ?

— Un autre choc, ou une présence aimée… »

Elle avait pris la route.

La mer se dressait devant elle. Internet était venu à sa rescousse pour lui indiquer le chemin de la maison de David Aston, « Les Jardins du vent ». Elle était située à l'écart de la digue, en direction de La Panne, première station belge.

Elle sortit de la voiture, enfila une veste matelassée. L'air était vif. Le vent grossissait les ourlets d'écume, soulevait le sable, mais il balayait le voile diaphane des nuages et permettait au timide soleil de février de percer. Une profonde inspiration lui remplit les poumons d'effluves iodés. Houleuse ou calme, opaline ou brumeuse, la mer du Nord est comme le ciel, toujours en mouvement.

Elle s'oublia un instant dans la vision de ce monde nacré, dont les éclats évoluaient avec les marées. Et comme à chacun de ses retours sur le littoral, elle s'aperçut que la mer lui avait manqué.

Aujourd'hui, jour venteux de semaine hivernale, peu de promeneurs se risquaient en bord de mer. Sur la digue, quelques chiens sortaient leur maître. Une personne dont elle ne put identifier le sexe faisait son jogging le long de la plage. Un cerf-volant parait le ciel de sa couleur rouge, mais aucun paravent rayé n'égayait la vaste étendue. Adossées au mur de la digue, les cabines, troublantes petites maisons miniatures, abris secrets des enfants ou des plus grands, devaient être vides, à moins que quelques amoureux n'y aient installé leur refuge temporaire.

Elle marchait depuis cinq minutes sur un sentier recouvert de lattes de bois à demi enfouies sous le sable, lorsqu'une vaste demeure isolée surgit devant elle, tel le palais d'Aladin.

Mi-contemporaine, mi-ancienne, elle était impressionnante. Hissée sur les dunes, elle dominait la mer. Des touffes d'oyats aux reflets mordorés ondoyaient sous le vent.

Près de la porte d'entrée était inscrit *Les Jardins du vent.*

Le malaise de Pauline se mua en angoisse. Elle s'était lancée sur les routes avec la spontanéité d'une jeune écervelée. Impossible de reculer. Elle sonna. Insista. La porte restait close. Son appréhension s'accrut, mais elle ne s'avoua pas vaincue. Que ferait Lilou ?

« Essaie côté mer », lui suggéra la voix de sa fille.

Elle répondit, à voix haute :

— Oui, tu as raison, faisons le tour.

Je deviens folle, moi aussi.

Elle enleva ses chaussures. Sous ses pieds nus, le sable n'était pas chaud comme en été, peu importait, la sensation duveteuse, elle, était là. Elle se baissa, prit du sable dans sa main et le laissa couler entre ses doigts. Des images heureuses de son enfance prirent place. Elle était avec ses cousins...

Aidées par leurs mères, les filles fabriquaient des fleurs en papier crépon de couleur. Munis de pelles, les garçons creusaient des magasins dans le sable. Les filles plantaient les fleurs sur un comptoir imaginaire. Les garçons en achetaient pour leur maman. Pauline regrettait la disparition totale des « tourelles », ces coquillages en forme de cône, dont ils se servaient comme monnaie d'échange...

Elle grimpa sur la dune pour rejoindre la véranda de la villa. La porte n'était pas verrouillée. Avant d'entrer, le cœur battant, elle remit ses chaussures et lança l'appel habituel :

— Il y a quelqu'un ?

Personne ne répondit. Devait-elle insister ? Pénétrer dans la demeure sans y être invitée ? Cela s'appelait une intrusion. Elle n'était pas arrivée jusque-là pour rebrousser chemin.

Elle jeta un coup d'œil derrière elle, avant de s'apprêter à commettre cet acte répréhensible. Aucune envie d'attirer des regards susceptibles d'imaginer une tentative de cambriolage. Avec son attitude de coupable, son visage cramoisi, elle était certaine de se faire embarquer.

Un rocking-chair était là, face à la mer. Contiguë à la véranda, la première pièce offrait une vue fascinante.

Que vais-je lui dire… ?

Il n'était plus temps de débattre avec ses peurs. Elle exhala un profond soupir, repoussa l'impression nauséeuse d'une violation de domicile. Ne pas penser. Mais son cœur était bruyant, sa respiration tout autant, ses pas martelaient le parquet.

Elle appela à nouveau, d'une petite voix qu'elle jugea ridicule. Elle fit le tour de ce qui semblait être un bureau. Cet univers n'était pas celui de Romain. Ce ne pouvait être le même homme. Le propriétaire ne manquait pas d'argent. Rien ne rappelait le photographe gagnant sa vie avec des piges. Une sensation diffuse lui envahit le ventre… Les cauchemars de Romain n'étaient autres que les souvenirs de David. Elle l'entendait à l'hôpital : « "Romain cherche toujours des sujets à photographier. Il est né avec une pellicule dans le cerveau !" disent mes amis. »

Elle chercha en vain des appareils photo, des clichés, des images…

Le long d'un mur attendaient un violoncelle et un chevalet, avec une partition de Schubert. Perturbée, enserrée dans son angoisse, elle leva la tête vers l'imposante bibliothèque remplie de livres et de dictionnaires. Quelques titres de biographies étaient signés *David Aston*.

Elle tenta d'organiser les pensées confuses qui l'assaillaient. A la droite d'un ordinateur de bureau trônait une unique photo. L'image d'un bonheur. Le portrait en pied d'un couple et de leur enfant : David avec sa femme et leur petit garçon, Sam.

Un vertige s'empara de Pauline. Elle évacua son malaise en s'asseyant sur le fauteuil du bureau. Cette femme – son épouse – était superbe. De grands yeux noirs, une chevelure magnifique, une silhouette de mannequin. Une expression hautaine. Elle la détesta aussitôt. La honte l'envahit. Cette femme avait perdu son plus grand trésor. Son enfant. Sa raison d'exister. Que serait-elle, Pauline, sans sa Lilou ? Cette photo était celle d'un bonheur disparu. D'une réalité devenue illusion.

Elle se sentit laide, insignifiante, mesquine. Elle eut envie de s'enfuir, et resta assise, face à la mer, des larmes perlant au bord de ses paupières.

Elle en était là, figée dans une attitude hébétée, lorsqu'elle ressentit comme une présence aveugle. Elle divaguait, à présent. Il était temps de partir. Quelque chose, pourtant, la retenait. Elle devait marquer sa venue. Oui, bien sûr, elle allait lui laisser un mot !

Elle emprunta un feutre, chercha du papier.

Ses yeux tombèrent alors sur une chemise cartonnée. Elle l'ouvrit sans réfléchir. Un titre s'étalait en pleine page : *L'Enfant à la tache de vin*. En bas, une signature : *David Aston*. Les battements de son cœur s'accélérèrent. Il s'agissait des premiers chapitres d'un ouvrage, saisis à l'ordinateur. L'histoire de son fils.

Elle parcourut les premières lignes :

20 avril 2008

L'incident que je vais relater s'est déroulé en ce mois d'avril.

Photographe, je suis à l'aise avec l'image, mais cette aventure ne se raconte pas en photos. Quelque chose me pousse à la mettre sur papier, à en imprégner un support, comme lorsqu'on immortalise un instant sur pellicule. Il y a un début à tout et il n'y a pas d'âge pour commencer un journal...

Pour son roman, David avait ainsi repris le métier de ce Romain.

Elle eut brusquement la sensation de ne plus pouvoir respirer. Un couperet tomba sur ses épaules. Les propres mots de Romain se déployaient sur les feuilles de David. Ses propres sentiments s'épanchaient sur le papier. Ce manuscrit... L'ignorance de Romain concernant la marque de son appareil photo. L'enfant au cerf-volant. Ses troubles. La vérité fulgura. Evidente. Effrayante.

Elle feuilleta les autres pages :

Je n'étais plus à Lille, mais au bord de la mer. La plage était envahie de cerfs-volants. Je portais l'enfant, le posais à terre. Le petit garçon aux grands yeux noirs grelottait. Il était frigorifié. Et lorsque je tentai de lui ôter son maillot.

Oui, c'était ça...

Et plus loin, non plus à Lille mais à Paris, au Père-Lachaise :

En bon citadin, la nature n'est pour moi que prétexte à jogging, équitation, escalade, natation. Ou à reportages. « Romain cherche toujours des sujets à photographier. Il est né avec une pellicule dans le cerveau », disent mes amis.

La suite du chapitre se déroulant au Père-Lachaise n'était pas écrite... ou n'avait pu être tirée sur papier.

Il n'existait ni ravisseur, ni enfant à la tache de vin, ni photographe nommé Romain Meusla, sinon dans l'imagination de David.

La tête lui tournait. Une pâleur livide envahit son visage, elle s'écria :

— Romain n'est qu'un personnage de roman !

Une ombre obscurcit le manuscrit sur lequel elle était penchée. Une voix féminine se fit entendre, tandis qu'une main se posait sur son épaule :

— Pas seulement, mademoiselle. Romain existe.

28

Pauline sursauta, bondit hors du fauteuil et fit volte-face. L'inconnue n'était pas la brune altière figurant sur la photo. Elle était plus âgée.

— Je ne me suis pas présentée : Jacqueline Aston-Biot. La mère de David.

La gorge serrée, Pauline fut d'abord incapable de prononcer une parole. Loin de se formaliser de son arrivée inopinée, loin de la menacer, cette femme lui souriait. Elle devait avoir une soixantaine d'années, n'en paraissait pas cinquante. Une jolie femme blonde, avenante, au regard clair. Svelte, moins grande que son fils, elle était juchée sur de très hauts talons inadéquats en bord de mer. Elégante dans un jean très tendance, un pull noir en cachemire et ce pendentif de couleur rouge assorti à ses escarpins.

Elle lui tendit la main, lui offrit le sourire de son fils.

Un léger accent britannique trahissait de nombreuses années passées en Angleterre. Jacqueline devina ses interrogations à son égard.

— Jacqueline était le prénom de la meilleure amie de maman. J'en ai hérité. Ma petite taille, je la dois à ma mère, Laurette[1], mais je compense par des talons

1. Voir, du même auteur, chez le même éditeur, *Un palais dans les dunes*.

hauts, comme elle. J'ai la folie des chaussures, David vous le dira. Quant à mon accent, je suis bien française. De l'autre côté de la Manche, ils l'entendent tout de suite. Je parle anglais avec un accent français, et français avec un accent anglais.

Pauline se demanda pourquoi cette femme se justifiait devant une inconnue, qui, en outre, venait de pénétrer chez elle sans y être invitée, mais ce préambule eut le mérite de dissiper son malaise. Elle lui rendit son sourire, sortit de son mutisme :

— Pardonnez mon intrusion, madame… Je suis…

— Je sais qui vous êtes, Pauline.

Surprise, mais encouragée par le ton direct et bienveillant de Jacqueline, la jeune femme entra dans le vif du sujet :

— J'ai rencontré un Romain. Il s'avère qu'il est David.

Elle ajouta, d'une voix d'outre-tombe :

— Il m'a menti. Sur tout. Sur… vous aussi…

— Il ne vous a pas menti. Il est souffrant.

— Où est-il ?

— Dans un établissement spécialisé.

— Oh non !

— Il va bientôt en sortir.

Pauline serra les lèvres, évacua un soupir de larmes. Elle comprit soudain les premières paroles de Jacqueline.

— Romain existe, avez-vous dit. Qui est Romain ?

— Romain est son frère jumeau.

— Son frère jumeau ? répéta-t-elle, un peu perdue. Lequel ai-je côtoyé à l'hôpital, Romain ou David ?

— David. Romain existe toujours au fond de mon cœur, mais ce jumeau est décédé peu après leur naissance. David l'apprit dès son enfance. Il n'en parla jamais, mais Romain a dû prendre place dans sa vie dès cet instant. Il l'a imaginé, en a fait un double, un autre lui-même doté d'autres talents. Sans doute aussi a-t-il culpabilisé d'être vivant. Vous savez, le « pourquoi lui, pourquoi pas moi ? »... J'ai ignoré ce bouleversement en lui, jusqu'à ce mois-ci. J'ai lu son manuscrit. Cet « enfant à la tache de vin » allait être, je suppose, un drame qui finit bien pour exorciser le sien, un moyen de l'aider à surmonter le deuil. Sam n'a pas...

Elle s'arrêta, submergée par l'émotion. Pauline lui toucha la main avec douceur.

— Sam n'avait pas de tache de naissance. David a construit le personnage du photographe comme son frère jumeau, qui n'aurait, bien entendu, pas eu comme lui un accident à la cheville, donc plus apte à pratiquer tous les sports. Plus insouciant – en apparence –, plus dandy aussi, comme l'était mon père. Le traumatisme du décès et le coma ont fait basculer son esprit dans la personnalité de son personnage, avec d'autant plus de facilité qu'il cherchait coûte que coûte à s'identifier à Romain. Son frère fantôme.

— Enfant, David devait culpabiliser d'accaparer votre affection, au point d'imaginer une mère peu aimante pour Romain.

— Oui, Pauline. A l'hôpital, il m'a bien reconnue, comme sa mère et celle de Romain. Mon témoignage a permis d'éclaircir des zones d'ombre. David se comporte comme si son frère jumeau était en lui. C'est très étrange...

Elle soupira, répéta :

— Il ne m'avait jamais parlé de Romain.

— Pour respecter votre chagrin.

— Après le drame, je suis revenue souvent d'Angleterre. Sa femme...

Pauline la coupa :

— J'ai vu la photo. Elle est très belle…

Elle se mordit la lèvre, embarrassée.

— Oui, très belle.

La voix de Jacqueline devint sèche.

— Elle l'a quitté après la mort de Sam. Elle vit en Nouvelle-Zélande. On ne peut pas aller plus loin.

Elle devança ses questions muettes :

— Je ne sais s'ils s'aimaient, mais ils ne se supportaient plus. Cette épreuve a rompu les derniers liens. David se confina trois ans dans sa villa, s'enfermant dans le mutisme, ne supportant que l'opéra et la présence de son ami l'Arsouille.

— L'Arsouille ?

— Un surnom de carnaval.

— S'agit-il de François Vallon ? Je l'ai rencontré à Paris.

— Non, lui c'est Fanfan, ou la Tulipe. L'Arsouille, c'est Paul. Un Dunkerquois. Une belle personnalité.

Elle se tut un instant, puis :

— Et si nous faisions quelques pas en bord de mer, Pauline ? Le vent a chassé les nuages. Regardez, on dirait qu'il est tombé, et avant que le soleil ne disparaisse… Je troque mes escarpins contre des baskets, et je suis à vous…

Au mouvement perpétuel des vagues se mêlait le piaillement des mouettes et des goélands. Bien couvertes, elles parcoururent la plage. A cette distance de la digue, un cordon dunaire retenait la mer. La marée avait tracé ses sillages.

Toutes deux songeaient à la même chose : cette immensité mouvante permettait à l'esprit de vagabonder, aux pensées de se libérer. Elle offrait l'apaisement de l'âme.

Jacqueline rompit le silence qui s'était installé entre elles :

— Ma mère adorait faire des châteaux de sable sur la plage. Même adulte ! Elle était très douée. Vous connaissez Bray-Dunes, Pauline ?

— Très peu.

— A la fin du Second Empire, Alphonse Bray, un armateur dunkerquois, acquit un vaste terrain de dunes peuplées de lapins. Au bout de quatre ans de pourparlers avec les autorités, il fit édifier une « Maison hospitalière » accueillant vieillards et infirmes de la marine, et servant d'école pour les enfants des pêcheurs. La plupart s'embarquaient à bord de navires armés à Dunkerque, pour la pêche en Islande. Bray-Dunes était née. Je le tiens de David. Biographe, il est passionné par l'Histoire. Moi, je connaissais mieux Le Touquet. Mon père, un gentleman britannique, y rencontra ma mère. Une simple fille de pêcheurs, qui l'adora aussitôt, fut son caddie au golf, prête à tout pour changer le destin qui lui était octroyé. Une sacrée bonne femme, ajouta-t-elle en riant. Je possède une grande villa au Touquet. Je souhaiterais que David revende celle-ci.

— Elle est magnifique !

— Oui, mais elle recèle trop de douloureux souvenirs. Vous verrez, ajouta-t-elle comme si elle était assurée de revoir Pauline, la mienne n'est pas trop mal non plus.

Pauline rougit de cette marque de sympathie. Une heure auparavant, cette femme ne l'avait jamais croisée, et elle lui offrait déjà l'hospitalité.

— David vous a donc parlé de moi ?

— Oui !...

Le regard empreint de tendresse de Jacqueline en disait long. Pauline lui offrit un sourire radieux, et se tut, soudain intimidée.

— Vous aimez la mer, vous aussi ?

La mère de David n'attendit pas la réponse :

— Aujourd'hui, elle me donne la conscience de la fugacité du temps. En vieillissant, je me sens de plus en plus citadine, comme l'était mon père.

— Pourquoi David a-t-il choisi Bray-Dunes, et non Le Touquet ?

— C'est une longue histoire, mais c'est aussi toute son histoire. David n'a pas connu son père, et son modèle d'homme fut mon propre père, le gentleman anglais... Là-bas, vous voyez ? A trois kilomètres par la plage, s'étend la petite ville belge de La Panne. J'y ai rencontré mon premier amour. Niels, fils de pêcheurs. Nous nous sommes aimés puis perdus de vue. Un amour vécu... pleinement, ajouta-t-elle avec pudeur. La révolution sexuelle venait d'éclater... J'allais avoir vingt ans. On était en 1969, il fallait avoir vingt et un ans pour être reconnu majeur. La pilule venait d'arriver sur le marché, je ne la prenais pas encore, et l'avortement resta interdit jusqu'en 75. J'ai envoyé une lettre à Niels, pour lui annoncer mon état, elle demeura sans réponse. Je n'ai pas insisté, je n'ai pas couru le rejoindre...

« Franco-anglaise, j'étais fière de mon appartenance à la gentry britannique. L'ai-je aimé parce qu'il était issu d'un milieu modeste ? L'attirance du contraire... Ai-je redouté sa condition, qui me rappelait celle de ma propre mère, fille de pêcheurs ? L'expérience de mes parents me paraissait trop exceptionnelle. Craignais-je un échec ? Je cherche encore la réponse.

— Vous étiez jeune...

— Oui, et insouciante. Je désirais le rester, ne pas me marier. Je ne revins pas à La Panne. Peut-être ne l'aimais-je pas assez. Pourtant, dans ma lettre je lui disais mon désir de garder son enfant… Comme un précieux cadeau.

— Vous l'aimiez…

— J'ai eu de la chance. Non conventionnels pour leur époque, mes parents s'étaient aimés eux aussi en dépit des barrières sociales. Et j'étais leur petite dernière. La plus gâtée. Le jour des treize ans de David, le jugeant assez mature, je lui contai mon histoire et celle de Niels. David fut d'abord choqué, il me croyait veuve. Il fut ensuite rassuré. Il était le fruit d'un grand amour. Et j'étais bien veuve, en quelque sorte.

« J'appris le décès de Niels, par un faire-part envoyé par sa sœur. Je n'osai me rendre aux funérailles. Je ne connaissais personne. Dix ans s'étaient écoulés, sans doute s'était-il marié, avait-il eu des enfants. J'étais une intruse… Et je pensais cet amour sinon oublié, du moins endormi ; reposant, paisible, dans un petit coin de mon cœur. D'autres amours prenaient leur place, et de Niels il me restait David, aux yeux si bleus de son père. Pourtant, tout changea. Dès lors, chaque jour qui passait me ramenait le souvenir de ce premier amour. Une interrogation ne cessait de me tarauder : pourquoi m'avoir envoyé ce faire-part, après un si long silence ?

« C'est ainsi que j'emmenai David de l'autre côté de la frontière. Ce jour-là, nous marchâmes tous deux jusqu'à la petite maison blanche de Niels. Elle était dissimulée dans les dunes, je faillis ne pas la retrouver. Toujours debout, enfouie au milieu des oyats, elle semblait plus basse que dans mon souvenir. On ne voyait plus la mer, on la devinait grâce au halètement des vagues. David me confia plus tard s'être senti aussitôt en osmose avec ce lieu.

« J'hésitai à sonner. Une dame qui me parut âgée – elle était plus jeune que moi aujourd'hui – vint nous ouvrir. Les mêmes yeux bleu délavé. Elle me toisa avec méfiance. Silencieuse, son regard se porta sur le jeune adolescent qu'était mon fils. Elle se troubla et comprit.

« Avant de mourir, Niels avait laissé un mot, pour moi. Ecrit en flamand. Travaillant en France, sa sœur le traduisit sans difficulté. Il me disait son attente. Il ne s'était pas marié. Il m'aimait, pour toujours. Et il m'expliquait son silence. Il ne m'avait pas répondu, n'ayant pas déchiffré ma lettre. Flamand belge, il ne lisait ni n'écrivait en français. Il ne l'avait pas fait traduire, succombant à la crainte d'être accusé de détournement de mineure. Il avait dix ans de plus que moi. Lorsqu'il fut très malade, sa sœur vint à son chevet. Il osa lui demander la lecture de la lettre. Avant de mourir, il sut qu'il avait un enfant de moi, et il s'éteignit dans la sérénité, selon sa sœur. Que se serait-il passé si Niels avait répondu ? Avec le temps, j'ai peut-être embelli notre brève histoire, et idéalisé cet homme. Mais David a baigné dans cette atmosphère sentimentale, et a désiré se rapprocher de lui, en vivant ici. Il rend souvent visite à sa tante belge. Voilà, si je vous ai raconté tout ça, c'est pour que vous compreniez d'où vient David, qui il est...

— Pourquoi moi ?

— Parce que vous comptez beaucoup pour lui. Et lui compte pour vous, Pauline, sinon vous ne seriez jamais venue jusqu'ici. Je me trompe ?

— Non...

— La vie est étrange. J'ai reproduit le modèle de mes parents. Non pas en tant que fille de pêcheurs, comme Laurette, avec un aristocrate anglais. Mais disons... à l'envers.

Elle fixa un instant Pauline.

— Je ne sais si j'ai hérité de la spontanéité de ma mère, mais je me sens à l'aise avec vous.

Elle aussi l'était. Cette femme lui plaisait. Leurs histoires différaient, mais leur sensibilité les rapprochait.

— Retrouvera-t-il la mémoire, Jacqueline ?

— J'en suis persuadée. Mais il souffre d'une lésion plus importante. Elle se cicatrisera peu à peu mais ne disparaîtra jamais. Le monde de David a pris un nouveau visage à la mort de Sam. Son univers s'est écroulé comme un jeu de dominos. Le temps ne referme jamais ce genre de blessure. Il faut vivre avec, c'est tout ; la porter avec soi, jusqu'à la fin. Et la femme qui l'aimera devra être prête à l'assumer.

Jacqueline en savait quelque chose, même si son petit Romain n'avait vécu que huit jours. Il était sorti de son ventre, comme David, elle l'avait vu, touché, embrassé, cajolé, aimé. Et il lui avait été arraché. Son bébé restait présent dans son cœur. Son petit visage d'ange hanterait le reste de son existence.

— Etes-vous prête à vivre avec cette ombre, Pauline ?

On n'entendait plus que les chuchotements de la mer.

— Je dois repartir.

— Voulez-vous rester cette nuit ?

— Merci, mais je ne peux pas... Je prends mon poste à sept heures demain. Où puis-je trouver David ?

— Ici, dans quelques jours. Je vais le sortir de la clinique psychiatrique. La neuropsychiatre pense que la guérison est proche. Pour l'instant, il est comme un funambule, sur un fil, entre deux mondes. Souhaitons qu'il penche du bon côté. Ses amis ont juré de lui faire « retrouver toute sa tête, de la remettre à l'endroit pour le carnaval », comme dit l'Arsouille. Un peu curieux... Mais qui sait ? Un fait incontestable : cette fête redonne de l'énergie, après l'hiver...

Elle s'arrêta un instant, son visage dévoila toute son inquiétude :

— D'après le médecin, son comportement révèle une peur enfouie au plus profond de son esprit. On dirait que le spectre d'une honte l'empêche de voir la lumière, de revenir parmi nous en David...

— Son chagrin reviendra avec sa « raison »...

— Il aura alors besoin de nous. Revenez, Pauline.

29

Pauline scruta son visage dans le miroir, l'interrogea.

Romain l'aimait. Toutes les fibres de son être le lui criaient. Mais David... Allait-il l'aimer ?... Depuis son entrevue avec Jacqueline, elle y songeait chaque jour. La crainte de perdre une fois encore ses illusions l'empêchait de trouver un moment pour retourner à Bray-Dunes. Et en week-end Lilou était, et serait toujours, prioritaire.

Au compte rendu de son amie, Mathilde avait relativisé :

« Je suppose que pour les auteurs – écrivains, scénaristes – les personnages prennent corps. Ils existent pour eux. Tu rajoutes un grave traumatisme, et hop, la bascule n'est pas loin... Mais nous vivons tous dans un monde parallèle lorsque nous lisons, ou regardons un film. Pas besoin d'aller sur les jeux vidéo, et virtuels. Nous nageons en pleine illusion !... Bon. Il ne te reste plus qu'une chose à faire.

— Quoi ?

— Le carnaval. Il y sera, non ? C'est l'occasion, et je t'accompagne, ma Pauline. Nous ne l'avons jamais fait.

— Je pensais que tu y étais déjà allée...

— En spectatrice, avec un foulard jaune citron au cou et une casquette rouge pompier. Je croyais être suffisamment costumée, je me suis sentie… comment te dire : décalée, non, pire que ça : ridicule. Et ridicule d'avoir eu peur du ridicule. Et le comble fut mon exaspération de culpabiliser vis-à-vis de mon homme. Je suis restée sur ma réserve, j'ai observé, j'ai regretté de ne pas connaître les chansons et de n'être là que pour voir. Il faut y aller à fond, ou ne pas y aller. Tu me donnes l'occasion de sortir d'une frustration.

— Et ton mari…

— J'ai passé l'âge de lui rendre des comptes.

La voix de Mathilde laissait percevoir de l'amertume et des tensions dans son couple. Elle ne supportait plus la jalousie de son époux et l'avait mis au pied du mur : il lui accordait sa confiance, ou elle reprenait sa liberté.

Pauline ne connaissait que le carnaval de Binche, en Belgique, avec ses magnifiques Gilles aux bonnets à plumes d'autruche et grelots. Elle y était allée « pour voir », en était revenue enthousiaste, poursuivie deux jours durant par la cadence lancinante des sabots. Influencée par les préventions familiales, elle redoutait celui de Dunkerque. Adolescente, elle avait émis le désir d'y accompagner des amis de sa classe de terminale. Ses parents l'avaient dissuadée en ces termes : « La folie collective est dangereuse pour les filles ! »

Elle confia sa réticence à Mathilde.

— Tes parents se trompaient, ma belle. Les hommes déguisés en nanas ne sont pas dangereux !

Fête lunaire, les dates en variaient chaque année. L'époque du carnaval était déjà commencée. Il se propageait un peu partout en Flandre et sur la côte, durant des semaines.

« Les Trois Joyeuses » de Dunkerque, apogée du carnaval, se dérouleraient quinze jours plus tard. Poser des RTT était impossible pour Pauline, qui débutait dans un nouveau poste, mais un week-end suffirait pour une première expérience. Avant la bande de la Citadelle le lundi, puis celle de Rosendaël au mardi gras, le premier rendez-vous était fixé le dimanche avec « la bande des pêcheurs », et plusieurs dizaines de milliers de carnavaleux allaient converger vers le centre-ville. Temps fort des Trois Joyeuses, la « visscherbende » était la bande la plus impressionnante, tant par le nombre que par la vigueur. On était loin des premières festivités précédant le départ des pêcheurs pour l'Islande, au XVIIIe siècle, qui se déployaient dans une auberge dunkerquoise.

Elles déchantèrent et se traitèrent de candides. Elles s'y prenaient bien trop tard. C'était de l'inconscience. Tous les restaurants et hôtels affichaient complet. Nombre de Dunkerquois et autres carnavaleux prenaient trois jours de congé. Avant de s'avouer vaincue, Mathilde fit appel à toutes ses connaissances susceptibles de faire carnaval. Elle échoua. Pauline passa un coup de fil, et la chance lui sourit aussitôt en la personne de Rémi. Lui-même n'y était jamais allé, mais trois de ses copains se disaient « accros ». L'idée de se joindre à ses amies l'enthousiasma.

— Je vais enfin accomplir l'un de mes fantasmes : être comme vous, les filles, sans être traité de folle !

Son réseau fonctionna à grande vitesse. Les chambres étaient-elles élastiques ? Il dénicha la nuit d'hôtel. En revanche, les billets pour les bals de fin de semaine étaient déjà tous vendus.

Pauline n'était pas encore convaincue.

— L'espace d'un week-end, serons-nous de vrais carnavaleux ? Ceux de Dunkerque participent à tous les bals et à toutes les bandes de la côte...

Elle cachait son unique appréhension : comment reconnaître David parmi ces milliers de visages grimés ? Et accepterait-elle de le découvrir en bas résille et minijupe ? Avait-il besoin de ce nouveau masque ? N'allait-elle pas fuir ? Rémi jaugea son désarroi, effaça ses tergiversations :

— Tu veux connaître le vrai David ? Le carnaval fait partie de sa vie... Je ne sais si tu vas le retrouver, mais tu t'en rapprocheras.

Une semaine avant leur départ, ils s'activaient tous trois chez Mathilde. La question du déguisement était primordiale. Le samedi matin, Lilou débarquait de Paris, accompagnée de sa cousine Anaïs venue l'attendre au TGV, toutes deux désolées de ne pouvoir se joindre à eux, mais le bac de français se profilait à l'horizon...

Lilou reçut une ovation en exhibant trois chapeaux de paille offerts par Rachel. La vieille dame s'était sentie ragaillardie à l'idée de donner une seconde vie à ses trésors.

« Si je n'avais pas cette fichue arthrose, je me serais jointe à la fête ! » s'était-elle exclamée, sans se soucier de son âge.

L'ancienne modiste avait extrait un grand carton à chapeaux du haut d'une armoire et, devant Ficelle et Lilou intrigués, en avait dévoilé le contenu : Des fleurs en tissu, des plumes de couleur, une multitude de rubans, des paillettes, et deux boas, noir et rouge.

« Je n'ai pas eu d'enfant… » avait-elle murmuré, le visage baissé pour dissimuler son émotion.

Après un soupir lourd de chagrins, elle avait relevé la tête et ajouté, le visage rayonnant :

« J'ai trouvé mes héritiers : Vous deux. Pas de protestation ! Vous serez de corvée pour vider cet appartement en location, mais je ne pense pas que vous ayez des droits de succession à assumer ! Vous ne voulez tout de même pas que l'Etat s'empare de mes petits trésors et les jette au caniveau ? Prends des photos, tu veux bien ? J'ai hâte de voir le résultat. D'ailleurs… »

Elle n'avait pas perdu la main et le montra. Avec une dextérité et une originalité qui stupéfièrent Lilou et Ficelle, elle avait décoré l'un des chapeaux.

« Pour ta maman.

— Rachel, vous pourriez faire fortune ! avait proclamé Ficelle, impressionné.

— Ah oui ? Tu sais ce qu'on dit, mon petit : On n'a jamais vu un coffre-fort suivre un corbillard ! »

La semaine précédente, Lilou et Anaïs avaient repéré des modèles de costumes et d'accessoires parmi les reportages présentés sur Internet. Mathilde montra des photos prises en décembre. Une « prébande » de Dunkerquois était venue à Lille pour inciter les habitants à participer au prochain carnaval.

Les deux cousines quittèrent Rémi, Pauline et Mathilde un moment, en quête de vieilles fripes. Elles sonnèrent chez le frère de Pauline. La pioche fut peu fructueuse. Sa femme s'offusqua.

— J'espère, Anaïs, que tu ne comptes ni emprunter mes beaux masques de Venise, ni aller au carnaval ! Pauline fait ce qu'elle veut avec sa fille, mais...

— Maman, on ne le fait pas, on les aide.

Lilou précisa, avec le désir de l'amadouer :

— Tantine, il n'y a pas de masques à Dunkerque. C'est seulement du maquillage, de la peinture...

— Eh bien, ce doit être joli ! C'est bien ce que je pense, laid, violent, vulgaire, et tous ces gens qui boivent...

Chez elle, il n'était pas question de peur, comme pour les parents de Pauline, mais de dégoût. Elle n'y mettrait jamais les pieds.

Les filles s'attendaient à un refus. Elles avaient élaboré un plan. Tandis que Lilou affectait une bonne volonté pour satisfaire l'insatiable curiosité de sa tante concernant sa vie parisienne, la cousine se rendait en cachette dans la salle de bains de sa mère. Elle lui « emprunta » des faux cils noirs, et deux perruques, que sa mère s'était achetées, pour se juger en blonde et en rousse, et n'avait jamais portées.

Chez leur grand-mère, le scénario fut différent. Avec de gros bisous intéressés, les « petites » obtinrent tout ce qu'elles voulaient.

Elles dénichèrent dans sa commode des bas résille noirs et des porte-jarretelles que la grand-mère ne mettait plus depuis des lustres, mais qui provoquèrent un débat passionné chez les gamines. Lilou tomba en arrêt devant la sempiternelle corbeille de fruits en plastique qui trônait sur la table. Après un regard échangé avec sa cousine, elle arbora un air très soucieux. Tout en évitant de la déclarer « has been », elle toucha sa grand-mère en un point sensible :

— Mamie, tu ne peux plus garder cette décoration de table. Regarde, ces fruits sont franchement décolorés. Ce n'est plus net, tu ne trouves pas, papy ?

Très heureux de voir enfin disparaître cette horreur, il acquiesça, sous les foudres de sa femme.

Elles en repartirent très excitées et chargées de vieilles choses que leur mamie conservait : sacs à main et cabas en plastique, une voilette, de la doublure en fourrure mitée, un bouquet de fleurs en tissu qui datait de la communion solennelle de Pauline, et un petit parapluie rouge d'enfant.

— Il était à ta maman, Lilou, prends-en soin !

— Promis, mamie ! s'écria-t-elle, avec un large sourire et une mauvaise foi totale.

Elle se garda bien d'avouer les transformations qu'elles allaient lui faire subir afin de le transformer en berguenard de carnaval.

Elles revinrent chez Mathilde avec un vrai trésor d'Ali Baba.

Rémi avait cherché de son côté, accordant une importance capitale aux détails qui allaient personnaliser son costume, et surtout son berguenard. Il le voulait chargé de souvenirs, comme un hymne à l'amour qu'il portait à son ami disparu. Il avait ouvert le placard, s'était emparé de vieilles cravates bigarrées qu'il n'avait pas eu le cœur de donner, de leurs deux nœuds papillons arborés lors du dîner entre copains qui avait officialisé leur vie commune. Parmi quelques petits objets, il s'était saisi de plumes d'oiseaux de paradis, rapportées de leur « voyage de noces » en pays exotique, du collier à grelots du vieux chat qui ne bougeait plus de son coussin depuis la mort de son compagnon.

— D'ou vient ce nom, parrain : berguenard ?

— De la ville de Bergues, proche de Dunkerque. Les notables de la cité venaient faire carnaval avec des parapluies, craignant de se faire mouiller. Ce fut d'abord une singerie, qui tomba dans l'oubli. Les Berguois utilisent aussi le berguenard. Ce sont les hommes qui le portent.

Les deux jeunes filles s'amusèrent beaucoup à le confectionner sur les instructions de Rémi, qui agissait en maître d'œuvre. Elles rivalisaient d'originalité et les fous rires ne manquaient pas.

— L'an prochain, on sera dedans, nous aussi !

Rémi s'était procuré des rubans adhésifs aux couleurs des Flandres, rouge, jaune, noir. Il en entoura le long tuteur en plastique fauché pour l'occasion aux multiples plantes qui ornaient le balcon. Son berguenard devait être unique. Pour lui, ce serait un hommage ; pour ses amies, un moyen de le retrouver dans la foule. La dentelle rose et le boa noir de Rachel ornèrent le bord du parapluie. Rémi y rajouta les cravates, les clochettes du chat, et dissimula les attaches bricolées avec les deux nœuds papillons. Enfin, les filles suspendirent des pompons de laine aux extrémités des cravates.

— Génial ! On prend des photos pour Rachel !

De leur côté, les deux femmes confectionnaient les deux autres chapeaux, avec les fleurs, rubans, et plumes, et les fameux fruits en plastique de la mamie. Mathilde rajouta des boules de Noël rouges sur le sien. Pour les costumes et les accessoires, agrafes et tiges métalliques, susceptibles de s'accrocher entre elles, d'éborgner quelqu'un ou d'être brisées, étaient bannies. Il fallait coller les fleurs et les fruits un à un. Les chahuts du carnaval les mettraient à rude épreuve.

Pauline tricha en choisissant la flamboyante perruque rousse, proche de sa chevelure, et en se dessinant des ronds rouges sur les joues avec du rouge à lèvres. Elle voulait garder un visage avenant et reconnaissable pour David. Pas dupes, ses amis échangèrent un regard complice. Mathilde adopta la perruque blonde, sur laquelle Rémi traça, à l'aide de feutres qui s'éliminaient au lavage, des bandes bleues et vertes. Et comme elle accumulait les achats de vêtements, elle ouvrit sa garde-robe à Rémi.

— Rémi, pourquoi les hommes se déguisent en femmes ? s'enquit Anaïs.

— C'est misogyne ! renchérit Lilou.

— Ce carnaval est impertinent...

— Bel euphémisme ! intervint Mathilde, le nez dans la penderie.

— Tous les hommes ne sont pas en filles, déclara Rémi en enfilant la minijupe sous le regard amusé de ces dames. En dehors des musiciens, certains choisissent d'autres costumes, mais l'origine des matantes est à trouver chez les pêcheurs. Ayant fait leur paquetage pour leurs mois en mer, il ne restait plus que les vêtements des femmes. A l'époque, ils ne croulaient pas sous les fringues, ce n'est pas comme vous, les filles !...

Quatre paires d'yeux le foudroyèrent.

— Je retire !... L'autre origine est que la ville restait aux mains des femmes. Mais le carnaval fut de tout temps le symbole d'un pied de nez à la mort, et des valeurs inversées... Tu peux attacher derrière, Pauline ?... Le carnaval remonte à l'Antiquité. L'Egypte, les saturnales, les bacchanales, Babylone, les rôles inversés, les serviteurs qui donnaient les ordres, les condamnés qui s'exhibaient sur le trône, partageant la couche des épouses royales avant d'être mis à mort...

Merci, ma douce, c'est parfait... Les pratiques rituelles étaient en communion avec la nature... Ces fêtes étaient avant tout agraires... Et « délirer » signifie « sortir du sillon » !... Ça serre un peu, mais il faut souffrir pour être belle !... En Flandre, au Moyen Age, existait la « fête des fous », ou « fête à l'envers ». Les ecclésiastiques y participaient, avec inversion des habits liturgiques, et élection d'un évêque des ânes. Le travestissement était le principe directeur de la fête des fous. Bien, le cours est achevé pour aujourd'hui... et puis, le carnaval, ça se vit, ça ne se parle pas. Alors... Je ne suis pas beau comme ça ?

— Tiens, ces hauts talons-là ont toujours été trop grands, essaie-les, Rémi.

— Tu peux les ranger, Mathilde. Première règle : Prendre de bonnes chaussures de marche. « Si t'es clopeux des pieds, t'as qu'à rester », dit la chanson. Je n'ai pas envie de me tordre les chevilles, ni de piétiner et de sauter au rythme des chahuts pendant quatre heures avec des cors aux pieds. Une minijupe est d'ailleurs beaucoup plus sexy avec de gros godillots !

— Zut ! Vous allez chahuter sans nous, c'est pas juste ! fit Lilou en avançant ses lèvres en une moue enfantine.

— Les chahuts de carnaval méritent une petite explication : Ce sont les moments les plus « physiques ». A l'origine, on piétine et chasse les mauvais esprits pour porter chance aux marins. Au signe du tambour-major, les cuivres entament une chanson endiablée, les premières lignes font bloc pour retenir les milliers de masquelours qui poussent et sautent.

— Eh bien... fit Pauline, songeuse.

— Prévoyons aussi des sous-vêtements chauds. Nous serons en bord de mer, en plein hiver, et ces temps-ci il fait froid.

— Voilà, nous sommes prêts...

— Pas tout à fait !

Rémi leur tendit des textes de chansons.

— Lisez bien les paroles, tout est dedans : l'historique, les légendes sur les disparus en mer, leurs fantômes, le mode d'emploi...

— Il faut les apprendre ?

— Les vrais carnavaleux connaissent les airs et les paroles, et les chantent en chœur... Les filles, on va leur montrer que les Lillois sont prêts à l'immersion !

En bonnes filles du Nord, elles reconnurent « Si tu veux faire mon bonheur, Marguerite... », d'autres étaient moins familières, la plupart très grivoises. Pauline chantait, rouge comme une pivoine, mimant l'indignation pour sa fille, laquelle était radieuse. Loin d'être scandalisées, les deux cousines s'amusaient de bousculer leur bonne éducation avec la bénédiction des adultes.

— Une vraie cour de récré, fit Anaïs, ravie.

30

Au feu rouge, Mathilde et Pauline sursautèrent et poussèrent en chœur un hurlement.

Deux étranges humains collaient leur nez et leur langue à la vitre. La farce accomplie, ils repartirent en se trémoussant. Ils étaient vêtus en femmes de petite vertu, au déhanchement sans équivoque, mais leur carrure et leur taille indiquaient deux grands gaillards. Ils traversèrent le passage piéton bras dessus, bras dessous. De vrais géants, assez impressionnants en minijupe et bas résille roses. Des porte-jarretelles dépassaient sous la jupe. Un boa en plume autour du cou, perruque jaune et orange, chapeau à fleurs sur la tête et minuscule parapluie perché en haut d'un bâton long de deux mètres. Ils se retournèrent une dernière fois vers les passagers de la voiture, le visage hilare, et lancèrent :

— Bienvenue, les Ch'tis !...

Ils s'éloignèrent à vive allure vers les bars et restaurants qui les attendaient avant le grand rendez-vous.

— Je sens que ça va me plaire ! s'écria Rémi. Ça y est, les filles, on est dedans !

Les deux femmes se turent. Elles avaient le trac. En répétition, elles avaient beaucoup ri. Mais l'heure était venue. Oseraient-elles porter ces accoutrements, se propulser dans la bande au son des tambours, crécelles et mirlitons, sans peur du ridicule ? Ne resteraient-elles pas « à l'extérieur » ? Dans ce cas, c'était fichu. Il leur fallait être en symbiose. Les fantaisies et chansons paillardes de leur première année de médecine leur semblaient si loin. Pauline ne cessait de penser à David. Ne lui semblerait-elle pas grotesque ? La reconnaîtrait-il ? Lui revenait par intermittence le portrait de sa superbe épouse. Elle se sentait insignifiante. A l'hôpital, elle avait joué le rôle de réconfort physique et mental, le rôle de transfert pour employer un terme psy. Elle se berçait une fois encore d'illusions...

Après une profonde inspiration, elle décida d'aller au bout de sa quête, même si elle devait se brûler les ailes. Elle l'aimait. Avec une violence insoupçonnée jusqu'alors.

Des parkings gratuits et surveillés étaient aménagés à proximité du centre-ville. Ils suivirent le fléchage, abandonnèrent la voiture, et à dix-huit heures, ce samedi, ils pénétrèrent dans leur hôtel, où trois copains de Rémi les attendaient. Ce dernier partagea la chambre des deux femmes. Là s'accomplit le rituel du maquillage, travesti et ajustements. Ils quittèrent leur habit « civil » pour revêtir le « clet'che » du carnavaleux. Pauline et Mathilde prirent des fous rires à parfaire le maquillage, à coller les faux cils de Rémi, qui ne tenait plus en place. Il avait enrichi son chapeau de tétines.

— Pour symboliser la naissance. C'est une fête du printemps, les filles.

— D'où viennent ces tétines ?

— Ma petite nièce, qui a deux ans. Je lui ai fait honte. J'ai décrété qu'elle devait jeter ses deux tétines sous peine d'être traitée de bébé. J'en ai ôté une de sa bouche, et j'ai pris l'autre dans sa chambre !

Rémi avait tout prévu. Son minuscule sac rose, très kitch, contenait tout ce qu'il fallait pour réparer leurs costumes : fils, aiguilles, élastiques, maquillage, et même ces petits ballons roses à gonfler, pour refaire les seins de matante. Beaucoup explosaient durant le défilé.

— Et qu'on dise encore que l'habit ne fait pas le moine, murmura Mathilde.

Le petit groupe des « Indépendants » se dirigea vers la digue de Malo, pour la première bière et le dîner avec orchestre. A vingt-deux heures, débutait le bal au Kursaal, le palais des congrès, fêtes et spectacles. Organisé par les « P'tits Louis », il marquait l'ouverture officielle des Trois Joyeuses. Les amis de Rémi avaient réussi à leur obtenir des places. La foule chaloupait, entre des pauses au bar à bière, ou au bar à champagne. Ils sympathisèrent avec des « non-Indépendants », des Dunkerquois, qui levèrent leur pinte à l'inventivité de leurs costumes et chapeaux.

— Nous, on est tombés dedans tout petits, et on remet le même clet'che chaque année !

— Prêts pour « la danse à mille » ? Vous verrez, déclara un homme déguisé en Gaulois, on n'est plus soi, mais une bande. Et on oublie tout le reste.

Pauline était intriguée par la grande taille d'une majorité de Dunkerquois. L'un d'entre eux lui fournit l'explication. Les marins avaient hérité leur carrure de leurs ancêtres, venus de Frise, un chapelet de minuscules îles hollandaises. Et la pêche en Islande achevée, seuls les plus vigoureux revenaient sur la côte.

Après le rigodon géant, ils regagnèrent leur hôtel. Eméché, la démarche chaloupée, Rémi tenait à peine debout. Ses compagnes le soutenaient.

— Demain, vous verrez, les filles, je ne serai pas pompette, la « bande » fait éliminer !

— C'est ça, gamin, se moqua Pauline, utilisant le terme affectueux des carnavaleux. Demain est un autre jour !

Chez les néophytes qu'elles étaient, toute trace de malaise ou de trac avait disparu. Ils étaient tous des masquelours. La seule préoccupation consistait en un démaquillage soigné avant la grande aventure du lendemain.

Après une nuit d'insomnie – ils étaient trop agités pour dormir – la séance de maquillage et de costume recommença. Le grand jour était arrivé.

Le vent les accueillit. Un petit vent familier, frais mais non glacial, qu'ils oublièrent très vite. Ce dimanche fut une fête des sens. Une explosion de couleurs s'offrait aux regards des trois amis. Les fenêtres de Dunkerque étaient pavoisées. Des taches de couleur pailletaient le centre en un immense tableau impressionniste. Une foule bariolée envahissait la ville. Le spectacle était magnifique.

— Nous ferons halte dans une chapelle dès que nous aurons soif, dit l'un des copains de Rémi.

— Une chapelle ? demanda Pauline, décontenancée.

— Ce sont les haltes. On transpire, on a soif ! Lors du départ des pêcheurs en Islande, on priait dans les chapelles, pour leur retour. *Dunkerke* signifie en flamand « la chapelle des dunes ». A présent, les chapelles sont les maisons des amis ou parents qui ouvrent leur porte et offrent le couvert. Pour nous, les non-Dunkerquois, nos chapelles seront les bars et restaurants. C'est convivial, aussi.

En matinée, une « chapelle » gratuite était ouverte dans les salons de l'hôtel de ville. Ils s'y arrêtèrent et se dirigèrent ensuite vers la place Jean-Bart pour se restaurer. Les amis de Rémi y avaient réservé une table.

Il était presque quinze heures lorsqu'ils en sortirent et cherchèrent le départ de la « bande des pêcheurs ». Il leur suffit de suivre le flux. Tous les masquelours convergeaient vers le lieu du regroupement. Une belle effervescence régnait place Vauban, dans ce quartier de la basse-ville.

Habillé en grognard de l'Empire, Cô Schlock, le tambour-major, s'apprêtait à diriger le cortège et la musique. Guide du carnaval, il décidait des arrêts et des chahuts. Il se planta au milieu de la place, avec une figure de circonstance. Son bâton dans la main, l'air grave mais sans impatience, il attendit que ses soixante-quinze musiciens, vêtus du ciré et du suroît des pêcheurs, soient prêts. Les tambours battaient le rappel.

A son signal, la clique des fifres et tambours entonna le rigodon d'honneur, qui, jadis, servait de rassemblement aux soldats de l'Empire.

Le désordre s'organisa, le tumulte devint musique, le chaos s'harmonisa.

Les carnavaleux formèrent les lignes. Derrière Cô Schlock et les musiciens, les plus audacieux et musclés verrouillèrent leurs bras de façon à former la muraille solide qui protégerait les musiciens et contraindrait le cortège.

« Il faut avoir de rudes côtes pour être au premier rang », dit la chanson.

La gorge nouée par l'émotion, Pauline sentit une grosse main s'emparer d'elle et se trouva intégrée dans la bande aux côtés d'un grand carnavaleux déguisé en matante.

— Ça y est, c'est parti, les filles ! s'écria Rémi.

Et la bande se lança. Les berguenards de Rémi et de ses amis ne portaient pas les armes d'une association dunkerquoise, mais on les accueillit avec la même bonne humeur et le même enthousiasme.

La bande n'en finissait pas derrière sa fanfare, qui avançait et s'arrêtait sur un signe de son guide. Les joyeux drilles obéissaient, repartaient, prêts au chahut, lui aussi parfaitement orchestré.

Un défoulement organisé est donc possible, songea Pauline.

La bande n'était plus qu'une immense vague humaine, un raz de marée, qui serpentait, chaloupait au son de la musique. Tel un ballet, où chaque mouvement de l'un assure l'équilibre de l'ensemble, elle négociait les virages, évitait les obstacles. Circulation et stationnement étant interdits dans le périmètre de la bande, les dernières voitures avaient été embarquées à la fourrière le matin, mais durant le parcours quelques obstacles demeuraient. Des carnavaleux ramassaient les rares objets ou déchets qui traînaient. Leur dextérité dévoilait soit une longue expérience du carnaval, soit l'appartenance au service d'ordre, discret et déguisé.

Compressée lors des chahuts, le nez dans l'épaule d'un plus grand, Pauline s'échinait à repérer David. Elle se jugeait folle d'avoir espéré le retrouver dans cette foule compacte et grimée. Ses vaines tentatives ne passèrent pas inaperçues aux yeux de son géant de voisin.

— Tu cherches quelqu'un ?

— Oui...

— A carnaval, on finit toujours par se retrouver !

David devait être là. Non loin d'elle, peut-être. Elle arrêta de le chercher, décida de se fier à la chance. Ils vivaient la même chose, et c'était déjà bien.

Peu à peu, elle se sentit enveloppée par cette musique qui déferlait sur la ville, régénératrice comme la danse africaine, obsédante comme le rythme des Gilles de Binche.

Au début, sans Rémi, elle se serait sentie perdue. A présent, elle avait l'impression d'avoir toujours été de la partie. La fête dépassait tous les clivages politiques et sociaux, gens de droite et de gauche, riches et chômeurs, marins et antimilitaristes, notaires et ouvriers, rondouillards et efflanqués, grands et petits, laids, beaux, femmes, hommes, tous unis, dans un défilé sorti de l'univers de Bruegel ou de James Ensor. Une fête multigénérationnelle, sans barrière d'âges. Les anciens transmettaient leur expérience aux plus jeunes. En levant la tête, Pauline apercevait des personnes âgées à leurs fenêtres ouvertes, qui contemplaient la forêt de parapluies et jetaient confettis et serpentins. Sans doute chantaient-elles avec eux, en remuant le fessier. Sur les balcons surchargés, d'autres tenaient à bout de bras des petits enfants, plumes sur la tête, pour les initier à la fête.

« Quand j's'rai trop vieux, que j'pourrai plus arquer, quand j's'rai p'us bon qu'à faire la bande su'l'côté », dit la chanson.

On se touchait, on se frôlait. Il s'en dégageait une chaleur humaine facétieuse et fortifiante. Et c'était bien. Sans avoir bu, Pauline se sentait ivre de musique, de foule, de danse, du chaud, du froid, de la farandole. Au milieu de ce monde à l'envers, de ces allusions crues, de ces exhibitions excentriques et autorisées, elle ne ressentait aucun malaise. Chacun respectait l'autre et son costume. Ce n'étaient que félicitations sur un déguisement ou un détail, paroles coquines mais gentilles. On ne retirait pas la perruque de l'autre, on n'attrapait pas les pompons qui pendaient sous les berguenards.

Encore un modèle, songea-t-elle, non pour les politiciens, cette fois, mais pour le monde entier. Une foule espiègle pouvait donc être respectueuse et responsable, folle et paisible. David était-il fou ? En ce jour, on ne savait plus qui était le plus fou.

« Regarde, ma belle, avait fait remarquer Rémi, tu vois beaucoup d'hommes dans les bandes ? Franchement, en jupe, bas, faux seins, faux cils et rouge aux lèvres, pouvons-nous nous envoyer notre poing dans la figure ? Impensable ! »

Elle était sidérée de voir ces hommes transformés par leur costume. Ils adoptaient des attitudes et une gestuelle très féminines, comme de vrais comédiens, ou des travestis de métier. L'habit faisait bien le moine.

Les deux amies avaient perdu Rémi. Elles aperçurent son berguenard qui se dirigeait vers un café. Il s'arrêtait un moment pour se rafraîchir et boire une chope. Elles quittèrent la bande à leur tour et le rattrapèrent.

— Oh, Rémi, tu n'as pas peur d'être malade ?

— On n'est pas des sauvages, s'interposa un carnavaleux. On boit, mais la bière n'est pas forte, elle s'élimine vite.

— Oui, mais si...

— Si on gerbe, on pense aux autres, on gerbe distingué, en dehors de la bande. Hein, gamin ?

Dans la « chapelle », là non plus, en dépit de la bière qui coulait à flots, aucune violence n'était à déplorer.

A dix-sept heures, le cortège rallia la place de l'hôtel de ville, d'où se faisait le traditionnel jet de harengs – sous sachets plastique – par le maire et ses adjoints.

Cinq cents kilos de poisson furent lancés depuis le balcon de la mairie sur une foule en liesse.

La tradition remontait à l'époque où le poisson ne se conservait pas. Il ne restait plus qu'à le distribuer, tandis que les marins partaient pour une nouvelle campagne de pêche. Le carême débutait, et avec le printemps les poules pondaient ; la terre, les champs, les jardins produisaient d'autres nourritures.

Dans la gigantesque bousculade, Pauline aperçut un homard en plastique à ses pieds.

— Tu peux l'échanger contre un vrai à la poissonnerie !

Elle était stupéfaite. Elle n'aurait jamais cru que le carnaval recélait tant de symboles. Plus qu'un défoulement, cette fête à l'envers était un magnifique rite dédié à la vie, et elle en faisait partie. Elle sut dès cet instant qu'elle ne s'en passerait plus.

Une demi-heure plus tard, Pauline reconnut, ébahie, la mère de David, sur le bas-côté. Avec une dextérité qui l'étonna elle-même, elle s'échappa de la bande sans rompre les rangs, suivie aussitôt par ses fidèles amis.

Costumée, Jacqueline était pieds nus, ses chaussures à la main. Ses hauts talons s'étaient brisés.

— Pauline ! Je suis heureuse que vous soyez là ! Regardez l'état de mes escarpins ! s'exclama-t-elle en riant. L'Arsouille m'avait mise en garde. Je n'en ai fait qu'à ma tête, trop heureuse d'exhiber ces escarpins jaunes ! J'étais entre deux colosses qui m'avaient prise en affection. J'ai martelé le sol avec eux lors du chahut, mais n'ai pas chassé les mauvais esprits. Seuls mes talons se sont fait la malle !

Elle avait trébuché. La ligne arrière avait aussitôt bloqué les autres lignes pour ne pas l'écraser. Elle s'était sentie happée par l'une des matantes musclées. La foule s'était écartée, comme la mer Rouge devant Moïse. Un homme l'avait déposée avec délicatesse sur le côté, et avait répondu à ses remerciements par un baiser de carnaval sur les lèvres, avant de disparaître, anonyme, dans la bande.

— Me voici immobilisée par ma faute. La prochaine fois, je chausserai mes baskets !

— David est là ?

— Oui.

— Il est… remis ?

— Sa jambe est guérie, mais il reste prudent, il fréquente davantage les chapelles que la bande. Je vais d'ailleurs à notre chapelle, chez l'Arsouille. Suivez-moi, ils y sont tous.

— Le fameux l'Arsouille…

Jacqueline lui décrivit le personnage épique, costumé en Arlequin.

— En Arlequin ? Comme à Venise ?

— A Venise, Arlequin est le seul à être habillé de hardes de couleur, à cause de ses origines modestes. Il représente le peuple. A Dunkerque, on dit que les masquelours sont tous des Arlequins…

Elle marqua une pause devant le visage anxieux de Pauline et ajouta, avec un soupir de tristesse :

— David ne semble pas encore être... lui-même...

L'Arsouille habitait aux abords du passage du défilé. Sa femme faisait chapelle entre le lancer de harengs et le rigodon final. Elle les accueillait, avec bière et genièvre, et même du rosé pour accompagner un bon pouding de sa composition, nappé de rhum. Une merveille, selon Jacqueline.

Une agitation chaude et bruyante régnait à l'intérieur. Dès l'entrée, Pauline reconnut l'imposant l'Arsouille, vêtu d'un pantalon d'Arlequin et d'une veste bariolée. Il chantait à tue-tête d'une voix tonitruante.

— Pauline ! s'exclama-t-il, les présentations faites par Jacqueline. C'est bien, c'est bien, répéta-t-il, avec une turbulence toute joyeuse.

Son air plut à Pauline. En découvrant ses traits, elle pensa à ce Daniel, décrit par « Romain ». En plus fort, mais Romain n'avait pas précisé la corpulence de son ami lillois.

— Votre prénom est Daniel, l'Arsouille ?

— Non, Paul.

Bien sûr... Daniel n'existait pas. Pas plus que Romain. Elle ressentit un pincement au cœur.

— Tout va bien, Pauline ? lui demanda-t-il d'un ton affectueux, comme à une amie de toujours.

Avec sa chevelure rousse, l'Arsouille aurait aussi pu être un grand frère pour elle. Ils sourirent, songèrent peut-être à la même chose, s'adoptèrent aussitôt.

— Au carnaval, Pauline, on efface ses soucis. Il agit comme un invisible aimant – aimant ou amant !... Il nous retient, happe notre blues, nous ôte nos vilaines idées et nous redonne la pêche. Le carnaval, je l'aime et il m'aime, chantonna-t-il, en sautillant sur place.

Il s'adressa à sa femme :

— Lille est avec nous, ma reine ! Allez, gamin, dit-il à Rémi, on trinque !

La chapelle était bourrée d'amis et de parents des hôtes. Pauline chercha David. Elle parcourut les trois pièces du rez-de-chaussée et le reconnut enfin, sous son chapeau printanier et son visage grimé. De profil, une bière à la main, il écoutait les propos plus ou moins cohérents d'un carnavaleux. Elle ne voyait qu'une joue gauche, sur laquelle était peinte une fleur. Les battements de son cœur s'accélérèrent. Les sens troublés, presque étourdie, elle sentit monter en elle une vague de plaisir, qui lui serra la gorge et embrasa ses pommettes. Elle réussit à articuler :

— David...

Il lui sembla apercevoir un léger frémissement de ses muscles, mais il ne se retourna pas vers elle.

— Romain ?

Il lui fit face. Sa joue droite était différente de la gauche. Elle était peinte de rayures bleues et blanches. Ses yeux se posèrent sur elle, bleus et magnifiques, assortis à cet étrange grimage.

— Pauline ?

Elle lui sourit. Le regard tendre de David se fit caresse et la pénétra jusqu'au tréfonds de son être. Elle frémit.

— Je suis heureux de vous revoir, Pauline.

Il ne la tutoyait plus. Elle se méprit, crut qu'il retrouvait son identité, mais il s'exclama :

— Le carnaval vous plaît, Pauline ?

Il n'attendit pas la réponse.

— Toutes ces couleurs contrastées, vives, cela tient du prodige pour le photographe que je suis.

Elle détourna les yeux pour cacher sa peine, croisa ceux du compagnon de David.

Il la scrutait en silence. Surpris, et visiblement contrarié. Vêtu du pagne des Zoulous, la coiffure tout en plumes, les gants blancs, le visage rayé de grands traits de peinture noire, il était presque méconnaissable. Il ne soutint pas son regard. Il tourna le visage, affecta d'être appelé par un autre, s'enfuit. Elle l'avait reconnu : François le comédien, venu au chevet de Romain à Paris. Elle profita des présentations de sa petite troupe par Jacqueline, pour le rejoindre et l'agripper par le bras.

— François Vallon !

— Je suis Fanfan, la Tulipe.

Elle alla droit au but :

— Vous l'avez laissé s'enliser, à l'hôpital. Pourquoi ?

Pour toute réponse, François avala une grosse gorgée de bière, évita une nouvelle fois son regard.

— Regardez-moi en face, François, dites-moi la vérité.

Eut-il peur d'un scandale ? Il l'entraîna à l'écart, avala sa salive et avoua :

— J'étais son documentaliste, vous savez ? Mais lorsqu'il m'a conté l'histoire de son roman, et lu ses premières pages, j'ai craint de ne plus lui être utile. Ma jalousie morbide est remontée à la surface. Je n'ai rien prémédité, mais à l'hôpital il s'est présenté comme Romain Meusla, photographe, et j'ai tout de suite compris...

— Vous vouliez qu'il soit Romain, et qu'il le reste. Vous êtes allé dans son sens. Pourquoi ?

— Sur le coup, je n'ai pas su pourquoi je confirmais ses dires, puis en moi est montée l'adrénaline, comme lors d'une première au théâtre. Je n'avais plus ressenti cette griserie depuis mes débuts. Je tenais une fabuleuse idée de pièce, et j'avais le sujet sous la main, en mon pouvoir. Je pouvais le manipuler... Je sais, c'est odieux. J'y ai renoncé. Je pourrais vous dire que chez moi le bien l'a emporté sur mes démons intérieurs... ce serait faux.

— Alors, pourquoi ? répéta-t-elle.

— Devant l'ampleur de la tâche. Je suis menteur, jaloux, mais aussi paresseux. Vous seule êtes au courant...

— Qu'allez-vous faire ?

— Profiter du brouhaha et de la foule du carnaval pour vous tuer tous les deux.

François émit un sourire attendri devant son visage consterné.

— Rassurez-vous, mes pulsions meurtrières s'arrêtent à mes fantasmes... Décidément, je resterai un raté.

— L'agression du Père-Lachaise, c'était vous ?

— Même pas ! Pas assez de cran, Pauline.

Elle décela une nuance d'ironie maussade.

— Tous les envieux ne sont pas des criminels. La terre serait dépeuplée... Quoique ce soit une idée de scénario... J'arrête, désolé.

— Qu'est-ce qui me dit que vous ne continuez pas à l'enfoncer, que vous ne mentez pas ?

— Vos yeux, Pauline. Je les ai évités à l'hôpital, et vous vous en êtes rendu compte, je le sais. Lorsqu'on les fixe, il faut être vraiment fou ou ignoble pour profiter de leur clarté, pour vouloir leur inoculer de la laideur. David sera en osmose avec les sentiments de

Romain... à votre égard... Dites... Je peux vous demander quelque chose ?

— Je ne dirai rien... Fanfan.

— Merci, Pauline. Je vais encore l'envier. Il a de la chance...

Il la regarda bien droit dans les yeux.

— Et il a fichtrement raison de vous aimer...

Ils réintégrèrent la bande, comme on monte dans un train en marche. Le groupe s'enflait de quelques représentants des « Acharnés », l'association au berguenard rayé bleu et blanc à laquelle appartenaient David, l'Arsouille et François. Redevenu Fanfan, ce dernier se sentait libéré d'un poids. Il allait enfin jouir du carnaval et ne plus simuler son plaisir.

Pauline et David riaient avec les autres, mais, serrés l'un contre l'autre, ils étaient seuls dans cette foule qui chantait, qui tapait des pieds, qui avançait, inexorablement comme dans un tableau d'Ensor. Pauline était submergée par l'émotion. Elle riait, pleurait, chantait.

Le jour tomba, les lampadaires s'allumèrent. A dix-neuf heures eut lieu le dernier rendez-vous : le rigodon final. Les musiciens quittèrent le devant du cortège pour s'installer au centre de la place Jean-Bart. Les carnavaleux tournoyèrent autour d'eux, avec lenteur, à coups de chahuts, une heure durant. Ils chantèrent au son des airs carnavalesques les plus célèbres. Ils créaient une énergie capable d'alimenter la ville pendant un an.

Le spectacle des masquelours devait avoir un côté surprenant voire baroque, mais aucun ne se souciait du maquillage qui coulait, de son berguenard brisé ou de sa chaussure perdue. Tous étaient heureux.

Visiblement séduit par Mathilde, l'Arsouille ne la quittait pas. Ils achevèrent le rigodon par le « salut à Cô Pinard », l'un des plus anciens tambours-majors du carnaval, puis par l'hymne à Jean Bart.

Sans un mot, David prit la main de Pauline. Le contact fut électrique. Ni l'un ni l'autre ne parlait. Etait-il David, était-il Romain ? Peu importait. La main rassurante qui tenait la sienne, fine et fragile, lui réchauffait le cœur et rosissait ses pommettes. Ils s'agenouillèrent, levèrent les bras. Pauline était entourée de ses deux hommes les plus chers, David et Rémi. Des larmes coulèrent sur son visage, lorsque débuta le superbe hommage au héros de Dunkerque. La cantate au fameux corsaire, enfant du peuple anobli par le roi Louis XIV. Elle fut chantée à l'unisson par une foule agenouillée et émue. C'était magnifique. Elle songea à la vague de la ola, superbe manifestation d'union et d'allégresse sportives. Et elle entendit alors une voix qui surgissait de très loin. C'était celle de sa grand-mère flamande, originaire de Cassel : « Fais Jean Bart ! », et la toute petite fille levait gaiement les bras, très haut... Elle comprit enfin que ce geste d'antan était le signe de ralliement populaire des enfants de Flandre...

Vive les enfants de Jean Bart,
Ce sont de fameux gaillards,
Pour les fêtes et pour les bals du carnaval !

La dernière syllabe fut tenue le plus longtemps possible : « vaaaaaaaaall ! »

Et les mains se lâchèrent.

L'Arsouille embrassa Mathilde sur les lèvres.

— Juste un baiser de carnaval ! s'exclama-t-il, rouge de confusion.

En ces temps d'exultation, le désir ose parfois se dévoiler…

Pauline se tourna vers David. Il la regarda, tout aussi ému qu'elle. Il l'embrassa à son tour sur les lèvres. Elle ferma les yeux, se sentit prête à défaillir. Puis, d'un mouvement brusque, il s'éclipsa, sans un mot, et se perdit dans la foule qui s'éparpillait, se dispersait dans les bars, dans les maisons, les chapelles d'après bande, dans les voitures…

Nombre de carnavaleux restaient et faisaient carnaval jusqu'au mardi gras, d'où le nom des « Trois Joyeuses ». Pauline se disait qu'il fallait la santé pour tenir ce rythme de trois jours. Mais n'était-ce pas aussi ce carnaval qui maintenait en forme ?

Elle l'avait vécu pleinement, dans la joie. Ces moments de farce, d'impertinence, de chansons grivoises, de liberté, avait été contrebalancés par une bonne humeur respectueuse. Pauline avait eu l'impression, pour la première fois de sa vie, d'une fusion entre les êtres. Elle transmettrait ces rites à sa fille. Elle revenait à sa vie sans peurs.

Elle se sentit envahie par une énergie, une force qu'elle n'avait plus possédées depuis des années, remplie de gratitude pour tous ces gens de Dunkerque et d'ailleurs qui l'avaient acceptée dans la grande chaîne de fraternité des carnavaleux. Elle se promit de privilégier ces instants de rencontre et de partage.

Elle pensa à cette inconnue croisée par hasard – était-ce le hasard ? – à ses paroles déclamées avec lyrisme :

« Quel beau pied de nez à la mort ! Un rendez-vous de folie et de vie, un rendez-vous pour être, pour jeter en riant à la face du monde – comme une poignée de confettis – ces belles valeurs souvent bafouées que sont Liberté, Egalité, Fraternité ! »

Pauline s'en souviendrait longtemps.

Ils s'arrêtèrent devant une baraque à frites, pour de bonnes frites mayo – entendez mayonnaise – avant de prendre le chemin du retour.

Pauline songeait à David. Leur rencontre la déroutait. Ils ne s'étaient pas adressé plus de trois mots mais leurs sens, leurs gestes avaient parlé pour eux. Pourquoi s'était-il enfui ?

Son baiser était-il, comme celui de l'Arsouille, un baiser de carnaval déluré mais anodin, était-il une déclaration, un au revoir… ou un adieu ?

Ils atteignaient le parking, lorsque Rémi s'écria :

— Ce n'est pas le copain de David qui court comme ça ?

L'Arsouille arriva, essoufflé.

— Vous ne restez pas ? On peut vous loger. Ma femme a préparé la soupe à l'oignon et le meilleur pot'ch vleesch de Dunkerque… Ensuite, on repartira pour la Nuit des Acharnés !

— Merci, l'Arsouille, c'est très gentil, répondit Pauline, mais nous travaillons, demain matin.

— Ah… dit-il avec une moue désolée. Dommage. Après nos Trois Joyeuses, ce sera la bande de Malo. Certains masquelours profitent du passage sur la digue pour se tremper dans l'eau glacée. C'est un spectacle à ne pas rater !… Euh… Bon. J'ai un mot pour vous, Pauline.

Surprise, elle le prit, l'embrassa sur les joues et monta en voiture.

— On fait aussi le carnaval de Bergues. Il clôt la saison, et ce sera presque le printemps, le temps sera clément. Vous êtes les bienvenus !... Il y aura moins de vent !

Mathilde lui sourit.

— Il y a eu du vent, aujourd'hui ? Je ne l'ai pas senti ! Merci, l'Arsouille.

Elle approcha ses lèvres des siennes.

— Je te dois un baiser... de carnaval !

En voiture, Pauline engagea la conversation pour ne pas pleurer :

— Quand on pense qu'il dure de janvier à mars...

— Pas étonnant que leur clet'che s'use, et qu'ils doivent le rafistoler ! nota Mathilde.

Au volant, Rémi prit un air inconsolable :

— Nous, il va falloir attendre le prochain...

— Ne t'avise pas de mettre ce costume à la ville, plaisanta Pauline, les sourcils froncés.

Les chapeaux sur la plage arrière montraient ostensiblement qu'ils « en étaient »... Le spectacle n'était pas achevé. Il devint nettement surréaliste, lorsqu'un défilé de voitures prit la route, conduit par des hommes en perruque et faux cils. Plusieurs voitures s'arrêtèrent en même temps, pour laisser descendre des chauffeurs costauds qui prenaient de l'essence habillés en femmes, le maquillage dégoulinant, le visage hilare.

Pauline profita de la lumière de la station-service pour déplier la lettre. En découvrant les quelques mots écrits, elle laissa couler ses larmes. Il lui donnait rendez-vous le samedi suivant à Roubaix, à « la Piscine ». Le musée préféré de Romain.

Mais il signait : *David.*

31

Le musée d'Art et d'Industrie de Roubaix, « la Piscine », est situé dans un ancien établissement de bains, d'où il tire son nom. Ce n'était pas n'importe quelle piscine. Au sein de la capitale de l'industrie textile française, ce temple dédié au corps, à l'hygiène et au sport était un des chefs-d'œuvre des années 1930.

Pauline avait préparé sa visite. Elle redoutait de passer à côté de découvertes essentielles et surtout de paraître inculte aux yeux de David.

Allait-il venir au rendez-vous qu'il lui avait fixé ?

La semaine s'était déroulée pour elle de façon onirique. Plongée dans les souvenirs du carnaval, dans des visions kafkaïennes, et dans l'attente de revoir David, elle avait dû déployer toute son énergie et sa conscience professionnelle pour vivre au présent, avec et pour ses patients. Elle en était sortie épuisée. Sa fille passait le samedi chez sa cousine.

Pauline ressentait en chacune de ses fibres que ce rendez-vous serait crucial, déterminant pour sa vie. Elle repartirait avec lui, ou devrait l'oublier.

Le temps était gris et froid. Elle sortit du métro, quitta la Grand-Place de Roubaix, se dirigea d'un pas rapide vers le musée.

En pénétrant dans ce havre de paix, joyau de l'Art déco, Pauline fut littéralement éblouie de lumière et envahie par l'atmosphère sereine qui y régnait. Elle songea que la plus originale piscine de France devait être aujourd'hui l'un des plus magnifiques musées du pays. Elle rendit grâce à ceux qui, refusant de nier ce qui existait, l'avaient préservée, reconvertie et embellie. Cet écrin de toute beauté lui rappela Orsay, rénové par le même architecte.

Fascinée, elle en oubliait le trac qui s'était emparé d'elle au moment de pousser la porte. Son regard balaya le pourtour du bassin, en quête de David. Elle était en avance. Elle décida d'agir comme au carnaval, de laisser faire le hasard, ou le destin. Ils se retrouveraient.

Elle entendit soudain des piaillements et des rires d'enfants mêlés au clapotis de l'eau. Elle ne rêvait pas. Les visiteurs échangeaient des regards amusés et nostalgiques. La reconstitution auditive était saisissante. Elle imagina les Roubaisiens de l'entre-deux-guerres, vivant dans une ville peuplée de cheminées crachant leurs fumées jour et nuit, affrontant les intempéries hivernales pour pénétrer dans cet antre de lumière, de chaleur, d'eau, de couleurs et de vie. Elle se plongea alors dans le foisonnement d'œuvres : les sculptures autour de l'ancien bassin ; les tableaux dans le déambulatoire, le long des cabines ; et, à l'intérieur de celles-ci, textiles, céramiques, objets, dessins… Une merveille.

Elle visita le musée d'un pas alerte, oublia ses bonnes résolutions et chercha David au milieu des œuvres qu'elle admirait. Après un premier tour hâtif, elle sentit son corps transpirer d'angoisse. Il était en retard. Ses émotions la submergeaient, comme au temps de son adolescence. Elle devait se reprendre. Elle reprit une profonde inspiration, s'arrêta, de nouveau, devant les statues face au plan d'eau embrasé de lumière.

Un frémissement lui parcourut le dos. Il était là, derrière elle. Elle se retourna et se retrouva blottie dans ses bras. Une lueur nouvelle éclairait son regard. David avait repris sa place. Elle s'en écarta doucement, intimidée.

— Pauline...

Personne ne prononçait son nom avec autant de douceur.

— Depuis quand sais-tu que tu es David ?

— Depuis le carnaval.

— Je le sentais au fond de moi, mais pourquoi...

— Pourquoi vous avoir fait croire que j'étais encore Romain ?... Venez, je vous emmène visiter mon musée, et nous parlerons... Je vous expliquerai tout.

Il ne la tutoyait plus. Etait-il intimidé, comme elle, ou désirait-il marquer une distance ? Souffrait-il encore d'absences, ou reculait-il le moment de lui confier ses sentiments ?

Romain m'aimait, mais David ?...

— Je vous ai donné rendez-vous dans ce véritable lieu de culte, dédié jadis au bien-être du corps, et aujourd'hui à l'esprit... Un peu étrange de ma part, mais j'espérais vous le faire découvrir. Moi seul... C'est une démarche purement égoïste. Lors de ma première visite, je me suis rappelé les paroles de ma grand-mère, à propos de la piscine du Touquet, détruite aujourd'hui. Construite à la même époque, au début des années 1930, elle était d'un modernisme sidérant, comme celle-ci, à la différence près qu'elle était en extérieur et ne possédait pas ces fastueux vitraux...

— Ils existaient déjà ?

— Oui, comme ces balcons surplombant le bassin. On y entrait par une petite porte. Vous imaginez quel émoi ! Allez ! Je vous emmène faire un tour au pays des cinq sens !

Il passa son bras avec douceur sous le sien pour lui servir de guide. Le musée empreint de mysticisme médiéval qu'il lui dévoila n'avait plus rien à voir avec celui qu'elle avait parcouru, seule, en touriste. Il évoqua la construction de cette piscine qu'Albert Baert avait imaginée sur le plan d'une abbaye cistercienne refermée autour d'un jardin claustral. Il lui montra les allégories, les mosaïques, le symbolisme omniprésent qui en faisait un lieu magique. Il lui parla des salles de bains où l'on se purifiait par l'eau, les baignoires à l'image des baptistères antiques.

Elle se laissait guider par sa voix chaude et son corps rassurant. Il lui fit découvrir la profusion de détails décoratifs, il mit l'accent sur l'immense vitrail en éventail, figurant un lever du soleil, dont les rayons rouge et or suggéraient le feu. A la tête de la pièce d'eau, l'impressionnante tête de Neptune, appelée ici « le lion », déversait, à l'origine, de l'eau par trois bouches.

— Il faudrait passer davantage de temps ici pour en démasquer tous les symboles. Le monumental portique en grès émaillé polychrome fut installé après la rénovation de la piscine. Les chiens de bronze gardent le portail. En mythologie ou dans l'ancien zodiaque mexicain, la constellation du Chien introduit une idée de fin, de monde souterrain, mais aussi de renouvellement...

Il se tut. Leurs pensées se rejoignirent. Il reprit :

— Les pèlerins partaient sur le chemin du couchant. Vers l'an mille, il devint le chemin de Saint-Jacques-de-Compostelle. Ils étaient guidés par la Voie lactée, qui se termine par la constellation du Grand Chien.

Ils admirèrent le vitrail du XIXe siècle, « Les arts et l'industrie », installé au zénith lors de la restauration. Pauline était passée devant, sans en saisir les détails et les scènes allégoriques.

— L'angelot et la musique pour les arts... Mais ces quatre signes astrologiques, pourquoi ?

— Peut-être sont-ils tout simplement ceux des commanditaires de l'œuvre. Quoi qu'il en soit, dans la tradition astrologique et alchimique, les métaux correspondent chacun à des planètes et aux péchés capitaux.

— Comme ?

— La Balance à Vénus, au cuivre, et à la luxure ; ou encore le Cancer, à la Lune, l'argent et la paresse. Du côté de « l'industrie », voyez-vous la ruche ? Les abeilles exécutent inlassablement leur ouvrage et nous enseignent le devoir, la solidarité et la responsabilité sociale. Elles figurent sur les tombes des compagnons du Tour de France.

Qu'est-ce qui agissait le plus sur elle, le magnétisme de David, ou la magie qui se dégageait de cet ensemble harmonieux ? Elle n'avait envie de quitter ni l'un ni l'autre. David n'avait encore rien dit de sa métamorphose en Romain, mais elle avait peur à présent de briser ces instants privilégiés.

Leurs chuchotements étaient inaudibles aux oreilles des autres visiteurs, mais leurs voix leur étaient suaves, et leur présence les ravissait. Ils se promenèrent au milieu des statues et des tableaux, le cœur battant, envahis d'une fièvre qui leur colorait le visage. Ils étaient heureux.

— Le pays des cinq sens, m'avez-vous dit. Toutes ces œuvres présentées, la lumière du « bassin », sont un plaisir pour la vue… l'ouïe, avec les cris d'enfants et les clapotis de l'eau ; le toucher, avec les matières que l'on découvre dans les petits tiroirs. Trois sens, David. Et l'odorat, et le goût ?

Dans le jardin, des essences rares parvinrent à leurs narines.

— Parfait, l'odorat. Il en manque un !

— Pour la fin de la visite… Un chocolat chaud et des pâtisseries… Cela vous tente, Pauline ?… Je vous dois une explication…

Partager ce plaisir en sa compagnie était un autre bonheur. Qu'en serait-il ensuite ? Ils ne pouvaient plus reculer…

Attablés devant de délicieuses gaufres, ils baissaient la tête, se jetant de timides et furtifs coups d'œil. Pauline se sentait comme une adolescente timorée et rendue muette par la présence d'un homme secret. Il prit la main qui l'attendait, rompit le silence, s'exprima d'une voix grave :

— Je me suis laissé bêtement enfermer au Père-Lachaise. J'étais plongé dans mon histoire, scotché à l'éclairage de mon écran d'ordinateur. Autour de moi, la nuit noire. Je devais conclure par un *happy end*. C'était vital. J'espérais tellement donner une nouvelle vie à mon fils, qu'il vive auprès des lecteurs. Je cherchais surtout l'évasion pour moi-même, comme une terre promise où je reverrais mon enfant, sain et sauf. Suis-je resté tard pour surprendre une secte satanique, finissant par croire à ce que j'imaginais ? Des démons qui auraient enlevé Sam. Je devais le retrouver, dans la fiction ou la mort… Des lumières valsèrent devant mes yeux. J'ai senti un choc. Violent. Et plus rien. J'ai sombré. Vous connaissez la suite…

Il passa l'épisode de l'hôpital, elle en éprouva un pincement à la poitrine.

— Revenu à Lille avec François, les zones d'ombre et de lumière se sont juxtaposées en moi. Je percevais ma folie sans pouvoir en sortir. Je ne savais plus du tout où j'en étais ni qui j'étais…

— François ne vous a pas aidé.

— Nous avons eu une longue conversation, lui et moi. Je ne lui en veux pas. La propension à se croire hors du commun est plutôt banale. La sienne le détruisait. Sa quête de gloire le consumait. Il était fragilisé à force de ne pas jouer, malade de ne pas rencontrer la chance, malheureux de ne pas être reconnu. Chacun a besoin de se sentir membre à part entière de la société, d'y jouer un rôle, comédien ou non. Et lui n'avait plus ses doses d'endorphine et d'adrénaline.

Elle fronça les sourcils.

— « Ses doses d'endorphine… » ?

— Les « hormones du théâtre » !…

— Comme une drogue…

— Exactement. Mais il a senti qu'il allait trop loin, qu'il risquait lui aussi de perdre l'équilibre, et de passer « de l'autre côté du miroir »… Tout compte fait, ma folie a fini par lui redonner le sens des réalités.

— Et de l'humanité… murmura-t-elle.

— En ce qui me concerne, je me suis rappelé, avec l'aide du médecin, de mes amis et de maman, que j'avais bien eu un frère jumeau. Mais mon esprit n'admettait pas la vérité. Cet autre était David. Je restais Romain. Un jour, maman m'apporta le début de mon roman à la clinique. Je le relus. Romain était donc un personnage. Etais-je cette créature imaginaire, qui ne mourrait jamais ? Si j'étais Romain, je n'existais pas... Oui, ajouta-t-il avec un sourire attendrissant, j'ai frôlé la catastrophe...

Pauline lui prit l'autre main avec douceur.

— Romain, mon jumeau mort peu après notre naissance, m'avait absorbé, avait pris possession de mon être. Mes pensées s'entrechoquaient. Je nageais en pleine folie... Les migraines me martelaient les tempes. Les mauvais rêves se succédaient, de jour comme de nuit, suivis par une incommensurable peine qui me tiraillait la poitrine. Je me battais contre les affres de la douleur, et je mettais toute ma force à l'évacuer, en me convainquant qu'il s'agissait de cauchemars, et non de souvenirs. J'aurais préféré être totalement amnésique et ne penser à rien, comme ceux que je croisais en clinique. On plonge les gens dans un coma artificiel pour qu'ils ne souffrent pas physiquement, mais il n'existe rien pour le chagrin. Je suis injuste, les amnésiques souffrent, se recroquevillent, ou marchent tels des hallucinés, ne sachant pas pourquoi ils sont arrivés où ils sont. Il existe tant de causes à l'amnésie, et elle se manifeste de milliers de façons différentes. Chez moi, tout était purement égoïste. J'étais replié sur mes états d'âme.

— Perdre un enfant n'est pas un état d'âme, c'est une tragédie, murmura-t-elle.

— A Dunkerque, en revêtant les habits d'un monde « à l'envers », je me suis souvenu des bons moments partagés avec mes deux amis. David n'était donc pas fait que de douleur. Je me suis défait de l'autre, de Romain. Je l'ai tué au carnaval. Cette frénésie humaine, l'excentricité de nos comportements, a agi comme un exorcisme et m'a remis à l'endroit. L'Arsouille avait « tout bon » ! J'ai achevé de reprendre mes esprits, en te voyant...

Il la tutoyait, enfin !

— ... mais je n'ai pas osé le dire, et j'ai affabulé, volontairement cette fois, vis-à-vis de mes amis, de toi... J'ai continué à me mentir, à te mentir... La peur que l'on s'apitoie sur mon sort, peut-être... ou l'envie de rester dans le costume de Romain. Je ne sais. J'étais en danger avec David. Avec Romain, c'était plus douillet, confortable. J'avais peut-être aussi besoin de remettre mes idées en place...

— Crois-tu encore que Sam a été enlevé et... qu'il est vivant ?

— Non...

Son regard bleuté se perdit au loin, dans un songe. Il revint vers elle, ouvrit la bouche, retint sa respiration. Cherchait-il à lui dévoiler quelque chose ? Il hésita et se tut.

— Qu'y a-t-il, David ?

Il baissa les yeux, secoua la tête comme s'il luttait avec un aveu trop difficile à extraire.

— Ma plus belle page jamais écrite était mon fils. C'est fini...

— Tu n'as pas fini ce livre. Et...

Elle sourit, tenta de l'apaiser :

— Je crois que le personnage de Romain ne sera pas trop difficile à peindre.

Il lui rendit son sourire.

— Tu te trompes, il me faudra être plus précis, avec des fiches détaillées. Il manquait de grands pans de sa vie à Lille, des précisions concernant sa famille... J'aurais eu moins de trous de mémoire !

— D'où vient ce nom : Meusla ? De ton imaginaire ?

— C'est l'anagramme de Sam, enfin, Samuel.

Le sourire se défit d'un coup et fit apparaître une expression sévère, comme un masque de comédie que l'on retire. Elle tressaillit. Il évoqua sa femme. Pauline revoyait son portrait, semblable à une icône, ses immenses yeux noirs, sa chevelure magnifique, sa silhouette de rêve.

— Mon couple ne pouvait survivre à nos disputes, à nos différends. L'attrait physique ne suffit pas, nous n'avions aucun goût commun. Il paraît que la passion ne dure que trois ans… Dans notre cas, l'amour et la tendresse ne l'ont pas remplacée. Il ne restait entre nous qu'une sensation d'étouffement. La disparition de Sam a sonné le glas de notre histoire. Nous vivions déjà un purgatoire, c'est devenu un enfer. Nous sommes devenus de parfaits étrangers l'un pour l'autre. C'est curieux comme, en l'espace de peu de temps, la présence de la personne sans laquelle on croyait ne jamais pouvoir respirer nous porte à l'exaspération ou à l'indifférence. Notre univers s'est écroulé comme un château de cartes. Ma femme a refait sa vie, très loin d'ici. Elle a un autre enfant. Moi, j'ai basculé dans un monde « parallèle » et plus insouciant.

Une pâleur livide se répandit sur son beau visage tandis qu'il plongeait son regard dans ses yeux. Elle tressaillit. L'heure était venue.

— Je ne sais pas si cela va aller… Je veux dire : nous deux… Celui que tu as aimé est Romain, non David… Je ne suis ni drôle ni insouciant ni spontané, ni très sportif, ni très à l'aise dans ma peau comme l'était mon double. Tu as aimé un homme qui est sûr de lui, a de l'humour, sait danser…

— Trop frivole pour une femme.

— Un être plus courageux.

— Tu es généreux, David.

— Plus sportif.

— Nous ferons du char à voile, nous écouterons la Callas, tu m'emmèneras à Londres… Et n'oublie pas que je t'ai rencontré cloué au lit !

Fragile et tendre… songea-t-elle.

— On dit que les écrivains, les artistes, ont une démesure émotionnelle. Je suis allé au-delà, et ce pourrait être dangereux… Suis-je totalement guéri ? Tu n'aimeras pas le solitaire et l'ours…

— Pas si solitaire, au carnaval !…

— Sans le vouloir, j'ai reproduit le schéma de ma grand-mère Laurette, avec un besoin de sortir, non pas de ma condition comme elle, mais de mon état. Ce fut une démarche très égoïste…

— Une démarche de survie.

— Je ne veux pas que tu souffres à cause de moi, en supportant un homme meurtri.

Tout un fatras de sentiments contradictoires habitaient encore son être. Pauline avait craint d'avoir le cœur brisé une seconde fois. Elle avait dépassé ce sentiment. Pas David. Il appréhendait un nouvel échec.

— David…

— Je sais ce que tu vas me dire : c'est très prétentieux de se croire unique. La vie nous égratigne tous. Tu supportes, toi aussi, les… les stigmates de souffrances passées.

— David, je peux…

— Chut !

Il lui mit le doigt sur la bouche.

— N'ajoute rien, que je te regarde encore…

Elle devint cramoisie de honte. Se sentit mise à nu. Il devait lire en elle, comme dans un livre ouvert.

David sentait que le regard tendre de Pauline guettait un signe de lui. Tant de confiance, de clarté, se dégageait de ce visage, il avait peur. Peur de ne pouvoir répondre à son attente, peur de la décevoir, de n'être qu'un piètre compagnon, secret, triste et ennuyeux. Il ne devait pas lui imposer sa blessure. Elle serait entre eux jusqu'à la fin de sa vie. Il se sentait incurable. C'était injuste pour elle, cet être à l'éclat rayonnant, qui irradiait, qui semblait parée d'une auréole de pureté. Son ange de l'hôpital. Et de douloureux souvenirs interférèrent. Elle le ressentit.

Leurs mains s'étreignirent, leurs yeux se jaugèrent et s'aimèrent. Ils se levèrent en même temps. Il l'attira à lui. Elle se sentait frémissante jusqu'au bout des doigts. Oubliant le lieu public, leurs lèvres se joignirent en un baiser sauvage, désespéré. Lorsqu'elles se séparèrent, elle comprit que c'était fini.

— Un jour, peut-être, Pauline... plus tard. Je ne suis pas prêt...

Une sombre lueur voila son regard.

— Comme Romain, David n'est qu'une ombre. Tu mérites mieux. Pardonne-moi.

Ses yeux se troublèrent.

— Adieu, Pauline.

Il partit comme un fugitif. Elle blêmit. Une douleur physique déchira sa poitrine, mais elle réprima l'impulsion de le rattraper. Elle chancela vers sa chaise, s'y effondra.

— Tout va bien, mademoiselle ? Vous désirez quelque chose ?

— Un verre d'eau, s'il vous plaît.

Elle resta longtemps là, immobile. Elle tentait de se raisonner. Il avait raison de la fuir. Elle ne faisait que raviver sa déchirure. Elle ne pourrait lui ôter cette épine qui lui meurtrissait le cœur. Elle serait allée avec lui au bout du monde. Mais son monde resterait secret, et lui, il resterait l'inaccessible.

A moins que...

32

Ne pas abandonner. Lutter pour ses convictions.

Il doit rester une chance... s'était-elle dit en quittant le musée. Avoir confiance, envers et contre tout... La confiance, elle croyait l'avoir perdue, avec Pascal. Mais David n'était pas Pascal. Avec ce dernier, ce n'était pas de la confiance, mais de la crédulité.

Sa Lilou avait raison : Elle n'était ni voyante, ni clairvoyante en amour. Pourtant, cette fois-ci, c'était différent. Elle le reverrait. Cette certitude lui réchauffait le cœur. Et elle se sentait prête à l'affronter, lui, et ses doutes et ses démons. David ne donnerait pas de signe de vie, elle le savait, mais elle irait, elle, à sa rencontre, car là était sa vie. Et elle était opiniâtre.

Il restait une chose à régler, pour Pauline, avant de revoir David. Elle reprochait à son amie Mathilde d'avoir communiqué son numéro de portable à Pascal. Pauline ne l'avait pas appelé et ne répondait pas à ses appels. Qu'il veuille devenir son ami et voir sa fille grandir, elle n'y croyait pas. Elle avait besoin d'admirer ses amis et elle ne l'admirait pas. Quant à sa fille, celle-ci avait grandi sans lui... Ce n'était pas aujourd'hui qu'il allait s'immiscer dans leur vie.

« Mais il est charmant, répliquait Mathilde.

— On dirait maman… »

Charmant ou odieux, selon l'humeur du bonhomme. Il fallait vivre avec lui pour le savoir. Et « tout le monde » le trouvait charmant, à l'époque. « Un garçon si charmant ! disait sa mère. Tu… » Et Pauline achevait sa phrase : « Tu n'as pas su le garder ! »

Après un long débat avec elle-même, le week-end suivant, elle composa le numéro de Pascal. Elle devait sortir de son égoïsme. Lilou désirait le voir, et c'était normal. Pauline allait d'abord s'entretenir avec lui, lui apprendre quel être formidable était sa fille, voir s'il était apte à assumer un rôle vis-à-vis d'elle. Lilou était rentrée de Paris la veille au soir. Elle travaillerait en attendant chez Anaïs, et les rejoindrait une heure plus tard. C'était Lilou qui avait conçu ce scénario.

Ce matin-là, nerveuse, Pauline s'appliqua sur son maquillage, choisit des vêtements très seyants. Elle rangea avec soin l'appartement. Elle s'agaça de sa méticulosité. N'avait-elle donc pas évolué ? Elle désirait lui offrir un visage flatteur. Elle ne conservait pas une image très élogieuse d'elle-même du temps où elle était avec Pascal. Elle voulait lui montrer qu'elle n'était plus la gourde qu'il avait connue. Elle voulait être belle. Qu'il en crève et qu'il aille au diable. Revanche, ou zeste d'amour-propre ?

Et lui ? Avait-il changé, comme Mathilde semblait le penser ? Il cachait peut-être son jeu. Il l'avait toujours bien caché. Elle serait plus lucide aujourd'hui, et moins silencieuse face à ce caractériel. Elle avait toujours perdu ses moyens avec les agressifs. Comme son frère, à qui elle reprochait d'être docile et passif vis-à-vis de sa femme, son frère qui ne s'énervait jamais. Avaient-ils été « trop bien » éduqués tous les deux, sages comme des images, confiants et naïfs ?

Elle ouvrit la porte sur un homme approchant la cinquantaine. Elle eut un choc. Elle avait oublié qu'il avait dix ans de plus qu'elle. Osseux à force de surveiller sa ligne, le visage émacié et sans aucun doute tiré par un lifting, quelques mèches brunes décolorées, bien laquées, tentant en vain de dissimuler une calvitie naissante. L'aspect d'un vieux beau bronzé. Elle eut envie d'éclater de rire. Rien, elle n'éprouvait plus rien !

Elle ne risquait plus de succomber à son regard qui se voulait déjà charmeur. Cet homme avait été son maître, il avait occupé toutes ses pensées durant des années, en avait fait une handicapée du cœur, et elle ne ressentait pas le plus infime sentiment à son égard. Tout juste prête à lui accorder une vague affection, pour sa Lilou. Elle avait perdu tant de temps à le guetter, à craindre et espérer une rencontre, noyée dans la fatalité de rester solitaire, éperdue à l'idée de retomber folle d'amour pour lui.

Elle devait avoir ce rire dans les yeux. Il ne se vexa pas car il se méprit, croyant lire la joie de le revoir. Elle le reconnut bien, pourtant, lorsque sa lèvre s'infléchit pour lui offrir son petit sourire railleur. Un sourire suffisant. Une grimace. Son regard l'assaillit sans gêne, la détailla, la déshabilla, et ses lèvres laissèrent échapper un sifflement.

— Tu as bien vieilli ! Et tu es belle comme tout !

Elle ne put s'empêcher de sourire. Flattée par ce demi-compliment, elle se reprocha aussitôt de s'être laissé rattraper par la vanité. Et il parla de sa vie. Avait-il changé ? La sagesse, comme le temps, avait-elle tatoué son empreinte, ainsi que le suggérait

Mathilde ? Elle le crut, d'abord. L'entretien fut convivial, et elle se félicita de l'initiative de Lilou, mais, très vite, le récit de ses réussites professionnelles, la satisfaction qui enflait sa voix... non, il demeurait le même. Il la surprit toutefois avec un singulier aveu, venant du séducteur multipliant les conquêtes : Sa « dernière » femme l'avait quitté. C'était la première fois, avoua-t-il sans tact. Il ajouta, avec une sorte d'insistance ostentatoire, que cela devait bien finir par lui arriver un jour, mais vivre sans femme n'était pas évident. Espérait-il se faire plaindre ? User de l'autodépréciation comme stratagème, afin de la séduire ?

En l'écoutant s'épancher avec volubilité sur lui-même – il n'avait pas encore émis la moindre allusion à leur fille –, il semblait absurde à Pauline qu'il ait pu être son amant ; pire, son premier amour. Il ne représentait plus rien. Rien, sauf le père biologique de Lilou. Pathétique.

Il avait réfléchi, considérait qu'elle était « la meilleure » des filles qu'il avait connues, et plutôt que d'être seuls tous les deux ils pourraient peut-être renouer leurs liens... Qu'en disait-elle ? Non, mais quel toupet ! Pauline était soufflée. Il n'attendit pas la réponse. Et en plus, ajoutait-il, il avait un enfant avec elle – Enfin ! Ce n'était pas trop tôt ! –, il était temps qu'ils fassent connaissance. C'est elle-même, sa fille, qui lui avait fait penser à cela, en l'appelant.

Elle ironisa :

— Oui, la vérité sort toujours de la bouche des enfants.

En parfait égocentrique, Pascal ne s'apercevait de rien. Il croyait son charme intact. Autrefois, il savait jouir des femmes, il en profitait. Autrefois, il la subjuguait. Mais aujourd'hui – était-ce ainsi pour les autres femmes ? – il n'exerçait plus aucun attrait. Lui n'avait pas évolué, comme un programme immuable. Sur ce visage fatigué par les exploits sexuels, derrière ce sourire aguicheur, dans ce regard libertin, il n'y avait plus rien de séduisant. Le cœur de Pauline était libre de s'emballer pour un autre.

Parmi les myriades de voix qui résonnaient de par le monde, c'était la voix chaude, médiumnique, de David qui la charmait. Parmi les sourires échangés, c'étaient ses lèvres sensuelles dont elle voulait se repaître. Parmi les regards croisés, c'était celui, à la fois sibyllin et profond, de David, qui l'effleurait avec tendresse.

Elle se lassa de la présence de Pascal, en éprouva une impression vague d'irritation à son égard, de gâchis vis-à-vis des années stériles qui avaient suivi leur relation. Remarqua-t-il sa moue désabusée, entendit-il sa voix distante, lut-il une expression de pitié dans ses yeux ? Il décida de passer à la vitesse supérieure :

— Tu étais différente des autres, loyale, douce, pure, et toujours disponible...

— Disponible, tu as raison, acquiesça-t-elle avec un sourire factice. Pire que cela : domptée et dépendante de ton bon vouloir, car je t'aimais. Toi, tu ne m'aimais pas.

— Mais si !

— Mais non, Pascal. Tu t'aimais à travers moi, à travers mon regard. J'étais une vitrine passive et conciliante. Et lorsque tu ne te sentais pas bien, tout était de ma faute.

Il émit un nouveau sifflement.

— Tu es devenue une vraie femme, aujourd'hui. Une femme de caractère, dis donc !

Ses lèvres s'affaissèrent, revint le petit rictus mi-moqueur, mi-enjôleur. Une expression de dureté. Il voulut l'embrasser, elle le repoussa, dans une attitude badine, pour dédramatiser. Pour Lilou.

— Arrête, Pascal, ce n'est pas sérieux ! s'exclama-t-elle en se forçant à rire.

— On peut réessayer, non ?

Elle recula. Prit un ton glacial :

— Cela ne m'amuse plus, Pascal.

— N'aie pas peur…

— Mais je n'ai pas peur, mon pauvre Pascal.

En cet instant précis, elle lut la colère dans ses yeux. Le « pauvre » était de trop.

— Tu ne comprends rien : Je ne suis plus l'adolescente muette, docile, candide et idiote que tu as connue. Tu as fané mes années de jeunesse, ou plutôt je les ai fanées en m'entretenant dans une illusion. Je n'osais me lier, dans l'éventualité où tu me reviendrais, sans me douter que je ne t'aimais déjà plus, que j'appréhendais surtout de retomber en esclavage amoureux. Mais tout ceci est une autre vie, Pascal. Une autre vie !

— Une autre vie ! répéta-t-il avec hargne. Je t'ai donné Lilou, tout de même !

— J'ai ce merveilleux trésor. C'est vrai. Mais dois-je te remercier ? Je l'ai gardée contre ton désir. Je l'ai portée, je l'ai eue sans toi, je l'ai élevée, seule. Elle m'a peu à peu délivrée de toi, arrachée à ton emprise, et c'est une fille géniale.

— Sur les photos, elle me ressemble…

Pauline éclata de rire.

— Sur les photos, comme tu dis… La chevelure brune, c'est tout. C'est un peu mince, non ? Quant à moi, tu ne me feras plus de mal. Je ne suis plus ta « chose ». Je ne t'aime pas.

Il haussa les épaules. La dévotion n'existait plus. Soit. Mais que venait faire l'amour dans ce qu'il désirait d'elle ? Borné, ou obsédé, persuadé qu'elle serait incapable de résister à sa séduction plus longtemps, il s'empara d'elle d'un mouvement brusque, glissa sa main sous son pull.

Suffoquée, elle se retint de le gifler. Pour Lilou.

— Tu n'es pas devenue nonne, tout de même ?

Le rythme de son élocution s'accéléra. Elle retrouvait l'autre Pascal, celui qui n'aurait pas hésité à la prendre sous la contrainte. Il se disposait à la malmener, persuadé que les femmes étaient plus attirées par les hommes qui les faisaient souffrir. Il oubliait seulement que lorsqu'on a souffert une fois en amour on n'est pas prêt à recommencer. C'était Pascal, le perturbé. Pas David.

Elle ne devait pas attendre, elle devait courir le rejoindre. Elle lui apprendrait ces mille petites choses qui allaient contrer la douleur, l'empêcher de rester bloqué dans sa souffrance. Peu importait qu'il ait peur de lui-même, elle saurait le convaincre du contraire. Le seul et véritable amour de sa vie était David. Elle s'affranchirait à ses côtés. C'est Lilou qui serait contente !... Non, elle ne serait plus jamais à la merci d'un homme. Le cœur étreint de tristesse, elle le repoussa et protesta avec véhémence :

— Laisse-moi, Pascal, tu es fou. Laisse-moi, et n'essaie plus. Tu as le chic pour tout abîmer !

— Tu ne peux me refuser, dis ?

Il haletait, hors de lui, n'admettant pas son indifférence. L'humiliation suprême.

Une brèche s'était ouverte dans son implacable maîtrise de lui-même. Sa froide jouissance d'antan n'était plus. Il se déchiquetait de partout, le masque se fissurait, le vieux beau s'essoufflait. Son visage se décomposait, comme friable. Non, il n'était plus le bellâtre sûr de lui, mais il ne voulait pas l'admettre. Ses exploits étaient mensongers. En avait-il toujours été ainsi ? Le flot de ses conquêtes n'existait que pour le rassurer, et sa jolie gueule œuvrait pour lui. Au dégoût et à l'envie de le vomir, de lui cracher au visage, succéda une profonde pitié.

Il lui tordit les poignets. Ses narines tremblaient de fureur. Bon, là, ça suffisait. Etait-ce un mauvais rêve ? Elle ne se le demanda pas longtemps. Elle entendit :

— Maman !

Tandis que Pascal recevait un coup de poing magistral.

— Je suis désolé, mon vieux.

Il ne l'était pas. Juste surpris par cette énergie décuplée dont il avait fait preuve pour venir en aide à Pauline.

David revenait vers elle. Prêt à s'extirper de l'isolement qui était sa vie depuis la mort de Sam. Elle ne rêvait pas.

— Je ne comprends rien, balbutia Pauline, oubliant Pascal qui restait, pitoyable, sur le tapis, la tête basse, le nez dans les paumes de ses mains.

— J'ai intercepté David dans la rue, maman. Il semblait très pressé de te revoir.

— Pardonne-moi, Pauline. Je me suis comporté comme un lâche…

— Non, tu es tout sauf lâche… C'est moi…

Un mouchoir lui comprimant la narine, Pascal se relevait, le dos voûté, les yeux collés au sol, comme un garnement pris en flagrant délit d'ânerie. Il semblait désorienté. Il prenait enfin conscience de s'être conduit de façon lamentable, et qu'il était de trop. Ce qui se passait entre ces êtres épris l'un de l'autre ne le concernait pas.

— Bon, je vous laisse, tous les deux, déclara Lilou, et quand vous aurez fini de vous excuser de votre lâcheté, vous pourrez peut-être vous dire des choses plus essentielles, non ? Moi, j'emmène mon « biologique », il va me payer un chocolat dans ma pâtisserie préférée, et j'ai quelques petits détails à régler avec lui... Mais d'abord, excuse-toi auprès de ma mère, sinon...

Elle le toisa sans concession. Pascal l'admira sans doute en cet instant, et c'est un petit garçon penaud qui se tourna vers Pauline. Sa voix s'étrangla dans la gorge. Il en sortit une stridence aiguë de mauviette qui l'acheva aux yeux de Pauline :

— Je suis désolé, je... Désolé... bredouilla-t-il, maladroit.

— Ma Lilou ! soupira-t-elle, navrée de lui offrir ce piètre paternel.

Mais sa fille ne semblait pas perturbée. Son « biologique » n'était pas un père. Son parrain l'était. Lilou s'attendait à ce genre de personnage. Après tout, il avait abandonné sa mère au moment crucial de sa naissance, et n'avait pas émis le moindre désir de rencontrer sa fille.

— Ce que tu ne m'as pas laissé l'occasion de te dire, Pascal, c'est que j'aime un homme magnifique, un homme avec lequel amour rime avec sérénité et non souffrance, avec tendresse et non cruauté, et cet homme est là, près de moi. Alors, vois-tu, ça va, Pascal, mais je te préviens, ne fais jamais aucun mal à ma fille, sinon ce ne sera pas un léger coup de poing que tu recevras, et... ne te redonne plus en spectacle. C'était grotesque. Tu vaux mieux que ça.

Il promit, évita le regard de David et, sans se faire prier, se laissa emmener par Lilou.

Dans les bras de David, Pauline ne demandait plus rien... Une indicible griserie de vivre l'envahissait. Elle se sentait réceptive à toutes les sensations, ne s'était jamais sentie aussi légère, comme délivrée de la pesanteur. Un feu de joie pétillait dans son cœur. Il lui caressa les cheveux du bout des doigts avec douceur. Elle se sentit fondre de bonheur.

Soudain, il se détacha d'elle et marcha de long en large, en proie à une étrange agitation.

— Tu ne vas pas t'enfuir, David ! cria-t-elle avec fermeté. Je te l'interdis...

Une étonnante violence émanait d'elle.

— Non, je ne vais pas te quitter.

Après un infime silence, il se lança :

— Te refuser, refuser ton amour, cette seconde chance qui s'offrait à moi, était comme me punir. Mon châtiment pour ne pas avoir sauvé Sam.

— Que veux-tu dire ? Tu n'aurais pu le sauver...

— Si. Et personne ne le sait. Lorsque nous nous sommes vus, à la Piscine, samedi dernier, j'ai failli te l'avouer. J'étais arrivé avant toi. Je t'attendais, heureux de te revoir. Soudain, le bassin, les cris d'enfants enregistrés m'ont secoué de la tête aux pieds. Une angoisse m'a oppressé, et j'ai dû ressortir. Je me suis caché, une heure durant, pour me remettre. Je ne voulais pas me présenter à toi sous ce visage. J'avais totalement refoulé un souvenir. Et il venait de jaillir, imprévisible, monstrueux. Le pire de tous. J'avais fini par me le dissimuler à moi-même, et c'est sans doute ce qui a précipité mon délire.

Après un lourd silence qu'elle n'osa interrompre, il lâcha :

— J'ai vu Sam dans l'eau. Je fus d'abord paralysé par la peur. Mes muscles tétanisés refusaient de m'obéir. J'ai voulu courir mais je n'ai pas pu. Je ne peux pas courir.

— Je sais. C'était visible sur tes radios, à l'hôpital.

— Je n'ai pu arriver à temps. J'ai vu la vague énorme l'engloutir. J'ai crié mais la plage n'était plus la plage peuplée de la saison estivale. Pas de rires d'enfants, aucun groupe d'adolescents jouant au volley ou au foot… Aucun cerf-volant. Aucune famille récupérant ses serviettes et courant vers la digue pour éviter la tempête, aucune âme égarée se promenant sur la plage en quête de communion avec les éléments. Elle était déserte comme en plein hiver, abandonnée aux intempéries. Avec le grondement des vagues et du ciel, personne n'entendait mon appel. Ma femme s'était précipitée vers les dunes. J'ai aperçu au loin mon fils, je n'ai pas pu courir et le sauver. Je l'ai vu se noyer !

Il ne put contenir son émotion. Un sanglot se brisa dans sa gorge. Son regard baignait dans les larmes. Il prit une large respiration, poursuivit :

— Je ne l'ai dit à personne. Je ne voulais pas y croire ; puis j'ai occulté ce souvenir, tourmenté par la honte. Je n'ai pas voulu admettre cette réalité. Je me suis persuadé qu'il avait été enlevé. Je n'étais pas ce père indigne, incapable de protéger son enfant de la mort, d'assurer sa survie. Voilà, tu sais tout.

Il sonda Pauline de ses yeux clairs. Elle émit un tendre sourire et entrouvrit les lèvres.

— Non, ne réponds rien. Je dois ajouter ceci : On trouve parfois autre chose que ce que l'on cherche. Sais-tu que depuis le premier matin où j'ai repris conscience – enfin, si on veut – tu m'affoles, et j'aime ça !… Aragon a écrit : « La nuit s'est déchirée, et tu es le soleil que j'espérais. »

— Tu es un type formidable, David Aston, mais tu ne le sais pas. Et je t'aime…

— Je t'aime aussi, Pauline, comme je n'ai jamais aimé. Et je te demande de me…

— Non !

Ce fut son tour de poser un doigt sur ses lèvres.

— Ne dis plus rien, viens…

33

Novembre 2009, au Touquet

Une effervescence avait régné tout au long de la journée dans le cottage de Jacqueline Aston. Chahutant sous la pluie battante, ils avaient transformé une corvée en kermesse, réalisé une chaîne ludique pour déposer les cartons qui s'accumulaient à présent dans le salon et les autres pièces. L'Arsouille, Fanfan et leurs copains de carnaval, mais aussi Lilou et son inséparable Ficelle, entonnaient des chansons libertines. Ils aidaient David et Pauline à emménager dans la villa de Jacqueline.

— On dirait qu'on ouvre le carnaval ! s'écria l'Arsouille, hilare. Non, Pauline, vous ne portez rien ! Savez-vous que c'est ici, au Touquet, que David et moi sommes devenus amis ? Il ne vous l'a pas encore racontée, celle-là ?

— On se tutoie, non ? répondit-elle en riant.

A chaque paquet – elle avait la charge de les ouvrir –, l'un des « déménageurs » y allait de sa tirade ou de ses boutades.

— Ça y est, je fais comme « Romain » : je squatte la maison des autres ! s'exclama joyeusement David.

— Ce n'est pas n'importe laquelle, c'est celle de ta mère !

— Il n'en manque qu'un !

— Quoi ?

— Qui ! Daniel.

Pauline sursauta.

— Que veux-tu dire ? balbutia-t-elle. Le... copain de « Romain » ?

— Oui... Je le regrette...

Une appréhension se lut sur son visage lorsqu'elle répliqua :

— Il n'a jamais existé, David !

Il émit un sourire facétieux, l'embrassa tendrement. Elle soupira.

— Je prends tout à la lettre. Je serai toujours aussi crédule...

— Non, pardonne-moi, je t'ai effrayée, je suis un idiot.

— Idiot, d'autant que ton Dan, c'est un peu l'Arsouille, non ?

— La ressemblance est discrète, mais réelle. Oui, je l'ai, et c'est le meilleur des hommes.

— Et samedi, je te présente mon frère, il est blond-roux, lui aussi... mais ne l'appelle pas Dan !

Ils s'esclaffèrent. Et c'était bien.

En attendant ce samedi, jour de la crémaillère, chacun repartit à ses occupations, ou en promenade. Les averses de grêle avaient cessé, au profit d'une douceur exceptionnelle et d'un ensoleillement tardif. C'était souvent le miracle du bord de mer.

Pour la crémaillère, ils seraient nombreux : la famille de Pauline au grand complet, ainsi que ses deux meilleurs amis, Rémi et Mathilde. Les potes de carnaval de David. Le frère et la sœur aînés de Jacqueline, Lelia et William, qui débarqueraient avec leurs enfants respectifs.

Les gerbes d'oyats qui stabilisaient les dunes, de chaque côté de la longue plage du Touquet, fléchissaient sous le vent.

S'il persiste, nous pourrons faire du char à voile demain matin, songea David.

Il respira à pleins poumons les effluves iodés et vivifiants, contempla un instant la mer et ses ourlets d'écume, suivit du regard un vol de mouettes. Il entendait le rugissement du ressac sur la plage. L'angoisse ne le tenaillait plus depuis que Pauline et lui avaient pris la décision d'emménager ensemble, au Touquet. Sa villa, « Les Jardins du vent », recélait trop de souffrances. Il revenait à Paris-Plage, berceau familial. Sans oublier ni trahir Sam, il devait ouvrir une nouvelle porte. Ici, comme à Bray-Dunes, le sable était blond et tourbillonnait avec la brise. Ici aussi, les cieux étaient mouvementés, et les petites cabines de bain immuables. Le paysage de mer changeait d'apparence, comme à Bray-Dunes, selon les heures de la journée et les saisons.

« Romain », songea-t-il, n'aurait pas manqué de photographier le magnifique coucher de soleil, ces gouttelettes de soleil tremblantes sur les flots, cette incroyable luminosité nordique traversant les ciels tumultueux. Le halo nébuleux qui entourait l'astre lui rappela le vitrail de « la Piscine ». Des chevaux galopaient dans le soleil couchant. Les chevauchées dans la pinède, le long des dunes et sur la plage, étaient particulièrement prisées au Touquet.

Il fit signe à Pauline, qui marchait aux côtés de Jacqueline. Elle leva un visage radieux vers lui, toucha son ventre rond, en lui indiquant de la tête et de la main que le bébé gigotait. Un peu plus loin, Lilou et

Ficelle tentaient de maintenir leur cerf-volant. La jeune fille poursuivait ses études à Lille. Historienne, ou biographe, ces deux options lui plaisaient. Après le bac, Ficelle, lui, comptait bien réussir l'entrée en école de commerce, et avait déjà choisi… Lille.

« Il est temps que j'améliore ma culture ch'ti… »

Jacqueline avait conté à Lilou la folle aventure du Royal Picardy, « le plus bel hôtel du monde », disparu aujourd'hui, à l'origine de l'amour entre sa mère, Laurette, simple fille de pêcheurs devenue caddie de golf pour les privilégiés du Touquet-Paris-Plage, et un dandy britannique, son père… Lilou trouvait cette histoire follement romantique.

« Il faudrait rebaptiser la villa et l'appeler Le Royal P'tit Caddie ! » s'était-elle exclamée, la mine réjouie, ses yeux écarquillés, en secouant ses deux couettes noires.

« Ta fille, Pauline, est un sacré numéro ! Je l'adore », avait confié Jacqueline à la mère de Lilou.

Après la crémaillère, Jacqueline repartait pour Londres, mais, séparée du beau-père de David, elle poursuivrait ses allers-retours. Elle n'était décidément pas très apte aux concessions conjugales. En France, elle retrouverait ce couple formidable, et sa petite-fille, à qui elle achèterait des dizaines et des dizaines de paires de chaussures. Enceinte, Pauline avait tenu à connaître le sexe de son enfant. Pour David. La petite sœur de Lilou était prévue pour le nouvel an. Pauline, promue au poste de médecin-chef dans l'établissement hospitalier de Berck, où elle avait fait son stage et qui voisinait Le Touquet, prendrait ses nouvelles fonctions dès la fin de son congé maternité.

« Comment l'appellerons-nous ?

— Et si Lilou nous donnait son avis ? » avait proposé David.

Il revint à son bureau. L'opéra de Giordano, *Andrea Chénier*, emplissait la pièce des accents déchirants de la Callas interprétant « La mamma morta ».

David était resté à l'intérieur pour achever son manuscrit. « Romain » existerait toujours pour lui, dans son jardin secret, mais il ne le parasitait plus. Sa Pauline l'en avait délivré.

Ensuite, il s'attaquerait à une pièce de théâtre. Avec un rôle majeur pour François. Une question de survie pour son copain. Une seconde chance. Tout le monde en a besoin. Mais ne l'a pas toujours, contrairement à lui. Avec l'amour de Pauline, la perspective de la naissance de leur petite fille, les projets abondaient. L'auteur avait en tête un beau livre sur les oiseaux migrateurs, un autre sur le vent. Il écrirait les textes, il laisserait la photographie à un vrai professionnel.

Il mit le mot : *Fin*.

Puis le ratura.

Non, ce n'était pas la fin, mais le début d'une nouvelle page…

Ce samedi-là, devant la famille et les amis réunis, David prit son violoncelle, recueillant des murmures de surprise et des acclamations.

Tout au long de la matinée, un sentiment s'était greffé insidieusement en lui à chacun de ses pas : le trac. Plus ou moins latent au réveil, il s'était concrétisé tandis qu'il se préparait. Il avait songé à ce moment de son enfance où sa grand-mère lui avait offert son premier instrument. Il ne suffisait pas d'avoir de l'inspiration. Le violoncelle était particulièrement exigeant et demandait une maîtrise parfaite. Il savait que le don se perd, sans travail. Il l'avait abandonné depuis plusieurs années. Alors, il avait répété, seul, inlassablement, des jours et des jours, à l'insu de tous.

Avant de se jeter dans l'arène, son cœur s'emballa une dernière fois. Il contrôla son souffle. Tous les regards étaient dirigés dans sa direction, prêts à se laisser submerger, emporter vers le rêve et les rivages de Schubert...

Saurai-je être à la hauteur de ce qu'ils attendent de moi ? Ne vais-je pas trahir le compositeur ? Cette note-là, ce silence, cette respiration, seront-ils justes ?

Non, aujourd'hui, il craignait juste de décevoir son petit Sam. Une larme émue coula dans son cœur. Au travers de son instrument, de ses mains longues et souples qui faisaient vibrer les notes et le cœur de Pauline, de son visage habité par la musique, il communiquait ce qu'il avait de plus profond, de plus authentique. Et au travers de la musique son petit ange revivait. Il revivrait toujours.

Ce moment était dédié à Sam. Il le lui avait promis.

« Tu sais, Sam, lui avait-il confié un jour, ce que disait le jeune Mozart ? "Je m'en vais te jouer ce que tu veux, mais dis-moi d'abord que tu m'aimes."

— Je t'aime, papa. »

Il tenait enfin sa promesse. Pendant que l'archet courait sur l'instrument, le visage de son petit garçon lui souriait. Comme le jour où il lui avait offert un court récital, et que l'enfant, glissant sa petite main dans la sienne à la fin du morceau, lui avait demandé, ses yeux noirs gravement posés sur les siens :

« Tu joueras toujours pour moi, dis, papa, promis ?

— Oui, Sam, promis. »

11 novembre 2009

Plus loin, bien plus loin, au cœur du Père-Lachaise, la vieille Rachel circule dans les allées, elle dépose une rose sur les tombes de ses compagnes de déportation. Elle s'est endimanchée pour l'occasion, et tant pis si ce n'est pas la même guerre. Son cocasse bibi rose à plumes est posé gracieusement sur sa tête.

De sa petite voix claire, elle s'adresse à son amie Hannah, la Berlinoise :

— C'est moi. Myriam. Tu vois, Hannah, on a réussi. Ne pleure plus. Ta chancelière est en France. On marche main dans la main, maintenant…

Romans « Terres de France »

Jean Anglade
Un parrain de cendre
Le Jardin de Mercure
Y a pas d'bon Dieu
La Soupe à la fourchette
Un lit d'aubépine
La Maîtresse au piquet
Le Saintier
Le Grillon vert
La Fille aux orages
Un souper de neige
Les Puysatiers
Dans le secret des roseaux
La Rose et le Lilas
Avec le temps…
L'Ecureuil des vignes
Une étrange entreprise
Le Temps et la Paille
Les Ventres jaunes
Le Semeur d'alphabets
La Bonne Rosée
Un cœur étranger
Les Permissions de mai
Les Délices d'Alexandrine
Le Voleur de coloquintes
Sylvie Anne
Mélie de Sept-Vents
Le Secret des chênes
La Couze
Ciel d'orage sur Donzenac
La Maîtresse du corroyeur
Un horloger bien tranquille
Un été à Vignols
La Lavandière de Saint-Léger
L'Orpheline de Meyssac
Le Pain des Cantelou
Jean-Jacques Antier
Tempête sur Armen
La Fille du carillonneur
Marie-Paul Armand
Le Vent de la haine
Louise
Benoît
La Maîtresse d'école
La Cense aux alouettes
L'Enfance perdue
Un bouquet de dentelle
Au bonheur du matin
Le Cri du héron
Le Pain rouge
La Poussière des corons
Nouvelles du Nord
La Courée
Victor Bastien
Retour au Letsing
Henriette Bernier
L'Enfant de l'autre
L'Or blanc des pâturages
L'Enfant de la dernière chance
Le Choix de Pauline
La Petite Louison
Petite Mère
Françoise Bourdon
La Forge au Loup
La Cour aux paons
Le Bois de lune
Le Maître ardoisier
Les Tisserands de la Licorne
Le Vent de l'aube
Les Chemins de garance
La Figuière en héritage
La Nuit de l'amandier
La Combe aux Oliviers
Patrick Breuzé
Le Silence des glaces
La Grande Avalanche
La Malpeur
La Lumière des cimes
Nathalie de Broc
Le Patriarche du Bélon
La Dame des Forges
La Tresse de Jeanne
Loin de la rivière
La Rivière retrouvée
La Sorcière de Locronan

Annie Bruel
Le Mas des oliviers
Les Géants de pierre
Marie-Marseille
Michel Caffier
Le Hameau des mirabelliers
La Péniche Saint-Nicolas
Les Enfants du Flot
La Berline du roi Stanislas
La Plume d'or du drapier
L'Héritage du mirabellier
Marghareta la huguenote
Le Jardinier aux fleurs de verre
Daniel Cario
La Miaulemort
Jean-Pierre Chabrol
La Banquise
Claire Chazal
L'Institutrice
Didier Cornaille
Les Labours d'hiver
Les Terres abandonnées
Etrangers à la terre
L'Héritage de Ludovic Grollier
L'Alambic
Georges Coulonges
Les Terres gelées
La Fête des écoles
La Madelon de l'an 40
L'Enfant sous les étoiles
Les Flammes de la Liberté
Ma communale avait raison
Les blés deviennent paille
L'Eté du grand bonheur
Des amants de porcelaine
Le Pays des tomates plates
La Terre et le Moulin
Les Sabots de Paris
Les Sabots d'Angèle
La Liberté sur la montagne
Les Boulets rouges de la Commune
Pause-Café
Anne Courtillé
Les Dames de Clermont
Florine
Dieu le veult
Les Messieurs de Clermont
L'Arbre des dames
Le Secret du chat-huant
L'Orfèvre de Saint-Séverin
La Chambre aux pipistrelles
Paul Couturiau
En passant par la Lorraine
L'Abbaye aux loups
Annie Degroote
La Kermesse du diable
Le Cœur en Flandre
L'Oubliée de Salperwick
Les Filles du Houtland
Le Moulin de la Dérobade
Les Silences du maître drapier
Le Colporteur d'étoiles
La Splendeur des Vaneyck
Les Amants de la petite reine
Un palais dans les dunes
Renelde, fille des Flandres
Alain Dubos
Les Seigneurs de la haute lande
La Palombe noire
La Sève et la Cendre
Le Secret du docteur Lescat
Constance et la Ville d'Hiver
Marie-Bernadette Dupuy
L'Orpheline du bois des Loups
Les Enfants du Pas du Loup
La Demoiselle des Bories
Le Chant de l'Océan
Le Moulin du Loup
Le Chemin des Falaises
Les Tristes Noces
Elise Fischer
Trois Reines pour une couronne
Les Alliances de cristal
Mystérieuse Manon
Le Soleil des mineurs
Les cigognes savaient
Confession d'Adrien le colporteur
Le Secret du pressoir
Sous les mirabelliers
Laurence Fritsch
La Faïencière de Saint-Jean
Alain Gandy
Adieu capitaine
Un sombre été à Chaluzac
L'Enigme de Ravejouls
Les Frères Delgayroux
Les Corneilles de Toulonjac

L'Affaire Combes
Les Polonaises de Cransac
Le Nœud d'anguilles
L'Agence Combes et Cie
Suicide sans préméditation
Fatale Randonnée
Une famille assassinée
Le piège se referme
Gérard Georges
La Promesse d'un jour d'été
Les Bœufs de la Saint-Jean
L'Ecole en héritage
Le Piocheur des terres gelées
Les Amants du chanvre
La Demoiselle aux fleurs sauvages
Jeanne la brodeuse au fil d'or
Les Chemins d'améthyste
Denis Humbert
La Malvialle
Un si joli village
La Rouvraie
L'Arbre à poules
Les Demi-Frères
La Dernière Vague
Yves Jacob
Marie sans terre
Les Anges maudits de Tourlaville
Les blés seront coupés
Une mère en partage
Un homme bien tranquille
Le Fils du terre-neuvas
Hervé Jaouen
Que ma terre demeure
Au-dessous du calvaire
Les Ciels de la baie d'Audierne
Les Filles de Roz-Kelenn
Ceux de Ker-Askol
Michel Jeury
Au cabaret des oiseaux
Marie Kuhlmann
Le Puits Amélie
Passeurs d'ombre
Guillemette de La Borie
Les Dames de Tarnhac
Le Marchand de Bergerac
La Cousette de Commagnac
Gilles Laporte
Le Loup de Métendal
Jean-Pierre Leclerc
Les Années de pierre
La Rouge Batelière
L'Eau et les Jours
Les Sentinelles du printemps
Un amour naguère
Julien ou l'Impossible Rêve
A l'heure de la première étoile
Les Héritiers de Font-Alagé
Hélène Legrais
Le Destin des jumeaux Fabrègues
La Transbordeuse d'oranges
Les Herbes de la Saint-Jean
Les Enfants d'Elisabeth
Les Deux Vies d'Anna
Les Ombres du pays de la Mée
Eric Le Nabour
Les Ombres de Kervadec
Louis-Jacques Liandier
Les Gens de Bois-sur-Lyre
Les Racines de l'espérance
Jean-Paul Malaval
Le Domaine de Rocheveyre
Les Vignerons de Chantegrêle
Jours de colère à Malpertuis
Quai des Chartrons
Les Compagnons de Maletaverne
Le Carnaval des loups
Les Césarines
Grand-mère Antonia
Une maison dans les arbres
Une reine de trop
Une famille française
Le Crépuscule des patriarches
La Rosée blanche
L'Homme qui rêvait d'un village
L'Auberge des Diligences
Le Notaire de Pradeloup
Dominique Marny
A l'ombre des amandiers
La Rose des Vents
Et tout me parle de vous
Jouez cœur et gagnez
Il nous reste si peu de temps
Pascal Martin
Le Trésor du Magounia
Le Bonsaï de Brocéliande
Les Fantômes du mur païen

La Malédiction de Tévennec
L'Archange du Médoc
Louis Muron
Le Chant des canuts
Henry Noullet
La Falourde
La Destalounade
Bonencontre
Le Destin de Bérengère Fayol
Le Mensonge d'Adeline
L'Evadé de Salvetat
Les Sortilèges d'Agnès d'Ayrac
Le Dernier Train de Salignac
Michel Peyramaure
Un château rose en Corrèze
Les Grandes Falaises
Frédéric Pons
Les Troupeaux du diable
Les Soleils de l'Adour
Passeurs de nuit
Jean Siccardi
Le Bois des Malines
Les Roses rouges de décembre
Le Bâtisseur de chapelles
Le Moulin de Siagne
Un parfum de rose
La Symphonie des loups
La Cour de récré
Les Hauts de Cabrières
Les Brumes du Mercantour
La Chênaie de Seignerolle
Bernard Simonay
La Fille de la pierre
La Louve de Cornouaille
Jean-Michel Thibaux
La Bastide blanche
La Fille de la garrigue
La Colère du mistral
L'Homme qui habillait les mariées
La Gasparine
L'Or des collines
Le Chanteur de sérénades
La Pénitente
L'Enfant du mistral
L'Or du forgeron
Jean-Max Tixier
Le Crime des Hautes Terres
La Fiancée du santonnier
Le Maître des roseaux
Marion des salins
Le Mas des terres rouges
L'Aîné des Gallian
L'Ombre de la Sainte-Victoire
Brigitte Varel
Un village pourtant si tranquille
Les Yeux de Manon
Emma
L'Enfant traqué
Le Chemin de Jean
L'Enfant du Trièves
Le Déshonneur d'un père
Blessure d'enfance
Mémoire enfouie
Une vérité de trop
Louis-Olivier Vitté
La Rivière engloutie
L'Enfant des terres sauvages
L'Inconnue de la Maison-Haute
Le Secret des trois sœurs
Colette Vlérick
La Fille du goémonier
Le Brodeur de Pont-l'Abbé
La Marée du soir
Le Blé noir

Cet ouvrage a été imprimé en France par

CPI
BUSSIÈRE

à Saint-Amand-Montrond (Cher)
pour le compte des Éditions Presses de la Cité
en avril 2010

Composé par Nord Compo Multimédia
7, rue de Fives, 59650 Villeneuve-d'Ascq

N° d'édition : C 07992. — N° d'impression : 101179/1.
Dépôt légal : avril 2010.